Kohlhammer

Die Herausgebenden

Rolf Göppel, Prof. Dr., Pädagogische Hochschule Heidelberg, Erziehungswissenschaft/Allgemeine Pädagogik.

Ulrike Graf, Prof. Dr., Pädagogische Hochschule Heidelberg, Erziehungswissenschaft/Grundschulpädagogik.

Rolf Göppel, Ulrike Graf (Hrsg.)

Was Resilienz stärkt

Chancen und Risiken eines
boomenden Konzepts

Verlag W. Kohlhammer

Dieses Werk einschließlich aller seiner Teile ist urheberrechtlich geschützt. Jede Verwendung außerhalb der engen Grenzen des Urheberrechts ist ohne Zustimmung des Verlags unzulässig und strafbar. Das gilt insbesondere für Vervielfältigungen, Übersetzungen, Mikroverfilmungen und für die Einspeicherung und Verarbeitung in elektronischen Systemen.

Die Wiedergabe von Warenbezeichnungen, Handelsnamen und sonstigen Kennzeichen in diesem Buch berechtigt nicht zu der Annahme, dass diese von jedermann frei benutzt werden dürfen. Vielmehr kann es sich auch dann um eingetragene Warenzeichen oder sonstige geschützte Kennzeichen handeln, wenn sie nicht eigens als solche gekennzeichnet sind.

Es konnten nicht alle Rechtsinhaber von Abbildungen ermittelt werden. Sollte dem Verlag gegenüber der Nachweis der Rechtsinhaberschaft geführt werden, wird das branchenübliche Honorar nachträglich gezahlt.

Dieses Werk enthält Hinweise/Links zu externen Websites Dritter, auf deren Inhalt der Verlag keinen Einfluss hat und die der Haftung der jeweiligen Seitenanbieter oder -betreiber unterliegen. Zum Zeitpunkt der Verlinkung wurden die externen Websites auf mögliche Rechtsverstöße überprüft und dabei keine Rechtsverletzung festgestellt. Ohne konkrete Hinweise auf eine solche Rechtsverletzung ist eine permanente inhaltliche Kontrolle der verlinkten Seiten nicht zumutbar. Sollten jedoch Rechtsverletzungen bekannt werden, werden die betroffenen externen Links soweit möglich unverzüglich entfernt.

1. Auflage 2024

Alle Rechte vorbehalten
© W. Kohlhammer GmbH, Stuttgart
Gesamtherstellung: W. Kohlhammer GmbH, Stuttgart

Print:
ISBN 978-3-17-043259-8

E-Book-Formate:
pdf: ISBN 978-3-17-043260-4
epub: ISBN 978-3-17-043261-1

Inhalt

Einleitung: Resilienz – Chancen und Risiken eines boomenden Konzepts 9
Rolf Göppel & Ulrike Graf

1 Chancen und Perspektiven des Resilienzkonzepts im pädagogischen Feld

Resilienzförderung in Kindertageseinrichtungen und Schulen – Perspektiven über das Individuum hinaus 23
Klaus Fröhlich-Gildhoff

Aufarbeitung von Gewalt in der Kindheit. Was aus der Zeugenschaft von Betroffenen über Resilienz gelernt werden kann 33
Sabine Andresen

Was heißt eigentlich »Prozess«? Bemerkungen zu den Implikationen des Prozesscharakters für das Verständnis von Resilienz und Vulnerabilität 45
Michael Fingerle

Das Resilienz-Paradox in Forschung und Prävention 58
Isabella Helmreich

2 Probleme und Widersprüche des Resilienzkonzepts im pädagogischen Feld

Resilienz und Bildung – eine (macht-)kritische Perspektive auf die Verhältnisbestimmung von Anpassung und Widerstand in bildungsprogrammatischen Texten 67
Anne Kirschner

Diskreditierungen »sozioökonomisch benachteiligter« Schüler*innen in einer Pisa-Sonderauswertung zum »Erfolgsfaktor Resilienz« 79
Kirsten Puhr

Der Resilienz widerstehen – der Vulnerabilität auch? Überlegungen mit Blick auf verhaltensauffällige Kinder und Jugendliche 88
Thomas Müller

Wer von Resilienz redet, darf von Vulnerabilität nicht schweigen. Und wer von Vulnerabilität schweigt, redet nicht von Resilienz. *Eine* Perspektivierung materialistischer (Behinderten-)Pädagogik ... 95
Robert Schneider-Reisinger

Aggressives Verhalten als Ausdruck psychischer Widerstandskräfte 105
Jennis Schramm

Pädagogik außerhalb gesellschaftlicher Verhältnisse? Eine soziologische Hegemoniekritik an Resilienz am Beispiel eines sexualisierten Übergriffes in einer Schule 113
Monika Götsch & Sandro Bliemetsrieder

3 Herausforderungen und Möglichkeiten der Förderung von Resilienz im pädagogischen Feld

Resilienz mit Introvision: Gelassenheit fördern zur Stärkung innerer Widerstandskräfte 123
Telse Iwers & Angela Rohde

Familiale Resilienz bei chronischer Erkrankung als Thema von Lernen und Bildung 136
Birgit Behrisch

Darf das vulnerable Subjekt sein? Resilienz und Vulnerabilität als Leitkategorien für pädagogisches Handeln 144
Ramona Thümmler & Janieta Bartz

Kinder aus bildungsfernen Milieus in der Corona-Pandemie – Einstellungen und Resilienz 153
Britta Klopsch & Carsten Rohlfs

Wenn Widrigkeiten nicht zur Sprache kommen. Weiße Flecken auf der kognitiv-evaluativen Landkarte und Resilienz 162
Jörg Kohlscheen & Ronja Struck

Resilienz im Spiegel ausgewählter Kinderbilderbücher 171
Ulrike Graf

4   Rückblicke und Bilanzierungen im Hinblick auf die Bewältigung risikobehafteter Kindheiten

Müssen uns die Dichter sagen, was Resilienz ist? Drei verschiedene »Risikokindheiten« und drei verschiedene Bewältigungsstrategien in autobiografischer Perspektive 185
Rolf Göppel

Festschreiben, Umschreiben, Sich-Freischreiben: Resiliente Kindheitsbewältigung durch autobiografische Selbstreflexion 199
Margherita Zander

Erzählungen Jugendlicher mit Sehbeeinträchtigung im Spannungsfeld von Resilienz und Verwundbarkeit 211
Anne Bödicker

Verzeichnisse

Die Autorinnen und Autoren 221

Einleitung: Resilienz – Chancen und Risiken eines boomenden Konzepts

Rolf Göppel & Ulrike Graf

Der Titel für diesen Band ist bewusst doppelsinnig gewählt: Er knüpft einerseits an den Titel des Sammelbandes »Was Kinder stärkt« von Opp, Fingerle und Freytag (1999) an, der zurecht als »Auftakt zum Resilienzdiskurs in den Erziehungswissenschaften« eingestuft wurde (Frindt 2020, S. 84). Somit zielt er auf die Frage nach dem heutigen Wissen darüber, was Resilienz von Kindern und Jugendlichen unterstützt, was ihre seelischen Widerstandskräfte aufbaut und stärkt. Zweifellos ist es eine pädagogisch hochbedeutsame Frage, wie man seelische Widerstandskraft, also Selbstvertrauen, Zuversicht und Lebensmut, gerade bei jenen Kindern und Jugendlichen fördern kann, die mit erheblichen Entwicklungsrisiken aufgewachsen sind oder aktuell mit besonders belastenden Lebensumständen oder Lebensereignissen zurechtkommen müssen.

Der Titel kann aber auch noch anders verstanden werden, nämlich als Frage danach, welche gesellschaftlichen Tendenzen und welche Konstruktionen von Kindheit und Jugend durch die forcierte Betonung der Resilienz-Thematik, wie sie in den letzten Jahren zu beobachten ist, gestärkt werden. Sind es eventuell Tendenzen der (Selbst-)Optimierung? Phantasmen der Stress-Immunisierung? Trends der Verleugnung von Vulnerabilität, Abhängigkeit und Angewiesenheit von Kindern und Jugendlichen?

Der sperrige, aus dem Amerikanischen eingedeutschte Begriff Resilienz, der ursprünglich aus der Materialforschung stammt, hat seit jenem »Auftakt« eine erstaunliche, damals kaum vorauszusehende Karriere gemacht. Von daher kann man in der Tat von einem »boomenden Konzept« sprechen. Die Verwendung des Begriffs in der deutschsprachigen Literatur verzeichnet laut Googles Ngram Viewer seit Anfang der 2000er Jahre ein exponentielles Wachstum und der Trend dürfte sich gerade in den letzten Jahren unter dem Einfluss der multiplen Krisen (Göppel, Gstach & Wininger 2023) noch einmal deutlich beschleunigt haben. Es scheint, dass jener Begriff der Resilienz, der in Deutschland als exotischer Fachterminus lange nur in entsprechenden Insiderkreisen Verwendung fand, nun endgültig in die populärwissenschaftlichen Journale, die Feuilletons, die Lebenshilfebücher und damit in die Alltagssprache diffundiert ist. Eine kaum mehr zu überblickende Zahl von populären Ratgebern zum Thema kommt zumeist mit ziemlich simplen Erklärungen und großen Verheißungen daher. Die Symbolik, die sich auf den entsprechenden Buchcovern findet, ist in diesem Sinne bezeichnend: Meist ist es das berühmte »Stehaufmännchen«, das als Symbol gewählt wird, häufig aber auch der Schirm, der alle Widrigkeiten des Schicksals und des Alltags abhält, oder das Pflänzchen, das unaufhaltsam aus dem unwirtlichen Asphalt hervorsprießt. Oder aber der Lenkdrachen, mit dem man geschickt die Kräfte des Sturmes für eigene Zwecke nutzen kann, bzw. der Fels oder der Leuchtturm, der den heftigsten Brandungswellen standhält.

Gerade in den Zeiten der Corona-Krise hat das Resilienz-Konzept noch einmal deutlich an Popularität zugelegt. Denn die Frage nach den seelischen Abwehrkräften, die den Menschen helfen, mit all den Verunsicherungen und Ängsten sowie mit den Einschränkungen und Belastungen des Alltagslebens zurechtzukommen, trotz alledem gelassen und zuversichtlich zu bleiben, ist natürlich gerade in Pandemiezeiten besonders bedeutsam. Und wer konnte nicht beobachten, dass unterschiedliche Menschen diese gemeinsame Krise sehr unterschiedlich erlebten? Auch im Zusammenhang mit den Diskussionen um die Klima-Krise tauchen immer häufiger Bezugnahmen auf das Resilienzkonzept auf. Sowohl im Hinblick auf die Menschen, die Resilienz benötigen, um mit den entsprechenden Zukunftsszenarien und den Vorboten des Klimawandels (Hitzewellen, Extremwetterereignisse) zurechtzukommen, als auch im Hinblick auf die Natur selbst, wenn etwa von der Resilienz von Ökosystemen die Rede ist und danach gefragt wird, wie Wälder, Felder und Weinberge verändert werden müssen, damit sie den veränderten klimatischen Bedingungen trotzen können.

Und mit Krieg und Flucht in Europa und dem, was dies an Verlusten, an seelischen Belastungen und Traumata für die Betroffenen, insbesondere für Kinder und Jugendliche mit sich bringt, hat wiederum das Thema Resilienz, also die Frage danach, warum unterschiedliche Menschen mit ähnlichen Konstellationen durchaus unterschiedlich umgehen, warum es manchen gelingt, sich trotz alledem erstaunlich gut und gesund im Leben zu behaupten, derzeit noch einmal eine besondere Aktualität gewonnen.

Doch nicht nur als faszinierendes (entwicklungs-)psychologisches Phänomen findet das Thema der Resilienz immer größere Beachtung, sondern auch als (sonder-)pädagogische Aufgabe. Denn es stellt sich beim Thema Resilienz natürlich die Frage, was Eltern, was Erzieher/innen und was Lehrkräfte tun können, um jene Widerstandskraft bei den Kindern zu stärken, und ob es sinnvoll und möglich ist, dass Bildungsinstitutionen den Auftrag der Resilienzförderung gezielt und systematisch in ihr Programm aufnehmen. Inzwischen wurde das Resilienzkonzept tatsächlich auch in diverse pädagogische Förderprogramme umgesetzt. Diese machen z. T. sehr weitreichende Versprechungen. So ist z. B. auf dem Cover des Buches »Resilienz. Widerstandsfähigkeit stärken – Leistung steigern« von Annie Greef (2008), das »praktische Materialien für die Grundschule mit Kopiervorlagen« bietet, zu lesen:

> »Mithilfe der sechs ausgearbeiteten Einheiten des Bandes stärken Sie das Vertrauen der Kinder und Heranwachsenden in die eigenen Fähigkeiten. Die Übungen […] fördern und festigen gezielt das Selbstbewusstsein, die Durchsetzungskraft, Widerstandsfähigkeit und Toleranz der Kinder. Das positive Resultat ist eine kontinuierliche schulische Leistungssteigerung.«

Und auf dem Trainingsbuch »Die sieben Säulen der Resilienz« wirbt Emilia Morel (2021) mit dem Versprechen, den erwachsenen Leser/innen Anleitung zu geben, »Wie Sie mit den Powermethoden eiserne Resilienz trainieren, absolut stressresistent werden und eiserne Widerstandskraft aufbauen«.

Dabei ist freilich keineswegs klar, inwiefern die immer stärkere Popularisierung des Resilienzkonzepts und die Aufladung mit immer größeren Ambitionen und Verheißungen im Hinblick auf die pädagogische Machbarkeit von seelischer Widerstandskraft tatsächlich in direkt proportionalem Verhältnis zu substantiell neuen und spektakulären Erkenntnissen im Feld der Resilienzforschung stehen. Immer noch wird nämlich vor allem auf die »Mutter aller Resilienz-Studien«, die Kauai-Studie von Emmy Werner verwiesen, die bereits im Jahr 1955 gestartet ist und deren letzte Erhebungswelle inzwischen schon mehr als 30 Jahre zurückliegt (Werner 1992). Immer wieder werden in der aktuellen Literatur Kataloge von »personalen« und »sozialen Schutzfaktoren« präsentiert, die denen von Werner weitgehend gleichen (vgl. Werner 1997, S. 203).

Von Ann S. Masten wurde inzwischen eine Abfolge unterschiedlicher Phasen der Resilienzforschung beschrieben und damit die Verlagerung der Interessens- und Forschungsschwerpunkte seit jener »Initial-Studie« von Werner nachgezeichnet. Grundsätzlich ist im Zusammenhang mit Resilienz heute kaum mehr von »Invulnerabilität« die Rede, also von Kindern mit ganz besonderen, quasi »magischen« Persönlichkeitseigenschaften, welche sie gegen die Unbilden des Schicksals feien, sondern es wird zumeist anerkannt, dass alle Kinder eine Belastungsgrenze haben und dass gravierende Defizite unweigerlich ihre Spuren hinterlassen. Unter dem Stichwort »Ordinary Magic« (Masten 2014) wird weiterhin darauf hingewiesen, dass jene Kinder und Jugendlichen, die als besonders resilient auffallen, in der Regel eben doch einfach etwas mehr Unterstützung hatten und diese wiederum etwas besser nutzen konnten als andere. In dem Sinne heißt es: »Widerstandskraft geht aus den adaptiven Systemen hervor, wie sie für die Kindesentwicklung gang und gäbe sind« (Masten 2016, S. 25). Zudem wird im Hinblick auf die Idee der Resilienzförderung neben der Stärkung individueller Ressourcen zunehmend die Notwendigkeit gesehen, auch auf politisch-struktureller Ebene präventiv zu steuern und dafür zu sorgen, dass bestimmte Belastungen erst gar nicht entstehen (Hart et al. 2016).

Neben dieser Entmystifizierung des Resilienzbegriffs ist in jüngerer Zeit auch dessen weitreichende Entgrenzung zu beobachten. Denn inzwischen wurde dieser Begriff aus seiner ursprünglichen Heimat in der Materialforschung und seiner »Zweitheimat« in der Psychologie herausgelöst und immer häufiger auf komplexe Systeme ganz unterschiedlicher Art bezogen. Als abstrakter Systembegriff lässt er sich dann gleichermaßen auf Lieferketten, Unternehmensstrukturen, Finanzinstitute, Armeen, Gesundheitssysteme, Computernetzwerke und auf kindliche Entwicklungsverläufe sowie auf menschliche Bewältigungsprozesse im weiteren Lebenslauf anwenden. Allerdings fordert Masten: »Idealerweise sollte Resilienz so definiert werden, dass man sie auf vielen Ebenen anwenden kann, von der molekularen bis zur planetaren« (2016, S. 281). Inwiefern man dann mit demselben Begriff noch von denselben Phänomenen und Prozessen spricht, dies ist freilich die Frage.

Mehr als 40 Jahre nach dem Erscheinen des ersten »Resilienz-Buches« von Emmy Werner und Ruth Smith mit dem Titel »Vulnerable but Invincible. A Longitudinal Study of Resilient Children and Youth« (1982) und 25 Jahre nach dem oben erwähnten deutschen Auftakt-Sammelband »Was Kinder stärkt« von Opp, Fingerle und Freytag (1999) scheint es an der Zeit für eine kritisch-würdigende Bilanz. Zeit dafür, die Frage zu stellen, welche markanten Erkenntnisfortschritte im Bereich der Resilienzforschung und welche konzeptionellen Entwicklungen im Bereich der Resilienzförderung es seitdem gab. Immerhin könnte es ja auch sein, dass der Boom des Konzepts weniger mit spektakulären Erkenntnisfortschritten, sondern eher mit Erlösungssehnsüchten und mit entsprechenden pädagogisch-psychologischen Verheißungstendenzen und Vermarktungsfortschritten zu tun hat. Inwiefern wissen wir heute mehr über die Risiko- und Schutzfaktoren der (kindlichen) Entwicklung? In welchen Punkten und in welchen Hinsichten haben wir heute tatsächlich ein klareres, differenzierteres, gesicherteres Wissen darüber, worauf es zentral ankommt, damit Kinder, Jugendliche und Erwachsene in belasteten Lebensverhältnissen sich zu »starken«, »widerstandsfähigen«, »resilienten« Menschen entwickeln können? Worauf ist somit zu achten, wenn pädagogische Personen, Institutionen und Programme eine solche Entwicklung gezielt und systematisch unterstützen wollen? Es geht also um eine kritisch-würdigende Bilanz und um konstruktive Überlegungen im Hinblick auf sinnvolle Formen der Weiterentwicklung der Resilienzforschung und -förderung angesichts aktueller Krisen- und Transformationsprozesse in unseren Gesellschaften.

Die Beiträge des Bandes lassen sich dabei vier großen Themenfeldern zuordnen:

(1) Chancen und Perspektiven des Resilienzkonzepts im pädagogischen Feld: In diesem Kapitel versammeln sich zum einen Beiträge, welche die multi-systemische Perspektive des Resilienzkonzepts betonen (Fröhlich-Gildhoff) und der Frage nachspüren, was im Rahmen von Resilienzförderung und Prävention einerseits erprobt ist und andererseits widersprüchlich bzw. paradox bleibt (Fröhlich-Gildhoff, Helmreich). Zum anderen werden Resilienz und Vulnerabilität in ihrer grundsätzlichen Bezogenheit aufeinander prozesstheoretisch diskutiert (Fingerle) und insbesondere die Bedeutung der Zeugenschaft für Resilienz im Rahmen der Aufarbeitung von sexualisierter Gewalt herausgearbeitet (Andresen).

(2) Probleme und Widersprüche des Resilienzkonzepts im pädagogischen Feld: In diesem Kapitel werden (Miss-)Verständnisse und Widersprüchlichkeiten von Resilienz anhand von Dokumentenanalysen aus dem bildungspolitischen Bereich (Kirschner) und der Bildungsforschung (Puhr) thematisiert, resilienzorientierte Perspektiven auf Vulnveranz/Vulnerantialität eröffnet (Müller, Schramm) und das Verhältnis von Resilienz und Vulnerabilität aus der Perspektive der materialistischen (Behinderten-)Pädagogik (Schneider-Reisinger) vorgestellt. Weiterhin wird an einem schulischen Beispiel gezeigt, wie durch die normative Anrufung des Resilienzkonzepts pädagogische, institutionelle und gesellschaftliche Verantwortungshorizonte in den Hintergrund geraten können (Götsch & Bliemetsrieder).

(3) Herausforderungen und Möglichkeiten der Förderung von Resilienz im pädagogischen Feld: Unter dieser Überschrift sind Beiträge gebündelt, die um das Thema erweiterter Handlungsmöglichkeiten kreisen. Diese werden am Beispiel der Introvision zur Förderung von Gelassenheit (Iwers & Rohde) sowie einer Analyse ausgewählter Kinderbilderbücher und den dort modellierten Entwicklungsprozessen und Problembewältigungen (Graf) thematisiert. Daneben wird ein erweiterter Blick auf

Resilienz nicht nur *in* Familien, sondern auf Resilienz *von* Familien als System, also familiale Resilienz vorgeschlagen, die anhand eines Projekts mit Familien mit chronischer Erkrankung entwickelt wurde. Darüber hinaus erhellt eine Studie zur Einstellung von Kindern aus bildungsfernen Milieus in der Pandemie (Klopsch & Rohlfs) vier Cluster von Einstellungen der Schüler/innen aus bildungsfernen Kontexten zur Handlungsfähigkeit in Bezug auf Lernprozesse. Letztere werden auch unter den Vorzeichen von Vulneranz einerseits und unabänderlichen Vulnerabilitäten, die in das Leben integriert werden müssen, in den Blick genommen, wobei u. a. die Bedeutung der Habitussensibilität der Lehrkräfte betont wird (Thümmler & Bartz). Schließlich wird anhand des Themas »weiße Flecken« darauf aufmerksam gemacht, dass es im Leben von Personen »objektiv« vorhandene Themen geben kann (etwa Leben in sogenannten »sozialen Brennpunkten«), die in der eigenen subjektiven Wahrnehmung aber ausgeblendet bleiben, wie es sich bspw. in Interviews mit betreffenden Personen zeigen kann. Diskutiert wird dies im Anschluss an das Konzept kognitiv-evaluativer Landkarten (Kohlscheen & Struck).

(4) Rückblicke und Bilanzierungen im Hinblick auf die Bewältigung risikobehafteter Kindheiten: In den Beiträgen zu diesem Themenfeld wird gefragt: Was können wir aus der Analyse von Lebensgeschichten über die unterschiedlichen Weisen der Verarbeitung von Belastungen, über hilfreiche und weniger hilfreiche Formen (pädagogischer) Unterstützung von Kindern, Jugendlichen und Erwachsenen lernen? Die Beiträge beziehen sich auf autobiografische Literatur sowie Erzählungen Jugendlicher (Göppel, Zander, Bödicker).

Im Folgenden werden die einzelnen Beiträge in der Reihenfolge des Inhaltsverzeichnisses vorgestellt.

Chancen und Perspektiven des Resilienzkonzepts im pädagogischen Feld

Klaus Fröhlich-Gildhoff erörtert in seinem Beitrag *Resilienzförderung in Kindertageseinrichtungen und Schulen – Perspektiven über das Individuum hinaus* zunächst den Resilienzbegriff in seinen unterschiedlichen Varianten, wobei die bekannten Resilienzfaktoren und ihr Zusammenwirken in einem Überblick dargestellt werden. Der Autor betont die Notwendigkeit, Resilienzförderung nicht durch eine Fokussierung auf das Individuum und dessen Stärkung zu verengen, sondern im Sinn der Entwicklung struktureller Faktoren Belastungen zu reduzieren. Am Beispiel von evaluierten Förderprogrammen und -maßnahmen für Kindertagesstätten und Schule erfolgt eine Aufgliederung von vier Ebenen – Arbeit mit Kindern, Zusammenarbeit mit Eltern, Fortbildungen für professionelle Akteur/innen und Netzwerkbildung –, auf denen Resilienzfördermaßnahmen im Rahmen eines intermodalen Konzepts stattfinden sollten. Hinweise auf wesentliche Ergebnisse aus den Evaluationsstudien münden in das Plädoyer, die überindividuelle Resilienzförderung weiter zu befördern.

Sabine Andresen diskutiert in ihrem Artikel *Aufarbeitung von Gewalt in der Kindheit. Was aus der Zeugenschaft von Betroffenen über Resilienz gelernt werden kann* anhand von Erkenntnissen aus der Aufarbeitung sexuellen Kindesmissbrauchs und Erfahrungen der Unabhängigen Kommission zur Aufarbeitung sexuellen Kindesmissbrauchs den Zusammenhang von Zeugenschaft und Resilienz. Die Autorin geht dabei von der kindheitstheoretischen Perspektive aus, nach der allgemein Menschen und insbesondere Kinder als Menschen vulnerabel und zugleich autonomiefähig sind. Im Zusammenhang der vulnerablen Bedingungen, die Kinder beispielsweise in von ihnen vorgefundenen Beziehungs- sowie Erziehungs- und Sorgekonstellationen vorfinden, wird anhand von Beispielen aus der Forschung zur Aufarbeitung sexuellen Kindsemissbrauchs die Bedeutung der Zeugenschaft Dritter, also von Personen, die keine Gewalt ausübten, aber zum Umfeld des Kindes gehörten, als einer hilfreichen Bedingung für Resilienz beleuchtet.

Michael Fingerle geht in seinem Beitrag *Was heißt eigentlich »Prozess«? Bemerkungen zu den Implikationen des Prozesscharakters für das Verständnis von Resilienz und Vulnerabilität* dem Verhältnis von Vulnerabilität und Resilienz prozesstheoretisch nach. Der Autor beleuchtet dabei sowohl entwicklungspsychologische Zugänge zu Resilienz und Vulnerabilität kritisch wie er Zustandsbeschreibungen oder gar ontologische Aussagen zu der Begriffsdoublette als »conditio humana« infrage stellt und ebenso normative und politische Dimensionen als nicht hinreichend diskutiert. Vom Prozesscharakter von Resilienz ausgehend plädiert Fingerle dafür, dass Resilienz und Vulnerabilität nicht per se zur menschlichen Existenz gehören, sondern sekundäre Kategorien darstellen, wobei sie irreduzibel aneinander gekoppelt sind. Vielmehr können Vulnerabilitäten und Resilienz aus der dem menschlichen Leben eigenen Endlichkeit und Ungewissheit hervorgehen. Dabei ist es dem Autor ein Anliegen, die diskursive Dichotomie von Resilienz und Vulnerabilität in ein integratives Verständnis zu transformieren, in dem normative Fragen sozialer Gerechtigkeit aufrechterhalten werden.

Isabella Helmreich thematisiert in ihrem Beitrag *Das Resilienz-Paradox in Forschung und Prävention* verschiedene Widersprüche: Einerseits gilt Resilienz als dynamisches, multi-systemisches Entwicklungsgeschehen, das beeinflusst werden kann, andererseits bleibt die Definitionslandschaft zur Resilienz unscharf, was ebenso wie die Dynamik von Resilienzverläufen eine Operationalisierung erschwert. Im Feld der Prävention spürt die Autorin der Paradoxie nach, dass eine erhöhte Belastbarkeit als Ziel kontextstabilisierend wirken kann und risikoreiche Umfeldfaktoren stabilisiert.

Probleme und Widersprüche des Resilienzkonzepts im pädagogichen Feld

Anne Kirschner analysiert in ihrem Beitrag *Resilienz und Bildung – eine (macht-)kritische Perspektive auf die Verhältnisbestimmung von Anpassung und Widerstand in bildungsprogrammatischen Texten* drei bildungspolitische Dokumente aus diskursanalytischer Persektive: den aktuellen Baden-Württembergischen Bildungsplan, die

OECD-Sonderauswertung »Erfolgsfaktor Resilienz« sowie das vom Verein der bayrischen Wirtschaft herausgegebene Gutachten »Bildung und Resilienz«. Im Zentrum der diskursanalytischen Betrachtung Kirschners steht dabei das in den Texten für pädagogisches Denken konstituierte Verhältnis von Autonomie und Fremdbestimmung. Die Autorin spürt im Spannungsfeld von Anpassung und Widerstand der Frage nach, wie Schüler/innen im Hinblick auf Resilienz in den genannten bildungspolitischen Dokumenten »adressiert« werden.

Kirsten Puhr übt in ihrem Beitrag *Diskreditierungen »sozioökonomisch benachteiligter« Schüler/innen in einer Pisa-Sonderauswertung zum »Erfolgsfaktor Resilienz«* anhand der OECD- und Vodafone-Studie (2018) Kritik an der Adressierung von »sozioökonomisch benachteiligten« Schüler/innen als »bildungsfern« im Bildungssystem wie der empirischen Bildungsforschung. Die Autorin geht der Frage nach, inwiefern die strukturellen Bedingtheiten von Bildungserfolg zum einen ins psychosoziale Umfeld verlegt würden und zum anderen ausgeblendet würde, dass der Staat in der Verantwortung für deren Änderung stünde. Statt dessen würden vergleichbare Bildungsvoraussetzungen fingiert und der Anspruch erhoben, diese seien durch Resilienzförderung pädagogisch ›machbar‹. Puhrs Analysen münden in der Frage, wie die Orientierung an Resilienz und Chancen(un)gerechtigkeit im Bildungssystem zusammenhängen. Ihre Ausführungen sekundiert die Autorin mit Passagen aus dem Bildungsroman »Streulicht« von Denniz Ohde (2021), in denen Erfahrungen des Bildungsweges einer Ich-Erzählerin aus sog. ›bildungsfernem‹ Kontext zur Sprache kommen.

Thomas Müller verfolgt in seinem Beitrag *Der Resilienz widerstehen – der Vulnerabilität auch? Überlegungen mit Blick auf verhaltensauffällige Kinder und Jugendliche* das Anliegen, die Dichotomie von Resilienz und Vulnerabilität zu überwinden, indem der Begriff der Vulneranz (Verletzungsmacht) aufgegriffen wird. Mit besonderem Blick auf den sonderpädagogischen Bereich von Verhaltensauffälligkeit wird zur Geltung gebracht, inwiefern vulnerantes Verhalten aus schwerwiegenden eigenen Verletzungen durch andere Personen bzw. Institutionen erwächst und als Ausdruck von Ohnmachtserleben gelesen werden sollte. Der Autor schlägt vor, Resilienz, Vulnerabilität und Vulneranz stets in Verbindung miteinander zu thematisieren und damit den Resilienzdiskurs einmal mehr aus der Ecke seiner Selbstoptimierungs- und Verfügbarkeitsverengungen zu lösen.

Robert Schneider-Reisinger stellt in seinen Überlegungen unter dem Titel: *Wer von Resilienz redet, darf von Vulnerabilität nicht schweigen. Und wer von Vulnerabilität schweigt, redet nicht von Resilienz. Eine Perspektivierung materialistischer (Behinderten-) Pädagogik* vor. Dabei werden systemische Gedanken von Handlungsgeweben in menschlichem Miteinander auf der direkten Ebene von Praktiken wie der Ebene von organisationalen Vorstrukturierungen menschlicher Praxisfelder entfaltet, in denen das Verhältnis von Resilienz und Vulnerbilität dialektisch ausgeleuchtet wird. Die Argumentation mündet in die Forderung, Verletzlichkeit und gegenseitige Angewiesenheit als eine conditio humana im Geflecht von Resilienz und Vulnerabilität (nicht nur) in der (Behinderten-)Pädagogik zur Geltung zu bringen.

Jennis Schramm blickt in seinem Beitrag *Aggressives Verhalten als Ausdruck psychischer Widerstandskräfte* aus therapeutischer Sicht auf ein Verhalten von Kindern und Jugendlichen, das im Sinn gesellschaftlicher Normativität eigentlich nicht als Resilienz eingestuft werden kann. Aus einer sozio-ökologischen Perspektive von Lernerfahrungen in gewaltaffinen Aufwachskontexten allerdings plädiert er dafür, auch aggressives Verhalten angesichts erlittener Ohnmachtsgefühle als Ausdruck von subjektiver Agency zu lesen und darin Widerstandsfähigkeiten zu erkennen, die mindestens als ein Teilaspekt von Resilienz gewürdigt und als ein möglicher Schritt in ihrer weiteren Ausbildung gewertet werden könne, wobei darauf geachtet werden muss, dass durch so adressierte Aggressivität nicht weitere Opfer in Kauf genommen werden.

Monika Götsch und *Sandro Bliemetsrieder* analysieren in ihrem Beitrag *Pädagogik außerhalb gesellschaftlicher Verhältnisse? Hegemoniekritik an Resilienz am Beispiel eines sexualisierten Übergriffes in der Schule aus machtkritischer Perspektive* einen Vorfall sexualisierter Gewalt gegen eine Schülerin auf dem Schulhof, den diese unter dem Einsatz körperlicher Gewalt abgewehrt hat. Problematisiert wird dabei vor allem, dass keine weitere Thematisierung in der Schule stattgefunden hat. Die Reaktionen der Schule werden kritisch daraufhin beleuchtet, inwiefern sie Resilienz individualistisch, zur alleinigen Angelegenheit individueller Fähigkeiten verengen, ohne dabei auch die Frage nach den Ursachen von sexualisierter Gewalt zu stellen und damit den Weg für die Veränderung begünstigender Faktoren missbräuchlichen Verhaltens zu öffnen.

Herausforderungen und Möglichkeiten der Förderung von Resilienz im pädagogichen Feld

Telse Iwers und *Angela Rohde* befassen sich in ihrem Beitrag *Resilienz mit Introvision: Gelassenheit fördern zur Stärkung innerer Widerstandskräfte* mit der Frage, inwiefern Gelassenheit als ein individueller Aspekt von Resilienz gelten bzw. als individuelle Ressource zur Resilienzförderung beitragen kann. Die Autor/innen zeigen anhand eines Fallbeispiels aus dem Studienalltag, wie mittels der Psychotonusskala, die Grade von Gelassenheit kategorisiert und über die Konstatierende Aufmerksame Wahrnehmung (KAW) mehr Gelassenheit eingeübt werden kann. Die KAW ist eine Methode, die eigene Aufmerksamkeit (auf Sinneswahrnehmungen, Gedanken oder Gefühle) eng- und weitstellen zu können, also auf eine Sache konzentriert zu sein und gleichzeitig die weitere Umgebung zu realisieren. Die Methode wird im Rahmen von selbst- oder fremdangeleiteten Introvisionsprozessen eingesetzt, um bei Unruhe und Stress mögliche Introjekte – im Lauf des Lebens erworbene ›innere Sätze‹ – entschlüsseln zu können, wie z. B. »Ich muss alles gut machen«. Denn Introjekte verengen den Blick und verstellen damit die Wahrnehmung auf eine Bandbreite von angemessenen Handlungsmöglichkeiten bei Problemen und Belastungen.

Birgit Behrisch thematisiert in ihrem Beitrag *Familiale Resilienz bei chronischer Erkrankung als Thema von Lernen und Bildung* den Unterschied von Resilienz in Familien und familialer Resilienz in systemischer Hinsicht. Dabei wird Familie als Ort von Care- und Bildungsprozessen beleuchtet und das Bürgerforschungsprojekt Familiengesundheit (FamGesund), ein gemeinsames Projekt des Kompetenzzentrums für Familiengesundheit der Katholischen Hochschule für Sozialwesen Berlin mit dem Alexianer Krankenhaus Hedwigshöhe, vorgestellt. Erste Auswertungen von Familieninterviews anhand der Grounded Theory geben Einblick in die Lernprozesse von Familien im Zusammenhang mit dem Auftreten einer chronischen Erkrankung, verbunden mit der Frage, inwieweit das partizipative Design des Projekts, in dem Wissenschafter/innen, Praktiker/innen und Bürger/innen kooperieren, selbst zur Resilienzförderung beizutragen vermag.

Ramona Thümmler und *Janieta Bartz* setzen sich entlang der Frage *Darf das vulnerable Subjekt sein? Resilienz und Vulnerabilität als Leitkategorien für pädagogisches Handeln* mit dem Verhältnis von Vulnerabilität, Vulnerantialität und Resilienz bei Kindern aus benachteiligten Lebenslagen auseinander. Im Zusammenhang eines Spannungsverhältnisses von Reslienzförderung und der Akzeptanz von Vulnerabilitäten fokussieren die Autorinnen einerseits auf strukturelle Benachteiligungsbedingungen und verweisen andererseits auf unabänderliche Vulnerabilitäten, die die Herausforderung der Integration in das eigene Leben stellen und in pädagogischen Kontexten entsprechend sensibel zu begleiten sind. Am Ende des Beitrags werden pädagogische Maßnahmen auf Selbstoptimierungsaspekte hin kritisch befragt und es wird auf die Habitussensibilität der pädagogisch Handelnden verwiesen, die vonnöten ist, damit Kinder, die Vulneranz zeigen, in ihrer vorgängigen Verletztheit gesehen werden können.

Britta Klopsch und *Carsten Rohlfs* stellen in ihrem Beitrag *Kinder aus bildungsfernen Milieus in der Corona-Pandemie – Einstellungen und Resilienz* quantitative Ergebnisse einer Mixed-Methods-Studie zu schulbezogenen Einstellungen von 207 Kindern an vier Grundschulen aus bildungsfernen Milieus im Lockdown (Frühjahr 2021) während der Pandemie vor. Auf dem Hintergrund der fachöffentlichen Deutung von Schulerfolg von Schüler/innen aus benachteiligter sozialer Herkunft als Resilienz fokussiert die vorliegende Studie Einstellungen und Lernerfahrungen. Das Augenmerk wird besonders auf Benachteiligung und Selbstorganisation gerichtet, indem die Fähigkeit der Selbststeuerung des Lernens auf das Konstrukt der Student Agency bezogen wird. Die Autor/innen können anhand der Daten vier Cluster zur Handlungsfähigkeit in Bezug auf Lernprozesse bilden. Diese reichen von ausgeprägtem Durchhaltevermögen über ein statisches sowie dynamisches Selbstkonzept bis zur geringen Lernfreude. Am Ende werden die Ergebnisse hinsichtlich der Herausforderungen für das Schulsystem diskutiert, das in der Studie identifizierte Potenzial für schulischen Erfolg nutzen zu können.

Jörg Kohlscheen und *Ronja Struck* fragen in ihrem Artikel *Wenn Widrigkeiten nicht zur Sprache kommen. Weiße Flecken auf der kognitiv-evaluativen Landkarte und Resilienz* nach Aspekten des Lebens, die – wie etwa Armutsbetroffenheit – objektiv zur Lebenslage eines Menschen gehören, in dessen eigener Wahrnehmung aber z. B. in Interviewsituationen nicht thematisiert werden. Die Autor/innen nehmen dabei Bezug auf kognitiv-evaluative Landkarten (Rosa 2016), in denen die interpretierende Welt-Beziehung der jeweiligen Person sichtbar wird. In dem Begriffspaar Vulnerabilität und Resilienz sehen Kohlscheen und Struck eine Parallele zu Rosas Begriffspaar Angst und Begehren, worunter eine grundlegende Beziehungsqualität in der Selektion eigener Weltwahrnehmungen verstanden wird (Rosa 2016). Am Ende des Artikels werden Zwischenergebnisse aus dem Projekt »Konstellationen der Resilienz von Kindern« (KoReKi) in der Förderlinie »Abbau von Bildungsbarrieren: Lernumwelten, Bildungserfolg und soziale Teilhabe« (Bundesministerium für Forschung und Bildung) aus qualitativen Erhebungen mit Eltern und Kindern vorgestellt, anhand derer die Frage der Definitionsmacht von Subjekten in ihrer Weltwahrnehmung thematisiert wird: am Beispiel weißer Flecken zum Thema »Draußenspielen«.

Ulrike Graf befasst sich in ihrem Beitrag *Resilienz im Spiegel ausgewählter Kinderbilderbücher* mit Longlisttiteln und prämierten Bilderbüchern des Huckepackpreises, dem einzigen explizitem Kinderbilderbuchpreis, sowie einem »Buch des Monats«, welches das Bremer Institut für Bilderbuchforschung regelmäßig vorstellt. Nach einem Kurzüberblick darüber, was in der Forschung unter Resilienz verstanden wird, werden Herausforderungen sowohl aus dem allen Kindern bekannten Erziehungsalltag, unvorhergesehenen Risikosituationen wie Flucht oder Armutsbetroffenheit und existenzielle Phänomene wie die Traurigkeit beispielhaft aus der Perspektive der Resilienzförderung beleuchtet. Fragen gesellschaftlicher Werte können mit Blick auf Resilienzprozesse und -ergebnisse dabei nicht außen vor bleiben

Rückblicke und Bilanzierungen im Hinblick auf die Bewältigung risikobehafteter Kindheiten

Rolf Göppel geht in seinem Beitrag *Müssen uns die Dichter sagen, was Resilienz ist? Drei verschiedene »Risikokindheiten« und drei verschiedene Bewältigungsstrategien in autobiografischer Perspektive* von der These aus, dass sich sowohl über Resilienz als auch über Vulnerabilität nur in biografischen Zusammenhängen sinnvoll sprechen lässt. Man muss auf konkrete Lebensgeschichten und die darin beschriebenen Lebensumstände, Erziehungsverhältnisse und Milieubedingungen schauen, auf das, was Personen dort erlebt und erlitten haben und auf das, was diese Erfahrungen mit ihnen gemacht bzw. was die Personen mit diesen Erfahrungen gemacht haben, um solche Einschätzungen treffen zu können. Wenn von Resilienz die Rede ist, schwingt immer das Überraschungsmoment des »trotz alledem« mit, also die Vorstellung, dass eine Person, die im Laufe ihrer Entwicklung so viele Härten, Entbehrungen, Widrigkeiten zu bewältigen hatte, irgendwie gebrochen, innerlich deformiert, seelisch verletzt sein müsste. In dem Beitrag werden drei literarische Autobiografien vergleichend präsentiert und analysiert, in denen SchriftstellerInnen zurückblicken auf die Irrungen und Wirrungen, die Sorgen und Sehnsüchte, die Ängste und Ärgernisse ihrer Kindheit und Jugend, in denen sie aber auch über die subjektiven Strategien reflektieren, mittels derer sie damals versucht haben, sich selbst zu behaupten, den Härten und Zumutungen ihrer familiären Situation etwas entgegenzusetzen. Die zugeordneten Strategien sind dabei sehr unterschiedlich und werden beschrieben als »Resilienz durch Renitenz«, »Resilienz durch Rückzug und Reflexion« und schließlich als »verzweifelte Mischung aus Rebellion und Resignation«.

Margherita Zander bietet in ihrem Beitrag *Festschreiben, Umschreiben, Freischreiben: Resiliente Kindheitsbewältigung durch autobiografische Selbstreflexion* Einblicke in die autobiografischen Werke der drei Autor/innen Frank McCourt, Peter Härtling und Natascha Wodin, die alle zwischen 1930 und 1945 geboren sind und bis ins 21. Jahrhundert hinein leb(t)en. Zander legt den Fokus ihrer Analyse in historischer Kontextualisierung auf die in den gesichteten Werken zugänglichen Belastungsfaktoren und die Bewältigungsprozesse sowie -erfolge der drei Autor/innen. Dabei kommen sowohl gelungene Bewältigungsprozesse wie auch das Ringen um Resilienz zur Sprache, wie es sich etwa in verschiedenen Bearbeitungsstufen in zeitlich aufeinander folgenden schriftstellerischen Werken spiegelt.

Anne Bödicker widmet sich in ihrem Artikel *Erzählungen Jugendlicher mit Sehbeeinträchtigung im Spannungsfeld von Resilienz und Verwundbarkeit* der Frage des Zusammenhangs von Resilienz und Vulnerabilität anhand einer ableismuskritischen Studie nach dem Ansatz der Disability-Studies. Jugendliche mit Sehbeeinträchtigung auf einer Förderschule erzählen von ihren Erfahrungen in inklusiven wie segregativen Settings, die sie während ihrer bisherigen Schulbiografie besucht haben. Die Auswertung der leitfadengestützten Interviews, aus denen beispielhaft zwei Auszüge vorgestellt werden, erfolgte narrationsanalytisch und stellt die Frage des Erlebens einer Adressierung als »resilient« bzw. »vulnerabel« in den Mittelpunkt.

Eine Publikation lebt von kooperativer Arbeit. Wir danken Frau Angelina Begasse für ihre zuverlässige Unterstützung bei den Redaktionsarbeiten.

Seit Jahren überlagern und verschärfen sich vielfältige globale, geopolitische und gesellschaftliche Krisenszenarien. Von daher ist in den Zeitdiagnosen nicht selten von der »Erschöpfung des Selbst« (Ehrenberg 2008) oder von der »Überforderung des Subjekts« (Fuchs, Iwer & Micali 2018) die Rede. Gleichzeitig erlebt das Resilienzkonzept im öffentlichen Diskurs einen nie dagewesenen Boom. Mit pädagogischen Bemühungen um Resilienzförderung wird den globalen Spannungen und Bedrohungen und den gesellschaftlichen Krisen und Konflikten kaum beizukommen sein. Dennoch bleibt die Stärkung von Selbstvertrauen, Zuversicht und Widerstandskraft bei Kindern und Jugendlichen ein wichtiges und ehrenwertes Ziel. Wenn die Texte dieses Bandes zu einem tieferen Verständnis für die menschlichen Grundphänomene von Vulnerablilität und Resilienz beitragen, wenn von ihnen Anregungen ausgehen, wie in unterschiedlichen pädagogischen Feldern Entwicklungsumgebungen und Beziehungen so gestaltet werden können, dass sich gerade für Kinder und Jugendliche aus Risikolagen Chancen auftun und Lebenssinn und Lebensmut gestärkt werden, dann würden wir uns freuen. Andererseits aber auch, wenn die Texte einen Beitrag dazu leisten, Skepsis gegenüber den großen Verheißungen und den überzogenen Erwartungen und Machbarkeitsphantasien zu wecken, die oftmals mit dem Resilienzkonzept verknüpft werden.

Heidelberg, im März 2024

Rolf Göppel und Ulrike Graf

Literatur

Frindt, A. (2020): Ambivalente Bewältigungsaktivitäten beim Aufwachsen unter ungünstigen Bedingungen. Resilienztheoretische Abstraktionen eines Entwicklungs- und Hilfeprozesses in der aufsuchenden Familienarbeit. Weinheim, Basel: Beltz Juventa.
Furchs, T., Iwer, L. & Micali, S. (2018): Das überforderte Subjekt. Zeitdiagnosen einer beschleunigten Gesellschaft. Berlin: Suhrkamp.
Greef, A. (2008): Resilienz. Widerstandsfähigkeit stärken – Leistung steigern. Donauwörth: Auer.
Göppel, R., Gstach, J. & Winninger, M. (2023): Aufwachsen zwischen Pandemie und Klimakrise. Pädagogisches Arbeiten in Zeiten großer Verunsicherung. Jahrbuch für Psychoanalytische Pädagogik 29. Gießen: Psychosozial-Verlag.
Hart, A., Gagnon, E., Eryigit-Madzwamuse, S., Cameron, J., Aranda, K., Rathbone, A. & Heaver, B. (2016): Uniting Resilience Research and Practice With an Inequalities Approach. SAGE Open, 6(4). https://doi.org/10.1177/2158244016682477.
Masten, Ann S. (2014): Ordinary Magic. Resilience in Development. New York, London: Guilford Press.
Masten, A. S. (2016): Resilienz: Modelle, Fakten und Neurobiologie. Das ganz normale Wunder entschlüsselt. Paderborn: Junfermann.
Opp, G., Fingerle, M. & Freytag, A. (1999): Was Kinder stärkt. Erziehung zwischen Risiko und Resilienz. München: Ernst Reinhardt.
Werner, E. & Smith, R. (1982): Vulnerable but Invincible: A Longitudinal Study of Resilient Children and Youth. New York: Adams, Bannister and Cox.
Werner, E. & Smith, R. (1992) Overcoming the Odds. High Risk Children from Birth to Adulthood. Ithaca/London: Cornel University Press.
Werner, E. (1997): Gefährdete Kindheit in der Moderne: Protektive Faktoren. In: Vierteljahresschrift für Heilpädagogik und ihre Nachbargebiete, 66 (1997) 2, S. 192–203.

1 Chancen und Perspektiven des Resilienzkonzepts im pädagogischen Feld

Resilienzförderung in Kindertageseinrichtungen und Schulen – Perspektiven über das Individuum hinaus

Klaus Fröhlich-Gildhoff

Abstract

Das Konzept der Resilienz findet auch in den Bildungsinstitutionen eine zunehmende Resonanz. So wurden einerseits Programme zur Stärkung psychischer Gesundheit und seelischer Widerstandskraft für einzelne Schüler*innen entwickelt, die jedoch in der Regel auf die Ebene des Individuums fokussiert sind. Dabei wird oftmals unzureichende Resilienz und letztlich das Scheitern als Eigenschaft oder Fähigkeit der einzelnen Person zugeschrieben und strukturelle Bedingungen bleiben außerhalb der Betrachtung.

Im Unterschied dazu beziehen systematische Konzepte zur Entwicklung von Kitas und Schulen zu resilienzförderlichen Institutionen alle Mitglieder des Systems (Kinder/Jugendliche, Pädagog*innen/Lehrer*innen, Eltern und weitere Beteiligte) ein und arbeiten an der Veränderung von Strukturen. Der Beitrag stellt nach einer allgemeinen Einführung diese Konzepte und deren Evaluation in den Mittelpunkt und benennt Voraussetzungen für eine erfolgreiche Implementation.

Schlüsselwörter: Resilienzförderung, Implementation, Organisationsentwicklung

1 Zum Konzept der Resilienz und der Resilienzfaktoren

Seit dem zunehmenden Boom der Resilienzforschung zu Beginn dieses Jahrhunderts finden sich zahlreiche konzeptionelle Begriffsbestimmungen. Unstrittig ist dabei, dass Resilienz an die Bewältigung von herausfordernden, kritischen oder traumatischen Situationen gekoppelt ist – in diesen Situationen spielt die Balance von außerpersonalen wie personalen Risiko- und Schutzfaktoren eine wesentliche Rolle. Bengel und Lyssenko (2012) beschreiben drei Perspektiven auf den Resilienzbegriff: 1. Resilienz als Resistenz gegenüber einem Stressor, d. h. es werden keine oder nur geringe Belastungsreaktionen beim Auftauchen von belastenden Ereignissen gezeigt; 2. Resilienz als (schnelle) Regeneration, d. h. es kommt zu einer kurzfristigen Belastung, dann aber schnellen Erholung und Rückkehr in den Alltag, und 3. Resilienz als Rekonfiguration, d. h. die Anpassungsfähigkeit von Verhaltensweisen und sozialen Kognitionen nach einem (meistens) traumatischen Ereignis.

Die verschiedenen Definitionen von Resilienz lassen sich auf einem Kontinuum von sehr eng bis weit gefassten Begriffsauslegungen einordnen. Bei einer engen Fassung wird die positive Bewältigung vor allem auf dem Hintergrund der Risikosituation bewertet. Resilienz liegt also nur dann vor, wenn eine Hochrisikosituation besser bewältigt wird, als erwartet wurde bzw. erwartbar ist (vgl. Diskussionen in Opp, Fingerle & Suess 2020; Zander 2011). In einer weitergefassten Definition wird Resilienz als eine Kompetenz verstanden, die sich aus verschiedenen Einzelfähigkeiten (z. B. den Resilienzfaktoren, s. u.) zusammensetzt (z. B. Rönnau-Böse & Fröhlich-Gildhoff 2020). Dabei geht es nicht nur um die Bewältigung von extremen Krisensituationen, sondern darum, dass entsprechende Kompetenzen auch notwendig sind, um z. B. Entwicklungsaufgaben und weniger kritische Alltagssituationen zu bewältigen. Fingerle (2011, S. 213) verwendet in diesem Zusammenhang den Begriff des »Bewältigungskapitals«.

In unterschiedlichen Studien wurde eine stabile, unterstützende und zugewandte Beziehung als stabilster Prädiktor für eine resiliente Entwicklung identifiziert. Luthar (2006) stellt in ihrer Synthese der letzten Jahrzehnte der Resilienzforschung fest: »Resilience« rests, fundamentally, on relationship« (S. 780). Die Ergebnisse der Mannheimer Risikokinderstudie (Hohm et al. 2017) verweisen auf die positiven Zusammenhänge zwischen einer frühkindlichen erlebten positiven Eltern-Kind-Beziehung und der Resilienz im frühen Erwachsenenalter. Auch von vielen anderen Forschungsrichtungen, wie der Entwicklungspsychologie (z. B. Dornes 2009), der Psychotherapieforschung (z. B. Grawe, Donati & Bernauer 2001) und der Bindungsforschung (z. B. Grossmann & Grossmann 2015) wird die zentrale Bedeutung des Erfahrens stabiler, feinfühliger und wertschätzender, Resonanz und Halt gebender Beziehungen für eine gesunde seelische Entwicklung hervorgehoben. Dabei gilt die Bedeutung sogenannter kompensatorischer Beziehungen, also z. B. von Fürsorgepersonen aus dem erweiterten Familienkreis, Freunden, (Ehe-)Partnern oder pädagogischen/pflegerischen Fachkräften, als empirisch gesichert. Es zeigt sich, dass es nicht entscheidend ist, zu wem diese Beziehung besteht, sondern *wie* diese Beziehung gestaltet ist, damit sie sich positiv auswirkt.

Neben diesem wichtigen außerpersonalen Schutzfaktor kann aus bestehenden (Langzeit-)Studien ein Bündel von personalen Fähigkeiten, die sogenannten Resilienzfaktoren, identifiziert werden (Rönnau-Böse 2013), die die Wahrscheinlichkeit erhöhen, Krisen und Belastungen so zu bewältigen, dass langfristige Folgen ausbleiben bzw. seelische Gesundheit aufgrund positiver Bewältigungserfahrungen gestärkt wird (Abb. 1).

Diese sechs bzw. sieben Resilienzfaktoren[1] sind nicht voneinander unabhängig: So steht soziale Kompetenz in einem engen Zusammenhang mit der Fähigkeit zur

---

1 Die Resilienzfaktoren weisen große Übereinstimmungen zum Konzept der »Lebenskom-

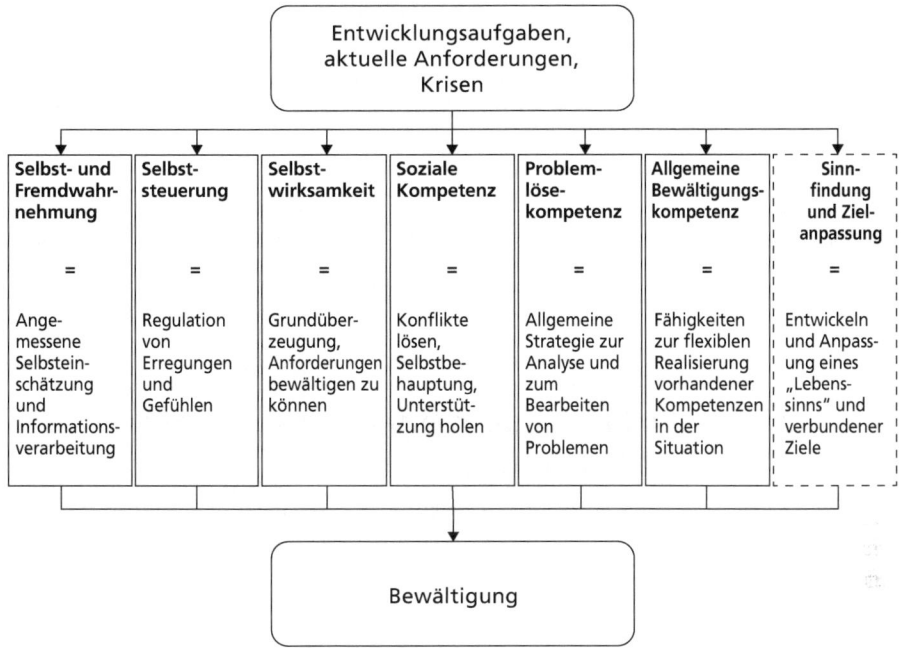

Abb. 1: Resilienzfaktoren (modifiziert und ergänzt aus: Rönnau-Böse & Fröhlich-Gildhoff 2020, S. 20)

Selbstregulation und zum Problemlösen. Der siebte Faktor der »Sinnfindung« wird in einer Reihe von Studien als bedeutsam für die Entwicklung seelischer Gesundheit gesehen und hat im Salutogenese-Konzept von Antonovsky (1997) eine prominente Stellung. Andere Studien (Übersicht: Brunstein, Maier & Dargel 2007) belegen allerdings, dass eine zu enge Sinn- oder Zielorientierung eher die nötige Flexibilität beim Bewältigen von Herausforderungen einschränken kann. Daher wurde dieser Faktor in der Abbildung 1 ‚gestrichelt' umrandet.

Die Entwicklung von Resilienz ist ein lebenslanger, dynamischer Prozess, abhängig von Individuum-Umwelt-Interaktionen und -Erfahrungen (Rönnau-Böse & Fröhlich-Gildhoff 2020). Dies bedeutet, dass Resilienz keine Charaktereigenschaft, sondern eine variable Größe ist, die sich abhängig von Bewältigungserfahrungen verändern kann. Resilienz steht damit immer in Verbindung zu den jeweiligen Umweltbedingungen, die ein Individuum vorfindet. So unterstreichen Ungar et al. (2013, S. 3) die Bedeutung von verfügbaren Ressourcen, die den Individuen zugänglich gemacht werden müssen: »Individuen sind wahrscheinlich dann resilienter, wenn die Umwelt viele Ressourcen bietet.« Soziale Faktoren, wie z.B. eine sichere Nachbarschaft, eine gute Schule, ein anregender Arbeitsplatz und sichere Bindungen zu Bezugspersonen leisten einen wesentlichen Beitrag dazu, wie und ob

---

petenzen« (life skills) der WHO (1994) auf – aus Platzgründen kann allerdings hierauf nicht weiter eingegangen werden.

personale Ressourcen als solche erkannt und genutzt werden können (Fingerle 2011).

Dies bedeutet zum einen, dass Resilienz in Organisationen – und im Besonderen in Bildungsinstitutionen – gefördert werden kann. Zum anderen geht es aber auch darum, Belastungsfaktoren zu reduzieren und z. B. überfordernde (Arbeits-)Anforderungen zu mindern. Im Vordergrund steht dabei also *nicht* in erster Linie die Frage »Wieviel Leid soll ausgehalten werden (und wie sollen Menschen dafür ›fit‹ gemacht werden)?«, sondern es muss das Ziel professioneller (und politischer) Interventionen sein, Leid erzeugende Strukturen zu verändern.

2 Über das Individuum hinaus: Resilienzförderung in Kita und Schule

Resilienzförderung ist ein Thema für Kindertageseinrichtungen und Schulen geworden, und es wurden Programme entwickelt, bei denen einzelne Resilienzfaktoren – etwa soziale Kompetenzen (z. B. Hillenbrand et al. 2010) – auf individueller oder Gruppenebene adressiert werden. Die gesamte Organisation Kita oder Schule als Lebenswelt (oder »Setting«[2], Hartung & Rosenbrock 2022) für Kinder/Jugendliche, Eltern und Lehrer*innen wird hingegen nur in sehr wenigen Konzepten berücksichtigt.

Das Zentrum für Kinder- und Jugendforschung an der Evangelischen Hochschule Freiburg hat in den vergangenen 15 Jahren entsprechende multimodale Projekte zur Resilienzförderung in Kindertageseinrichtungen sowie Grund- und weiterführenden Schulen entwickelt, praktisch erprobt und evaluiert (Überblick: Fröhlich-Gildhoff & Rönnau-Böse 2013; Rönnau-Böse & Fröhlich-Gildhoff 2020). Das Grundkonzept wurde auch im Rahmen einer kommunalen Präventionsstrategie als bedeutender Baustein eingesetzt (»Präventionsnetzwerk Ortenaukreis«; Fröhlich-Gildhoff & Böttinger 2018). Im Folgenden werden die Grundkonzeption, Evaluationsergebnisse und wesentliche Implementationsfaktoren vorgestellt.

2.1 Grundkonzept

Das Resilienzkonzept wurde in der »Lebenswelt« Kita bzw. Schule implementiert; Adressat*innen waren unmittelbar die pädagogischen Fachkräfte und dann mittel-

---

2 Der Begriff »Setting« entstammt den Gesundheitswissenschaften und bezeichnet einen »Sozialzusammenhang, in dem Menschen sich in ihrem Alltag aufhalten und der Einfluss auf ihre Gesundheit hat. [...] Er drückt sich aus durch formale Organisationen (z. B. Betrieb, Schule, Kita), regionale Situationen (z. B. Kommune, Stadtteil, Quartier), gleiche Lebenslagen (z. B. Rentner/Rentnerinnen), gemeinsame Werte oder Präferenzen (z. B. Religion, sexuelle Orientierung) bzw. durch eine Kombination dieser Merkmale« (Hartung & Rosenbrock 2022, S. 1).

bar Kinder, Eltern und weitere Netzwerkpartner. Die damit verbundene Mehrebenen-Strategie der Entwicklung der Institutionen zu resilienzförderlichen Organisationen lässt sich folgendermaßen darstellen (Abb. 2):

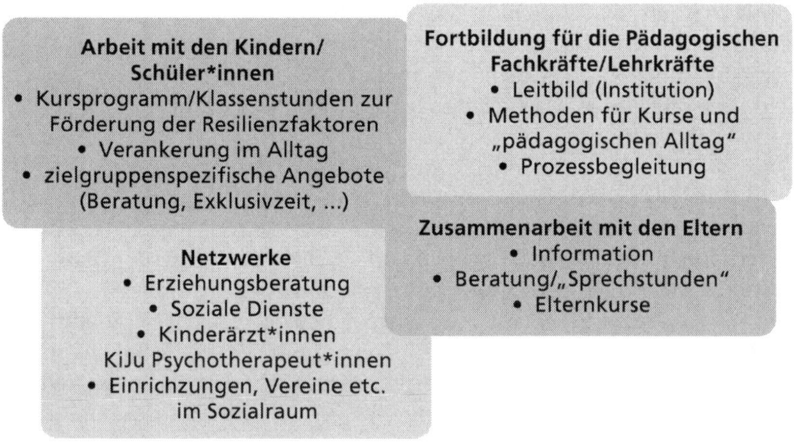

Arbeit mit den Kindern/Schüler*innen
- Kursprogramm/Klassenstunden zur Förderung der Resilienzfaktoren
- Verankerung im Alltag
- zielgruppenspezifische Angebote (Beratung, Exklusivzeit, …)

Fortbildung für die Pädagogischen Fachkräfte/Lehrkräfte
- Leitbild (Institution)
- Methoden für Kurse und „pädagogischen Alltag"
- Prozessbegleitung

Netzwerke
- Erziehungsberatung
- Soziale Dienste
- Kinderärzt*innen
- KiJu Psychotherapeut*innen
- Einrichzungen, Vereine etc. im Sozialraum

Zusammenarbeit mit den Eltern
- Information
- Beratung/„Sprechstunden"
- Elternkurse

Abb. 2: Mehrebenansatz der Resilienzförderung in den Institutionen Kita und Schule (eigene Darstellung)

Auf den hier dargestellten vier Ebenen wurden im Einzelnen folgende Interventionen realisiert:

- *Ebene 1: Qualifizierung der pädagogischen Fachkräfte:* Hier standen a) die (Weiter-)Entwicklung einer ressourcenorientierten *Haltung* und b) der Erwerb von *Kompetenzen* zur Förderung der Resilienzfaktoren in Kursen/Klassenstunden sowie im pädagogischen Alltag im Mittelpunkt.
- *Ebene 2: Zusammenarbeit mit Eltern:* In den Projekten war die Zusammenarbeit mit Eltern unterschiedlich niedrigschwellig – orientiert an den Möglichkeiten und der Motivation der Eltern – aufgebaut. Wesentliche Elemente waren: a) Informationen über das Projekt und dessen Hintergründe, b) Beratungsangebote vor Ort, z. T. in Kooperation mit Erziehungsberatungsstellen, und c) Elternkurse zur Stärkung elterlicher Erziehungskompetenz (analog Fröhlich-Gildhoff et al. 2008).
- *Ebene 3: pädagogische Arbeit mit den Kindern/Schüler*innen:* Die pädagogische Arbeit mit den Kindern zielte darauf ab, den Alltag in der Einrichtung insgesamt resilienzförderlich zu gestalten. Dieser Ansatz fand sich in verdichteter Form in den Kinderkursen (Fröhlich-Gildhoff, Dörner & Rönnau-Böse 2021) bzw. den Resilienzstunden im Klassenverband wieder (Spiralcurricula für Grundschulen: Fröhlich-Gildhoff, Kerscher-Becker & Fischer 2020; für weiterführende Schulen: Fröhlich-Gildhoff, Reutter & Schopp 2021). Die Kursprogramme umfassen 10 bis 20 Bausteine für unterschiedlliche Alters-/Klassenstufen, die sich auf die gezielte Förderung o.g. Resilienzfaktoren beziehen. Die Kursprogramme müssen dabei immer an die jeweilige Gruppe angepasst werden.

- *Ebene 4: Vernetzung:* Stabile Vernetzungsstrukturen zu Vereinen, Verbänden, Stadtteilorganisationen etc. können eine hilfreiche Unterstützungsleistung für Kinder und ihre Familien sein und Entlastung im Erziehungsalltag ermöglichen. Bei Anliegen, die eine tiefergehende sozialrechtliche oder psychosoziale Beratung erforderlich machen, sind Kitas und Schulen auf eine gute Vernetzung mit entsprechenden Einrichtungen – von den Beratungsstellen bis zum Jugendamt und Therapeut*innen – im Sozialraum angewiesen. Entsprechende Netzwerkstrukturen müssen fallunabhängig aufgebaut und gepflegt werden.

2.2 Evaluation

Die Umsetzungen des o. g. Konzepts sind in mehreren Forschungsprojekten in einem Mixed-Methods-Design über mehrere Messzeitpunkte hinweg im Sinne einer Ergebnis- und Prozessevaluation wissenschaftlich untersucht worden (Fröhlich-Gildhoff & Rönnau-Böse 2012, 2013; Rönnau-Böse 2013; Fröhlich-Gildhoff et al. 2014; Weltzien & Lorenzen 2016; Fröhlich-Gildhoff & Böttinger 2018). Die Ergebnisse aus den verschiedenen Studien lassen sich folgendermaßen zusammenfassen:

- *Kinder/Schüler*innen:* Bei den Kindern, die an den Programmen teilnahmen, zeigten sich positive Veränderungen im Selbstkonzept über die Zeit und im Vergleich zur Kontrollgruppe. Sie profitierten außerdem im Bereich der kognitiven Entwicklung (standardisierte Tests) und zeigten nach Aussage der Eltern weniger auffälliges und mehr prosoziales Verhalten.
- *Eltern:* Auf der Ebene der Eltern konnten deutliche Zuwächse in der Zufriedenheit mit den (weiter-)entwickelten Formen der Zusammenarbeit zwischen den pädagogischen Fachkräften und den Eltern festgestellt werden. Eltern, die an den angebotenen Elternkursen teilgenommen haben, fühlten sich ausnahmslos sicherer in ihrer Elternrolle. Sie erlebten sich gelassener im Erziehungsalltag, konnten mehr Vertrauen in ihre Erziehungskompetenz entwickeln, konnten achtsamer auf die Bedürfnisse ihrer Kinder eingehen und ihre eigenen Bedürfnisse besser wahrnehmen. Niedrigschwellige Beratungsangebote vor Ort wurden ausnahmslos positiv eingeschätzt.
- *Fachkräfte/Lehrkräfte:* Die Weiterqualifizierungen hatten nach Aussagen der teilnehmenden Fach-/Lehrkräfte zu einer veränderten Haltung und einer verbesserten Reflexionskompetenz gegenüber der eigenen pädagogischen Praxis geführt. Stärken und Ressourcen der Kinder wurden deutlicher gesehen und waren Ausgangspunkte für Begegnungen und pädagogisches Handeln. Die angebotenen Weiterbildungen müssen dabei allerdings auf die Situation und den ›Stand‹ des jeweiligen Teams/Kollegiums angepasst werden. Die pädagogischen Fachkräfte beschrieben zudem eine gesteigerte Arbeitszufriedenheit und eine bessere Zusammenarbeit im Team.
- *Vernetzung und Kooperation:* Deutliche Fortschritte im Bereich Kooperation und Vernetzung konnte in jenen Einrichtungen festgestellt werden, deren Vernetzung zum Projektstart noch nicht oder nur schwach aufgebaut war. Besonders positiv

wurden die Kooperationen mit den zuständigen Erziehungsberatungsstellen bewertet.

2.3 Implementationsfaktoren

Projektübergreifend konnten Faktoren identifiziert werden, die für eine erfolgreiche Implementation des Resilienzkonzepts im Rahmen der Organisationsentwicklung in Kitas und Schulen bedeutsam sind und die bisherigen Ergebnisse der Implementationsforschung (z. B. Petermann 2014) bestätigen bzw. ergänzen:

(1) *Akzeptanz* der Intervention bei den Beteiligten/Zielgruppen; hierzu gehören auch die wahrgenommene Attraktivität (Beelmann & Karing 2014) und der wahrgenommene bzw. erwartete Wert der Intervention (Hasselhorn et al. 2014).

(2) »*Merkmale der einzelnen Einrichtung*« (Hasselhorn et al. 2014, S. 144). Folgende relevante Institutionsfaktoren lassen sich identifizieren: das Institutionsklima, Offenheit für den Wandel, Kooperation und Unterstützung im Team, die Unterstützung und enge Begleitung durch die Leitung, relevante unterstützende Akteur*nnen im Team (»change agents«, Hasselhorn et al. 2014, S.146), ausreichende personelle und finanzielle Ressourcen, Transferunterstützung durch das Umfeld (z. B. den Träger), dauerhafte Information und Transparenz über die Maßnahmen sowie die Zentrierung auf die jeweilige Intervention/Maßnahme (keine »Parallelprojekte«) (Beelmann & Karing 2014; Fröhlich-Gildhoff et al. 2014; Gräsel & Parchmann 2004).

(3) Damit verbunden sind auch »*Merkmale der pädagogischen Fachkräfte*« bzw. Anwender/Zielgruppe (Hasselhorn et al. 2014, S. 144); hierzu zählen vor allem Motivation, Ausgangskompetenz, persönliche Überzeugungen und Selbstwirksamkeitserwartungen (Durlak & DuPre 2008).

(4) *Angemessenheit*, also »die wahrgenommene Passung, Aktualität und Kompatibilität der Intervention [...] für ein bestimmtes Setting, einen Anbieter oder Nutzer« (Petermann 2014, S. 124), sowie die »Dosierung« (Mittag 2014, S. 52), also Intensität, Umfang und Dauer der Intervention. Dies bedeutet ebenfalls eine Anpassung von Curricula und Methoden an die Zielgruppe und die jeweilige Institution.

(5) *Rolle der Person und wahrgenommene Kompetenz der begleitenden Referent*innen*. Die Bedeutung der Person, der Qualifikation und der Kompetenz, aber auch der Motivation von Weiterbildner*innen für den Fort-/Weiterbildungserfolg konnte vereinzelt in anderen Untersuchungen nachgewiesen werden (Überblick z. B. bei von Hippel & Tippelt 2009; Kauffeld 2016), wird allerdings bei der Evaluation von Programmimplementationen selten diskutiert (Ausnahme: Beelmann & Karing 2014).

(6) *(Fach-)Politischer Rückhalt*: Rückhalt zumindest durch kommunale, besser durch überregionale administrative Vorgaben zur Unterstützung der Reform (Beelmann & Karing 2014; Durlak & DuPre 2008; Hasselhorn et al. 2014).

Diese Faktoren sollten bei der Planung einer Intervention – hier: der Realisierung eines multimodalen Konzepts zu Resilienzförderung in den Bildungsinstitutionen –, aber auch bei der Umsetzung und der (Prozess-)Evaluation Berücksichtigung finden.

3 Schluss

Die Förderung der Resilienz kann zur seelischen Gesundheit von Kindern und Jugendlichen beitragen. Es ist nicht ausreichend, bei Fördermaßnahmen nur die einzelnen Personen zu fokussieren und Resilienz allein als Eigenschaft oder Kompetenz zu verstehen. Es ist ebenso nötig, Lebens(um)welten in ihren resilienzförderlichen oder auch -hinderlichen Möglichkeiten und Charakteristika zu analysieren und mit Interventionen zu adressieren. Dies betrifft Arbeitsplätze, Quartiere (zur community resilience: Hall & Zautra 2010; Beerlage et al. 2013), Institutionen der Jugendhilfe (z. B. Gharabaghi 2013) und eben auch die Bildungsinstitutionen. Es existieren wissenschaftlich überprüfte und praktisch erprobte Konzepte zur (Organisations-)Entwicklung resilienzförderlicher Kindertageseinrichtungen und Schulen – sie sollten eine deutliche Verbreitung finden.

Literatur

Antonovsky, A. (1997): Salutogenese. Zur Entmystifizierung der Gesundheit. Tübingen: dgvt.
Beerlage, I. (2020): Community Resilience – Förderung der Stärken der Gemeinschaft an der Schnittstelle von Bevölkerungsschutz und Gesundheitsförderung. In: S. Lüder & B. Stahlhut (Hrsg.), Gesamtverteidigung in Gefahr. Auf dem Weg zu einer Gesundheitssicherheitspolitik (S. 61–90). Berlin: Berliner Wissenschaftsverlag.
Bengel, J. & Lyssenko, L. (2012): Resilienz und psychologische Schutzfaktoren im Erwachsenenalter. Forschung und Praxis der Gesundheitsförderung, 43 (1).
Beelmann, A. & Karing, C. (2014): Implementationsfaktoren und -prozesse in der Präventionsforschung: Strategien, Probleme, Ergebnisse, Perspektiven. Psychologische Rundschau, 65 (3), 129–139.
Brunstein, J. C., Maier, G. W. & Dargel, A. (2007): Persönliche Ziele und Lebenspläne: Subjektives Wohlbefinden und proaktive Entwicklung im Lebenslauf. In: J. Brandtstädter & U. Lindenberger (Hrsg.), Entwicklungspsychologie der Lebensspanne (S. 270–304). Stuttgart: Kohlhammer.
Dornes, M. (2009): Der kompetente Säugling. Die präverbale Entwicklung des Menschen (12. Aufl.). Frankfurt/Main: Fischer.
Durlak, J. A. & DuPre, E. (2008): Implementation Matters: A Review of Research on the Influence of Implementation on Program Outcomes and the Factors Affecting Implementation. American Journal of Community Psychology, 41 (3–4), 327–350.

Fingerle, M. (2011): Resilienz deuten – Schlussfolgerungen für die Prävention. In: M. Zander (Hrsg.), Handbuch Resilienzförderung (S. 208–218). Wiesbaden: VS.
Fröhlich-Gildhoff, K., Dörner, T. & Rönnau-Böse, M. (2021): Prävention und Resilienzförderung in Kindertageseinrichtungen – PRiK. Ein Förderprogramm (5. durchges. Aufl.). München: Reinhardt.
Fröhlich-Gildhoff, K., Reutter, A. & Schopp, S. (2021): Prävention und Resilienzförderung in der Sekundarstufe (PRiS). München: Reinhardt.
Fröhlich-Gildhoff, K., Kerscher-Becker, J. & Fischer, S. (2020): Prävention und Resilienzförderung in Grundschulen (PRiGS). Ein Förderprogramm. (2., erw. und aktualis. Aufl.). München: Reinhardt.
Fröhlich-Gildhoff, K. & Böttinger, U. (Hrsg.) (2018): Prävention und Gesundheitsförderung als kommunale Strategie. Konzept, Entwicklung und Evaluation des »Präventionsnetzwerks Ortenaukreis (PNO)«. Freiburg: FEL Verlag.
Fröhlich-Gildhoff, K., Kerscher-Becker, J., Rieder, S., Von Hüls, B. & Hamberger, M. (2014): Grundschule macht stark! Resilienzförderung in der Grundschule – Prinzipien, Methoden und Evaluationsergebnisse. Freiburg: FEL Verlag.
Fröhlich-Gildhoff, K. & Rönnau-Böse, M. (2013): Förderung der Lebenskompetenz und Resilienz in Kindertageseinrichtungen und Grundschulen. Frühe Bildung, 2 (4), 172–184.
Fröhlich-Gildhoff, K. & Rönnau-Böse, M. (2012): Prevention of exclusion: the promotion of resilience in early childhood institutions in disadvantaged areas. Journal of Public Health, 20 (2), 131–139.
Fröhlich-Gildhoff, K., Rönnau, M. & Dörner, T. (2008): Eltern stärken mit Kursen in Kitas. München: Reinhardt.
Gharabaghi, K. (2013): Erziehung: Professionelle Hilfen im Jugendalter. In: C. Steinebach & K. Gharabaghi (Hrsg.), Resilienzförderung im Jugendalter (S. 21–32). Berlin: Springer.
Gräsel, C. & Parchmann, I. (2004): Implementationsforschung – oder: der steinige Weg, Unterricht zu verändern. Unterrichtswissenschaft, 32 (3), 196–214.
Grawe, K., Donati, R. & Bernauer, F. (2001): Psychotherapie im Wandel. Von der Konfession zur Profession (5. Aufl.). Göttingen: Hogrefe.
Grossmann, K. & Grossmann, K. E. (Hrsg.) (2015): Bindung und menschliche Entwicklung: John Bowlby, Mary Ainsworth und die Grundlagen der Bindungstheorie. (4. Aufl.). Stuttgart: Klett-Cotta.
Hall, J. S. & Zautra, A. J. (2010): Indicators of Community Resilience: What are they, why bother? In J. W. Reich, A. J. Zautra & J. S. Hall (Hrsg.), Handbook oaf adult resilience (S. 350–374). New York: The Guilford Press.
Hartung, S. & Rosenbrock, R. (2022): Settingansatz–Lebensweltansatz. In: BZgA (Hrsg.), Leitbegriffe der Gesundheitsförderung. Online verfügbar unter: https://leitbegriffe.bzga.de/alphabetisches-verzeichnis/settingansatz-lebensweltansatz/, Zugriff am: 05.10.2023.
Hasselhorn, M., Köller, O., Maaz, K. & Zimmer, K. (2014): Implementation wirksamer Handlungskonzepte im Bildungsbereich als Forschungsaufgabe. Psychologische Rundschau, 65 (3), 140–149.
Hillenbrand, C., Hennemann, T. & Hens, S. (2010): Lubo aus dem All! – 1. und 2. Klasse. München: Reinhardt.
Von Hippel, A. & Tippelt, R. (Hrsg.) (2009): Fortbildung der WeiterbildnerInnen – eine Analyse der Interessen und Bedarfe aus verschiedenen Perspektiven. Weinheim: Beltz.
Hohm, E., Laucht, M., Zohsel, K., Schmidt, M. H., Esser, G., Brandeis, D. & Banaschewski, T. (2017): Resilienz und Ressourcen im Verlauf der Entwicklung. Von der frühen Kindheit bis zum Erwachsenenalter. Kindheit und Entwicklung, 26 (4), 230–239. doi: 10.1026/0942-5403/a000236
Kauffeld, S. (Hrsg.) (2016): Nachhaltige Personalentwicklung und Weiterbildung. Betriebliche Seminare und Trainings entwickeln, Erfolge messen, Transfer sichern (2. überarb. Aufl.). Berlin: Springer.
Luthar, S. S. (2006): Resilience in development: A synthesis of research across five decades. In D. Cicchetti & D. J. Cohen (Hrsg.), Developmental Psychopathology: Risk, disorder, and adaptation (2. Aufl.) (S.739–795). New York: Wiley.

Mittag, W. (2014): Qualitätssicherung von Präventions- und Interventionskonzepten aus Sicht der Interventions-, Implementations- und Evaluationsforschung. Wirtschaftspsychologie, 16 (2), 50–58.
Opp, G., Fingerle, M. & Suess, G. (Hrsg.) (2020): Was Kinder stärkt. Erziehung zwischen Risiko und Resilienz (4. Aufl.). München: Reinhardt.
Petermann, F. (2014): Implementationsforschung: Grundbegriffe und Konzepte. Psychologische Rundschau, 65 (3), 122–128.
Rönnau-Böse, M. & Fröhlich-Gildhoff, K. (2020): Resilienz und Resilienzförderung über die Lebensspanne (2., überarb. Aufl.). Stuttgart: Kohlhammer.
Rönnau-Böse, M. (2013): Resilienzförderung in der Kindertagesstätte. Freiburg: FEL.
Ungar, M., Bottrell, D., Tian, G-X. & Wang, X. (2013): Resilienz: Stärken und Ressourcen im Jugendalter. In: C. Steinebach & K. Gharagabi (Hrsg.), Resilienzförderung im Jugendalter (S. 1–20). Berlin: Springer.
Weltzien, D. & Lorenzen, A. (Hrsg.) (2016): Kinder Stärken! Förderung von Resilienz und seelischer Gesundheit in Kindertageseinrichtungen. Wissenschaftlicher Abschlussbericht. Freiburg: FEL Verlag.
WHO (Hrsg.) (1994): Life Skills Education in Schools (Pt. 1 and 2). Geneva: World Health Organisation.
Zander, M. (Hrsg.) (2011): Handbuch Resilienzförderung. Wiesbaden: VS.

Aufarbeitung von Gewalt in der Kindheit. Was aus der Zeugenschaft von Betroffenen über Resilienz gelernt werden kann

Sabine Andresen

Abstract

Der Beitrag stellt die Frage, welches Wissen entsteht, wenn betroffene Menschen Zeugnis über erlittenes Unrecht und Gewalt in ihrer Kindheit ablegen, und was über Resilienz gelernt werden kann. Ausgehend von Erkenntnissen aus der Aufarbeitung sexuellen Kindesmissbrauchs und den Erfahrungen der Unabhängigen Kommission zur Aufarbeitung sexuellen Kindesmissbrauchs wird auch das Konzept der Zeugenschaft kritisch diskutiert. Vorgestellt werden Ergebnisse aus meinen Studien zu sexueller Gewalt in Familien und pädagogischen Einrichtungen.

Schlüsselwörter: sexualisierte und sexuelle Gewalt, Aufarbeitung, Unabhängige Kommission zur Aufarbeitung sexuellen Kindesmissbrauchs, Zeugenschaft, Wissen

1 Einleitung: Von Vulnerabilität zu Resilienz

Der Beitrag geht der Frage nach, welche Einblicke erwachsene Betroffene von sexuellem Kindesmissbrauch in Resilienzerfahrungen geben. Ein systematischer kindheitstheoretischer Ausgangspunkt meiner Forschung zu Gewalt, insbesondere sexueller und/oder sexualisierter Gewalt (zu den Begriffen siehe Andresen & Demant 2017), ist bislang der Begriff der Vulnerabilität. Ihn explizit auch in und für die Erziehungswissenschaft auszuleuchten, ist ein Anliegen, das seit einigen Jahren parallel zur Resilienzforschung läuft und Anleihen in philosophischen und ethischen Zugängen zur conditio humana macht (Janssen 2018; Andresen et al. 2015). In meinen Forschungen geht es dabei um die zwei Achsen der Vulnerabilität in der Kindheit und der Frage, wie man zugleich das Allgemeine des Kindes als Menschen und sein*ihr Besonderes als Kind in den Blick bekommt. Das heißt, Vulnerabilität gehört in dieser Perspektive zum menschlichen Sein, auch zu dem von Kindern. Ob und in welchem Maße, welche Kinder besonders vulnerabel sind, was Beziehungskonstellationen der Generationen zueinander, Erziehungs- und Sorgeverhältnisse, das Bewusstsein der Erwachsenen, soziale und politische Konstellationen, aus denen Kinder sich selbst kaum bewegen und die sie auch selten beeinflussen können, zur Vulnerabilität von Kindern aufgrund dieser Lebens- oder Altersphase beitragen, ist die zweite zentrale Achse der analytischen und empirischen Beschäftigung mit Vulnerabilität. Kinder und Jugendliche scheinen zugleich vulnerabel und zur Autonomie fähig, die daran anschließende Frage ist, bei wem, wann und aus welchen Gründen die Verletzbarkeit besonders stark ist.

Ausgehend von einer stärkeren Gewichtung des Begriffs Vulnerabilität nähert sich der Beitrag aber dem Erkenntnispotenzial von Resilienz in Kindheit und Jugend, verstanden als eine Mischung aus Anteilen der Persönlichkeit, spezifischen Bedingungen der Umgebung und Zugängen zu dem, was hilft. Die Annäherung, was es Kindern und Jugendlichen ermöglicht, trotz sexueller und/oder sexualisierter Gewalt zu überleben und nachfolgende Krisen auch zu bewältigen, erfolgt über Berichte erwachsener Betroffener an die Unabhängige Kommission zur Aufarbeitung sexuellen Kindesmissbrauchs.

Damals habe sie keiner gefragt, wie es ihr gehe. Vielleicht, so die Betroffene von sexuellem Kindesmissbrauch, hätte sie dann einmal darüber nachgedacht. Wie diese Frau berichten viele Menschen von dem Eindruck, niemand habe sich ernsthaft für ihre Belange als Kind interessiert. Niemand habe fürsorgliche, aufrichtige Fragen gestellt. Diese Erfahrungen verweisen auf einen grundlegenden Aspekt auch von den Möglichkeiten, Resilienz überhaupt zu erfahren, persönliche Merkmale zu aktivieren und auf die Bedeutung der *Dritten*. Der Blick auf die Bystander ist ein Zugang, um Gewaltdynamiken zu verstehen, aber insbesondere auch um das zu verstehen, was für Gewalt betroffene Kinder bedeutsam ist: In diesem Fall sind es die »fürsorglichen Fragen«.

Das Erkenntnisinteresse meiner Forschung in diesem Bereich richtet sich deshalb erstens darauf, welches Wissen durch Zeugenschaft über Gewalt in Erziehungs- und Sorgeverhältnissen möglich ist. Hier stellen sich Fragen

- nach dem Zusammenhang von Erziehung, Sorge und Gewalt;
- nach Kipppunkten hin zu Gewalt;
- nach dem Ringen um Verstehen und Deutung eines Gewaltgeschehens aus der Perspektive eines Kindes oder Jugendlichen;
- nach dem Wissen über und Bewusstsein für Vulnerabilität in dieser Lebensphase;
- nach der Rolle von *Dritten*, also Personen im Umfeld, die selbst keine Gewalt ausüben, aber auch nicht einschreiten;
- und danach: Was lernen wir über dasjenige, das hilft, zu überleben und weiterzuleben? Und zwar in Kindheit und Jugend, aber dann auch über den Lebensverlauf/die Biographie.

Zweitens interessiert mich, wie Anerkennung von Unrecht – auch wenn es nicht (mehr) justiziabel ist – und von Gewalt gegenüber Kindern und Jugendlichen auch rückwirkend gelingen kann. Hier untersuche ich das Potenzial und die Grenzen von gesellschaftlicher Aufarbeitung, die maßgeblich auf Zeugenschaft basiert. Hier adressiere ich neben der epistemologischen Zielsetzung auch die ethische Dimension.

Drittens schließlich ziele ich auf den Transfer von Wissen aus der Zeugenschaft und Möglichkeiten der Transformation von Erziehungs-, Bildungs- und Sorgeverhältnissen im normativen Rahmen eines gewaltfreien Aufwachsens.

In meiner Rolle als Vorsitzende der Unabhängigen Kommission zur Aufarbeitung sexuellen Kindesmissbrauchs von 2016 bis 2021 bin ich mit den Praktiken des Aufarbeitens von zurückliegenden Formen des Unrechts, mit der Durchführung von vertraulichen Anhörungen, also ausführlichen Gesprächen mit Gewaltbetroffenen in einer Altersspanne von 18 bis 85 Jahren, mit der Entwicklung von Konzepten und der öffentlichen Thematisierung einer Gewaltform, über die nach wie vor oft geschwiegen wird, vertraut. Die wissenschaftliche Analyse von Zeugnissen der Betroffenen/Opfer/Überlebenden liegt auf einer anderen Ebene, gleichwohl richten insbesondere Gewaltbetroffene die Erwartung an Forschung und Forscher*innen, zu Anerkennung beizutragen.

Die kurze Eingangssequenz aus einer Anhörung steht für ein erstes Muster, das eine längere Kontinuität hat und sich in Berichten über eine Gewaltkindheit in den 1950er Jahren ebenso zeigt wie in den 1990ern: den Mangel an einem nachdrücklichen Interesse an Nöten und Sorgen eines Kindes und der Bereitschaft und Fähigkeit, sich auf den Schmerz eines Kindes einzulassen. Empirische Befunde zeigen, dass dieser Mangel aus Abwehr, fehlender Vorstellungsbereitschaft, aus Scheu vor Intervention, aus Nicht-Wissen resultieren kann. Die Zurückhaltung von pädagogischen oder medizinischen Fachkräften, von Verwandten oder Nachbar*innen, bei einem Verdacht auf Kindeswohlgefährdung aktiv zu werden, resultiert nicht zuletzt aus der Befürchtung, jemanden zu Unrecht zu beschuldigen.[3]

Wissen, das durch Zeugenschaft hervorgebracht und wissenschaftlich aufbereitet wird, Anerkennung von Leid durch den »Verlust der Kindheit«, ein Narrativ, das viele Gewaltbetroffene wählen, und der Blick auf Transformationsprozesse sind folglich meine Erkenntniskategorien. Diese stehen in einem gesellschaftlichen Kontext, in dem Machtverhältnisse zwischen Angehörigen der jungen und der älteren Generation kritisch geprüft werden, lange dominante Deutungen etwa über die »verführerische Lolita« oder das »phantasierende Kind« ihre Wirkkraft einbüßen und *Resonanzräume* bestehen, in denen die Wahrheiten von Betroffenen machtvoller geworden sind.

Im folgenden Abschnitt wird in die Struktur und den Auftrag an die Kommission, die in Deutschland einzigartig ist, eingeführt. Dabei geht es auch um eine systematische und normative Darstellung einer Aufarbeitung von Unrecht in Kindheit und Jugend (2). Für die hier vorgenommene Analyse wurde auf sorgsam bearbeitete Berichte Betroffener aus dem Geschichtenportal der Kommission, die öffentlich zugänglich sind, zurückgegriffen. Wie Auswahl und Analyse erfolgten, soll im daran anschließenden Abschnitt dargelegt werden (3), um dann auf die

---

3 Wir können folglich alle zu *signifikanten Dritten* werden. Niemand muss mit einem Verdacht allein bleiben. Es gibt das Recht und die Möglichkeit, sich etwa anonym beraten zu lassen, um ein »Bauchgefühl«, eine persönliche Beobachtung oder aber den Bericht eines von Gewalt betroffenen Kindes besser einordnen und Handlungsoptionen ausloten zu können. Geht es um den Verdacht auf sexuellen Kindesmissbrauch, können beispielsweise das Hilfetelefon sexueller Kindesmissbrauch und für Betroffene selbst das digitale Hilfeportal eine erste Orientierung bieten.

Einsichten in eine Thematisierung von Resilienz aus Betroffenensicht eingehen zu können (4). Der Beitrag schließt mit einer fokussierten Reflexion des Vorgehens (5). Letztlich geht es um mögliche Antworten auf die Frage, was es bedeutet, als Kind oder Jugendliche*r von sexueller bzw. sexualisierter Gewalt betroffen zu sein, ohne die Tragweite dieses Gewaltphänomens für Angehörige anderer Altersphasen oder Lebensabschnitte relativieren zu wollen. Auch zieht die Annäherung über Resilienz ebenso wie über Vulnerabilität und sexuelle und sexualisierte Gewalt eine intersektionale Rahmung nach sich, denn in welchem Maße insbesondere Geschlechterverhältnisse für die Prävalenz oder für das Wissen über Täter*innen relevant sind, zeigen nahezu alle Studien.

2 Zur Unabhängigen Kommission zur Aufarbeitung sexuellen Kindesmissbrauchs

Die gesellschaftliche Auseinandersetzung mit Unrecht und Leid in der Vergangenheit erfährt ihre Prägung durch die Gegenwart. In Deutschland ist die Geschichte von Aufarbeitung eng mit der Shoah verbunden. Seit 1989 kommt die kritische Untersuchung von DDR-Unrecht hinzu und allmählich wird auch die Brutalität des deutschen Kolonialismus aufgearbeitet. In einer globalen Perspektive geht es bei Aufarbeitung um politische Verantwortung, juristische Aufklärung über Schuld, um psychosoziale Bewältigung von Überlebenden sowie um zivilgesellschaftliche, demokratische Entwicklungen nach Völkermord, Genozid, nach Bürgerkriegen und Unterdrückung. Wer also Aufarbeitung von sexuellem Kindesmissbrauch anstrebt, tritt in große Fußstapfen.

Die Unabhängige Kommission zur Aufarbeitung sexuellen Kindesmissbrauchs hat im Jahr 2016 ihre Arbeit aufgenommen.[4] Dem sind mehrere Jahre der Vorbereitung, intensiver Diskussionen zwischen Betroffenen, Politik, Fachleuten unterschiedlicher Professionen und Wissenschaftler*innen im Lichte internationaler Erfahrungen vorausgegangen. Das Parlament hat den Unabhängigen Beauftragten für Fragen des sexuellen Kindesmissbrauchs (UBSKM), Johannes-Wilhelm Rörig, damit beauftragt, eine Aufarbeitungskommission einzusetzen. Der Auftrag an die sieben ehrenamtlich tätigen Mitglieder war und ist anspruchsvoll. Die Kommission soll Strukturen, die sexuellen Kindesmissbrauch ermöglicht und Vertuschung sowie unterlassene Hilfe nicht sanktioniert haben, in allen Bereichen der Gesellschaft aufarbeiten.[5] Dementsprechend befasst sich die Kommission mit der Familie als Tatkontext ebenso wie mit Anforderungen der Aufarbeitung in pädagogischen In-

---

4 Die Verfasserin war von 2016 bis 2021 Vorsitzende der Unabhängigen Kommission und beansprucht nicht, von außen auf Aufarbeitung und aktuelle Kontroversen zu blicken.
5 Unabhängige Kommission zur Aufarbeitung sexuellen Kindesmissbrauchs (2023): Startseite Unabhängige Kommission zur Aufarbeitung sexuellen Kindesmissbrauchs. Online verfügbar unter https://www.aufarbeitungskommission.de/, Zugriff am 31.08.2023.

stitutionen wie Schulen, mit Aufarbeitung in für Kinder und Jugendliche zuständigen Behörden wie Jugendämtern, mit der Klärung von sexueller Gewalt und dem Umgang damit im Spitzen- und Breitensport und mit der notwendigen Aufarbeitung in der evangelischen und katholischen Kirche. Darüber hinaus hat die Kommission angesichts der deutschen Geschichte auf Wunsch des Bundestages den expliziten Auftrag erhalten, sich mit sexuellem Kindesmissbrauch in der DDR zu befassen. In einer eigenen Studie über sexuellen Kindesmissbrauch in der Familie wurde zudem herausgearbeitet, wie die nationalsozialistische Ideologie Familien in der Nachkriegszeit und insbesondere den Umgang mit Kindern geprägt hat (Andresen et al. 2021; Andresen 2023). Angesichts des historischen Zeitraums und der damit verbundenen Komplexität hat die Unabhängige Kommission Fragen der Anerkennung von Leid und Unrecht sowie Formen der Erinnerung und Erinnerungskultur im Blick. Ebenso wird thematisiert, dass sexueller Kindesmissbrauch häufig mit weiteren Gewaltformen einhergeht.

Der ebenfalls 2016 gegründete Betroffenenrat beim UBSKM begleitet die Arbeit der Kommission intensiv. Allen gewählten Themenkomplexen hat sich die Unabhängige Kommission so sorgfältig wie möglich genähert. Über Recherchen, Werkstattgespräche mit Expert*innen aus ganz unterschiedlichen Bereichen, über Fallstudien und Kommissionsberichte ist transparent, wie die Vorgehensweise ist, welche Ergebnisse erzielt wurden und welche Fragen offenblieben (Unabhängige Kommission zur Aufarbeitung sexuellen Kindesmissbrauchs 2019a). So wird im Bilanzbericht von 2019 u. a. über Vorgehensweise und Erkenntnisse zum Tatkontext Familie, zu organisierten und rituellen Strukturen, zu Kirchen und zur DDR sowie über kontextübergreifende Themen informiert. Bei Letzteren ging es um das Überleben in der Kindheit und das Schweigen der anderen, um Folgen und Bewältigung im Erwachsenenalter, um den Umgang mit Betroffenen im sozialen Umfeld und den Behörden, um Strafjustiz sowie um die Widerstände gegen die Auseinandersetzung mit sexuellem Kindesmissbrauch. Im Zentrum der Kommissionsarbeit steht das Konzept der Zeugenschaft, durchgeführt werden vertrauliche Anhörungen mit betroffenen Menschen, die sich bei der Kommission melden. Seit 2016 haben sich weit mehr als 2.000 Betroffene, aber auch andere Zeitzeug*innen, etwa Lehrer*innen oder Familienangehörige betroffener Menschen, an die Kommission gewandt. Ihr lagen im Juli 2023 insgesamt 292 Berichte (Anhörungen und schriftliche Berichte) zu organisierter und ritueller Gewalt vor.[6] In allen Gesprächen und Berichten erfährt die Kommission stellvertretend für die Gesellschaft von erlittener sexueller Gewalt in der Kindheit, von unterlassener Hilfe im Umfeld, aber auch von denjenigen, die bedeutsam und unterstützend waren, sie hört zu, wenn Schuld- und Ohnmachtsgefühle zur Sprache kommen und wenn die Sorge vor Diskreditierung formuliert wird.

Ausgehend von internationalen und nationalen Diskussionen hat die Unabhängige Kommission Aufarbeitung sexuellen Kindesmissbrauch definiert und damit versucht, diese zu präzisieren: Aufarbeitung soll aufdecken, in welcher Kultur se-

---

6 Unabhängige Kommission zur Aufarbeitung sexuellen Kindesmissbrauchs (2023): Organisierte und rituelle sexualisierte Gewalt. Online verfügbar unter https://www.aufarbeitungskommission.de/themen-erkenntnisse/organisiert_rituell/, Zugriff am 31.08.2023.

xueller Kindesmissbrauch stattgefunden hat, welche Strukturen mit dazu beigetragen haben, dass Täter und Täterinnen Kindern und Jugendlichen Gewalt angetan haben, wer davon gewusst hat, aber sie nicht oder spät unterbunden hat. Sie soll sichtbar machen, ob es unter den Verantwortlichen zu dem Zeitpunkt des Missbrauchs eine Haltung gab, die Gewalt begünstigt hat, sie will klären, ob und wenn ja, warum Gewalt vertuscht, verdrängt, verschwiegen wurde. Aufarbeitung ist mit dem Anspruch verbunden, einen Beitrag zu Anerkennung von Leid zu leisten, auf Versorgungslücken für erwachsene Betroffene hinzuweisen und die Rechte von Kindern und Jugendlichen zu stärken (Unabhängige Kommission zur Aufarbeitung sexuellen Kindesmissbrauchs 2019b).

Diese Definition basiert auf dem Konzept der Zeugenschaft und bleibt systematisch und normativ offen für Themen, Kontexte und Erinnerungen der Zeug*innen. Dies geht auf den Gedanken zurück, dass es ein Recht auf Aufarbeitung gibt, auch wenn dieses nicht justiziabel ist.

3 Zugang und Auswertung von Berichten

Die Unabhängige Kommission hat auf ihrer Internetseite ein Portal, auf dem Anhörungen und schriftliche Berichte von Betroffenen und anderen Zeug*innen verdichtet veröffentlicht werden. Im Büro der Kommission wird ein erster Entwurf für die Veröffentlichung erarbeitet und in mehreren Abstimmungsschleifen mit der jeweiligen Person fertiggestellt. Alle Angaben sind pseudonymisiert, aber man kann mit einer Suchfunktion bestimmte Zuordnungen vornehmen, beispielsweise das Jahrzehnt, in der Gewalt erlebt wurde, die Tatkontexte und auch Tatpersonen.

Für diese als explorativ zu verstehende Studie wurden kontrastiv Berichte ausgewählt, und zwar von Personen, die in den 1950er/1960er, und von Personen, die in den 2000er-Jahren Kind waren. Insgesamt wurden 40 Berichte aus den 1950er- und 1960er-Jahren sowie aus den 2000er-Jahren herangezogen, 20 Berichte über den Tatkontext Familie und 20 Berichte über verschiedene institutionelle Tatkontexte.

Die Forschungsfrage lautete: Welches Wissen über Resilienz lässt sich aus den Zeugnissen der Betroffenen sexuellen Kindesmissbrauchs gewinnen? Welche Informationen sind über Resilienz von Opfern in Kindheit und Jugend und über den gesamten Lebenslauf zugänglich? Die Analysefragen für die vertiefte sequenzielle Auswertung lauteten:

- Was wurde für das einstige Kind als hilfreich erlebt?
- Was hat dazu verholfen, im Lebenslauf zu überleben?

Mit diesem analytischen Zuschnitt erfolgt eine Eingrenzung von Resilienz auf Hilfe und Überleben. Im nächsten Abschnitt werden Auszüge aus den Berichten zitiert, um an der Sprache und den gewählten Formulierungen zunächst einen eher beschreibenden oder darstellenden Zugang zu Hilfe und Überleben zu erhalten.

4 Wissen aus der Zeugenschaft über *Resilienz*

4.1 Hilfe

Erster kindheitstheoretischer Ausgangspunkt ist die Frage nach Resilienz im Sinne der Hilfe. Das folgende Zitat stammt von Birgit[7]. Zum Zeitpunkt des Berichts an die Kommission ist sie 70 Jahre alt. Ihr widerfuhr als Fünftklässlerin von ihrem Sportlehrer ein sexueller Übergriff. Sie vertraut sich noch am selben Tag ihren Eltern an, die mit der Schulleitung Kontakt aufnehmen, dem Kind also glauben. Birgit formuliert es in ihrem Zeugnis folgendermaßen:

> »Ich bin meinen längst verstorbenen Eltern noch immer sehr dankbar. Wie wäre es mir ergangen, wenn meine Eltern nicht von meinen Geschwistern und mir immer wissen wollten, wohin wir gehen, und nicht verlangt hätten, dass wir zur vereinbarten Zeit zurückkommen? Weil ich an dem besagten Tag nicht direkt nach Schulschluss zu Hause ankam, wurde ich gedrängt zu sagen, wo ich gewesen sei. Hätten sie nicht auf mich eingewirkt und wäre es ihnen egal gewesen, wann ich nach Hause komme, hätten sie und auch die Schule wahrscheinlich nie erfahren, was mir passiert war. Der Sportlehrer hätte weiterhin Kinder missbraucht und ich hätte ihm in der Schule täglich voller Angst begegnen müssen. Wenn Eltern sich für den Umgang ihrer Kinder interessieren und die Einhaltung von Vereinbarungen erwarten, ist das für mich keine autoritäre Kontrolle, sondern ein Ausdruck von Verantwortung für und Sorge um das Kind.«[8]

Die engere Familie und die Bereitschaft gerade der Eltern, ihren Kindern zu glauben, sich wirklich zu interessieren und nachzufragen, wird im Rückblick auf das einstige Kind als sehr hilfreich erlebt und dies hat auch Resilienz bewirken können. Wie stark dies gleichwohl von den Rahmenbedingungen der Eltern und der betroffenen Kinder abhängt, verdeutlicht der folgende Berichtsauszug einer Mutter, die ihrem Kind glaubt, nachdem es von sexuellen Übergriffen des Nachbarn berichtet. Beide Eltern glaubten ihrem Kind und beschlossen, den langwierigen Prozess der Anzeigeerstattung anzutreten. Das Mädchen musste dafür eine Aussage machen. Es ist ein Ereignis, das den Auftakt zu einer langen Zeit des Wartens darstellt:

> »Die Aussage passierte drei Monate nach dem Ereignis, und unser Kind konnte sich noch an alles erinnern. Dann hieß es wieder warten, was als Nächstes passiert, und wir durften uns immer noch nichts gegenüber der Familie [des Beschuldigten] anmerken lassen. […] Vier Monate später kam dann endlich die Hausdurchsuchung bei unseren Nachbarn. Nun ging der Stress richtig los. Es entstand Hass! Die Frau von A. [der Beschuldigte] konnte nicht verstehen, was gerade passiert. Da es Monate dauert, bis irgendwelche Bilder vom Handy und Laptop ausgewertet sind, mussten wir weiter warten. […] Als die Staatsanwaltschaft Anklage erhoben hatte, waren wir froh und dachten, jetzt geht's vorwärts. Der erste Termin für die Verhandlung im Herbst wurde drei Tage vorher abgesagt. Warum? Wir wussten es

---

7 Es handelt sich um pseudonymisierte Namen der Personen.
8 Unabhängige Kommission zur Aufarbeitung sexuellen Kindesmissbrauchs (2023): Portal »Geschichten, die zählen«. Online verfügbar unter https://www.geschichten-die-zaehlen.de/erfahrungsberichte/sexueller-kindesmissbrauch-schule-birgit/, Zugriff am 30.11.2023.

nicht. Wir warteten weitere drei Monate, bis uns ein neuer Termin mitgeteilt wurde: in sechs Monaten, das heißt zwei Jahre nach der Tat!«[9]

An diesem Auszug wird die Ohnmacht der ganzen Familie sichtbar und deutlich, wie schwierig eine solche Situation sein kann und mit welchen äußeren, strukturellen Hürden Menschen rechnen müssen.

Tina wurde als Kind von ihrem Großvater und Stiefvater missbraucht und schildert stellvertretend für so viele andere Betroffene den Mangel an Respekt gegenüber dem Kind an sich und daraus resultierende Verunsicherungen. Kinder und Jugendliche versuchen durchaus Worte für die mit Beschämung und Schuldgefühlen einhergehende Gewalt zu finden, aber dazu sind sie auf sprechfähige und -willige andere Menschen in ihrem Umfeld angewiesen. Das bringt diese Sequenz deutlich zum Ausdruck:

»Als Kind hatte ich keine Worte für das, was mir passierte, kein Wissen darüber, dass das falsch war und niemanden, den ich ansprechen konnte. Bitte setzen Sie sich dafür ein, dass die Kinder Worte und Wissen und Ansprechpersonen haben. Und dass die Erwachsenen lernen, den Kindern gegenüber Respekt zu zeigen.«[10]

Tinas Geschichte verweist allerdings auch darauf, dass zugewandte Lehrer*innen und Freund*innen eine emotionale Hilfe sein können, auch wenn diese nicht dazu beigetragen haben, dass die Gewalt beendet wurde. Sie schlägt hier auch einen Bogen bis in die Gegenwart:

»Den Missbrauch hat damals keiner beendet. Aber ich hatte zum Glück immer tolle Menschen um mich herum, die mich unterstützt haben: Freundinnen und Freunde, die mich so genommen haben, wie ich bin, mit Panikanfällen und Ängsten, die mir zugehört haben und mich trotzdem liebenswert fanden. Mein Mann, der auf dieser Ebene bedingungslos zu mir steht, mich zur Schule, zur Uni, zur Arbeit, zu Ärzten gebracht hat und der nachts bei mir wacht, wenn es zu schlimm wird. Mein Deutschlehrer in der Oberstufe, der mir das Abitur ermöglicht hat. Die Professorinnen an den Unis, die mich gefördert haben. Meine ehrenamtliche Seelsorgerin, die mich jahrelang beraten hat, die ich immer anrufen konnte, und noch viele andere.«[11]

Die Auswertung der Berichte zu der ersten Untersuchungsfrage zeigt folgende Dimensionen, die darauf verweisen, was als hilfreich erlebt wird und Resilienz angesichts von Gewalterfahrungen und hoch belastenden Lebenslagen ermöglicht: Kinder und Jugendliche sind darauf angewiesen zu erkennen, dass ihre Gefühle richtig sind, dazu benötigen sie Menschen, die ihnen das spiegeln, also Resonanz. Viele Betroffene berichten, dass die Strategie der Täter*innen dazu dient, ihnen zu vermitteln, dass die Taten normal seien und andere das auch so machen würden.

---

9 Unabhängige Kommission zur Aufarbeitung sexuellen Kindesmissbrauchs (2023): Portal »Geschichten, die zählen«. Online verfügbar unter https://www.geschichten-die-zaehlen.de/erfahrungsberichte/sexueller-kindesmissbrauch-soziales-umfeld-zarah/, Zugriff am 30.11.2023.
10 Unabhängige Kommission zur Aufarbeitung sexuellen Kindesmissbrauchs (2023): Portal »Geschichten, die zählen«. Online verfügbar unter https://www.geschichten-die-zaehlen.de/erfahrungsberichte/sexueller-kindesmissbrauch-familie-tina/, Zugriff am 30.11.2023.
11 Unabhängige Kommission zur Aufarbeitung sexuellen Kindesmissbrauchs (2023): Portal »Geschichten, die zählen«. Online verfügbar unter https://www.geschichten-die-zaehlen.de/erfahrungsberichte/sexueller-kindesmissbrauch-familie-tina/, Zugriff am 30.11.2023.

Diese Strategie sorgt für Diffusion beim Kind und darum sind Resonanzräume, aus denen sie etwas Anderes mitnehmen können, so zentral. Deutlich wird auch, dass frühe und positive Erfahrungen mit fürsorglichen Menschen, die sich »kümmern«, die respektvoll gegenüber jungen Menschen sind und die einem Kind vermitteln, dass es einem nicht egal ist, zu Resilienz beitragen können. Das leitet auch zu einer Erkenntnis über pädagogische Settings über: Einem Kind muss geholfen werden, Worte zu finden und zu verstehen, und dazu werden in Kindertagesstätten, Schulen, den Einrichtungen der Kinder- und Jugendhilfe Menschen benötigt, die ansprechbar und kompetent sind.

4.2 Überleben

In dem Zitat aus dem Bericht von Tina deutet sich die Lebenslaufperspektive bereits an. Was dazu verholfen hat, im Lebensverlauf, also bis zum Alter des Berichtens, zu überleben, ermöglicht ebenfalls eine Annäherung an Resilienz. Hier spielt zunächst das professionelle, therapeutische Angebot eine wesentliche Rolle, das heißt, die Versorgungsstrukturen können ausschlaggebend für das Überleben sein. Insbesondere wenn es im Erwachsenenalter zu erneuten Übergriffen und Gewalterfahrungen kommt. Dies berichtet Rebecca, die als Jugendliche von ihrem Vater, einem evangelischen Pastor, sexuelle Gewalt erfahren hatte:

> »Meine Narbe wurde explosionsartig aufgerissen, als mich ein Kollege sexuell belästigte. Ich verhielt mich sofort wie in meiner Jugendzeit, konnte mich nicht wehren. Ich war kurz vor meiner Kündigung, da hat mir eine Kollegin sehr geholfen, sodass er letztendlich gehen musste. Seitdem lasse ich endlich Hilfe zu. Ich mache eine Therapie bei einer sehr guten Psychologin und komme jeden Tag ein Stückchen weiter. Meine Mutter habe ich mit der Wahrheit konfrontiert. Leider will sie es nicht wahrhaben und hält weiter an der perfekten Welt fest.«[12]

Neben den therapeutischen Angeboten, den Beziehungen in der neu gegründeten Familie oder bei der Arbeit oder zu den Freund*innen, neben Beratungsstellen und der Erfahrung, nicht allein zu sein, also mit anderen Betroffenen zu sprechen, ist auch der Wille der anderen zu Aufarbeitung und Schuldeingeständnisse wichtig. Dies trifft auf Betroffene aus der Familie ebenso zu wie auf diejenigen, die in Institutionen sexuellen Kindesmissbrauch erfahren haben. Die Kontaktaufnahme mit der Institution ist in manchen Fällen wichtig. Doch hier berichten viele Betroffene von niederschmetternden, ja re-traumatisierenden Erlebnissen. Andreas wurde als leidenschaftlicher Schwimmer von seinem Trainer sexuell missbraucht und wendet sich als Erwachsener an den Verein:

> »Vor einigen Jahren entschied ich mich, eine Therapie zu beginnen. Ich überlegte, mich mit dem Schwimmverein in Verbindung zu setzen, um ein Gespräch zu führen. Meine Therapeutin bestärkte mich. Über das Internet suchte ich die heutige Anschrift des Vereins heraus und schrieb eine E-Mail, was mir damals im Schwimmverein passiert ist. Ich erklärte, dass ich keinerlei Interesse habe, dem Verein zu schaden. Da die Verantwortlichen nach der

---

12 Unabhängige Kommission zur Aufarbeitung sexuellen Kindesmissbrauchs (2023): Portal »Geschichten, die zählen«. Online verfügbar unter https://www.geschichten-die-zaehlen.de/erfahrungsberichte/sexueller-kindesmissbrauch-kirche-rebecca/, Zugriff am 30.11.2023.

langen Zeit wohl nicht mehr aktiv da waren, wollte ich auch nicht so etwas wie Rache. Ich wollte weder eine Wiedergutmachung, noch Ansprüche stellen oder jemanden bloßstellen. Ich wollte einfach nur mit dem Leiter des Schwimmvereins darüber reden, was geschehen war. Mir ging es darum, die Verantwortlichen dort zu sensibilisieren und auf die Kinder aufzupassen. Die Antwort hat mich niedergeschlagen und zurückgeworfen. Man war zu keinem Gespräch bereit.«[13]

Ähnliches berichten auch diejenigen, die als Zeug*innen aktiv werden und sich für betroffene Kinder und Jugendliche einsetzen und beispielsweise ein Kollegium mit einem Verdacht konfrontieren. Dies berichtet Björn, der über den Umgang seiner Schule mit einem Fall und vor allem mit ihm als »Nestbeschmutzer« umgeht. Er konfrontierte Schulleitung und Kollegium damit, dass ein Sportlehrer in die Umkleideräume der Mädchen ging. Die Schülerinnen hatten sich ihm anvertraut, doch die Mehrheit stand dem beschuldigten Kollegen bei:

»Ähnlich schlimm waren für mich die Nachgespräche mit dem Personalrat. Eine fragte, ob mir bewusst sei, dass ich sein Leben hätte zerstören können. Die zweite Person war der Meinung, ich sei in erster Linie Kollege und erst danach Anwalt der Schülerinnen. Meine Antwort war: ›Es ist durchaus kollegial, Fehlverhalten von Kollegen anzusprechen. Unkollegial ist es, solche Vorgänge zu ignorieren und unter den Teppich zu kehren.‹ Es gab Kolleginnen, die wegen dieser Angelegenheit für einige Zeit jeden Kontakt mit mir verweigerten. Ich brauchte mehrere Monate, bis ich mich wieder unbefangen im Lehrerzimmer bewegen konnte. Ohne die Unterstützung meiner Frau hätte ich wohl diese Erniedrigung nicht verkraftet. Ich suchte mir auch Hilfe bei der Psychologin einer Beratungsstelle. Immerhin hatte ich erreicht, dass das Spannen in der Mädchenumkleide sofort aufhörte, wenn auch zu einem hohen Preis. Bei den Mädchen dürfte wohl Folgendes geblieben sein: Ein ›Nein‹ wird nicht immer gehört. Aber wenn man mehrfach den Mut hat, sich Hilfe zu holen, wird einem vielleicht doch geglaubt, und es ändert sich etwas.«[14]

Zusammenfassend lässt sich in Bezug auf das Überleben und die Reichweite von sexuellem Kindesmissbrauch im gesamten Lebenslauf festhalten, dass die signifikanten *Dritten* zentral für die Ausprägung von Resilienz sind. Es ist eine wichtige Erfahrung, sich nicht allein zu fühlen, nicht als Kind und auch nicht in kritischen Situationen als Erwachsene*r. Dabei muss man sich vor Augen führen, dass die Isolierung eines »Opfers« zu den Strategien von Täter*innen gehört. Insbesondere im Kontext Schule bedarf es einer professionellen Haltung, durch die alle erwachsenen Beteiligten zum Ausdruck bringen, dass Gewalt keine »Privatangelegenheit« ist (Andresen et al. 2021, S. 42). Auch diejenigen, die helfen wollen, dem Kind oder der belasteten erwachsenen Person, erleben häufig Ausgrenzung und Abwertung, hier hilft, wenn es gelingt, andere ins Boot zu holen.

Viele Betroffene berichten von überlebenswichtigen Erfahrungen in Therapien, auch von gescheiterten Therapien. Die therapeutischen, medizinischen Unterstützungsstrukturen, ebenso wie die niedrigschwelligen Zugänge zu Beratung sind strukturelle Elemente von großer Bedeutung. Darüber hinaus stellt sich für Be-

---

13 Unabhängige Kommission zur Aufarbeitung sexuellen Kindesmissbrauchs (2023): Portal »Geschichten, die zählen«. Online verfügbar unter https://www.geschichten-die-zaehlen.de/erfahrungsberichte/sexueller-kindesmissbrauch-sport-andreas/, Zugriff am 30.11.2023.
14 Unabhängige Kommission zur Aufarbeitung sexuellen Kindesmissbrauchs (2023): Portal »Geschichten, die zählen«. Online verfügbar unter https://www.geschichten-die-zaehlen.de/erfahrungsberichte/sexueller-kindesmissbrauch-schule-bjoern/, Zugriff am 30.11.2023.

troffene, die sich an die Kommission gewendet haben, auch die Frage der Wiedergutmachung, der Bereitschaft in der Herkunftsfamilie oder in Institutionen, ihnen zuzuhören, Leid anzuerkennen und eigenes Versagen einzugestehen. Es geht folglich um Verantwortungsübernahme, zu der gerade gegenüber Institutionen wie den Kirchen auch finanzielle Ausgleichszahlungen gehören.

Hinsichtlich der Herkunftsfamilie kann zur Resilienz beitragen, zu dieser letztlich auf Distanz zu gehen, wenn beispielsweise der Täter weiterhin die Familie dominiert (Andresen et al. 2021). Diese häufig schmerzhaften Prozesse können durch eine erfüllende Partnerschaft, aber auch durch die eigene Elternschaft unterstützt werden. Dabei ist es besonders relevant, dass wiederkehrende Krisen gut begleitet werden können, im persönlichen Umfeld, aber auch am Arbeitsplatz.

5 Exploratives Fazit: Resilienz und Sinnstiftung

Ausgangspunkt des Beitrags war die Frage, welche Erkenntnismöglichkeiten sich zu Resilienz ergeben, wenn die Berichte von Betroffenen sexuellen Kindesmissbrauchs an die Unabhängige Kommission herangezogen und ausgewertet werden. Diese arbeitet mit dem Konzept der Zeugenschaft, das unterschiedliche Wissensressourcen offenlegt. Im Modus einer explorativen Analyse von Berichten ist zwei Forschungsfragen nachgegangen worden, nämlich Resilienz durch erfahrene Hilfe in Kindheit und Jugend und Resilienz im Sinne eines Überlebens im Lebenslauf. In beiden Analysebereichen wurde deutlich, dass das Umfeld, die *Dritten*, also die Bystander nicht nur zentral sind, um eine sexuelle Gewaltdynamik zu verstehen, sondern auch für die Bewältigung, für Resilienz eine große Erklärungskraft zu haben scheinen. Diese Ressource gilt es, stärker als bisher in den Blick zu nehmen.

Darüber hinaus aber geht es gerade betroffenen Menschen im Rückblick auf ihre Kindheit, auf das erfahrene Unrecht und ihr Leid auch darum, einen Beitrag zu leisten, dass Kinderschutz heute sehr viel besser wird und Kinder und Jugendliche sowie deren Rechte eine umfassende Anerkennung erfahren. In diesem Sinne teilen sie ihre Erlebnisse mit, teilen ihre Geschichte, denn das erleben sie als sinnstiftend.

Literatur

Andresen, S. (2023): Testimonies about child sexual abuse in the family. Challenges of addressing the private sphere. Child Abuse & Neglect, 144, 106352.
Andresen, S., & Demant, M. (2017): Worin liegt die Verantwortung der Erziehungswissenschaft? Ein Diskussionsbeitrag zur Aufarbeitung sexualisierter Gewalt in der Erziehungswissenschaft. Erziehungswissenschaft, 28(1), 39–50.

Andresen, S., Demant, M., Galliker, A. & Rott, L. (2021): Sexuelle Gewalt in der Familie. Gesellschaftliche Aufarbeitung sexueller Gewalt gegen Kinder und Jugendliche von 1945 bis in die Gegenwart. Berlin: Unabhängige Kommission zur Aufarbeitung sexuellen Kindesmissbrauchs. Online verfügbar unter: https://www.aufarbeitungskommission.de/wp-content/uploads/Studie_Sexuelle-Gewalt-in-der-Familie_bf.pdf, Zugriff am 01.12.2023.

Andresen, S., Koch, C., & König, J. (2015). Kinder in vulnerablen Konstellationen. In: S. Andresen, C. Koch, & J. König (Hrsg.), Vulnerable Kinder. Interdisziplinäre Annäherungen (Bd. 10, S. 7–19). Wiesbaden: Springer VS.

Janssen, A. (2018). Verletzbare Subjekte. Grundlagentheoretische Überlegungen zur conditio humana. Opladen/Berlin/Toronto: Budrich UniPress Ltd.

Unabhängige Kommission zur Aufarbeitung sexuellen Kindesmissbrauchs (2019a): Bilanzbericht (Bd. 1). Berlin: Unabhängige Kommission zur Aufarbeitung sexuellen Kindesmissbrauchs. Online verfügbar unter: https://www.aufarbeitungskommission.de/wp-content/uploads/2019/05/Bilanzbericht_2019_Band-I.pdf, Zugriff am 01.12.2023.

Unabhängige Kommission zur Aufarbeitung sexuellen Kindesmissbrauchs (2019b): Bilanzbericht (Bd. 2). Meine Geschichte. Berichte Betroffener sexuellen Kindesmissbrauchs. Berlin: Unabhängige Kommission zur Aufarbeitung sexuellen Kindesmissbrauchs. Online verfügbar unter: https://www.aufarbeitungskommission.de/wp-content/uploads/2019/05/Bilanzbericht_2019_Band-II.pdf, Zugriff am 01.12.2023.

Was heißt eigentlich »Prozess«? Bemerkungen zu den Implikationen des Prozesscharakters für das Verständnis von Resilienz und Vulnerabilität

Michael Fingerle

Abstract

Im wissenschaftlichen und politischen Diskurs sind Zuschreibungen von Resilienz und Vulnerabilität weit verbreitet. Sie scheinen sich von Konstrukten zur Beschreibung oder Erklärung psycho-sozialer Entwicklungen zu Beschreibungen sozialer und physikalischer Realitäten und zuletzt sogar zu ontologischen Aussagen über die conditio humana entwickelt zu haben. Mit der Unterscheidung zwischen Resilienz und Vulnerabilität geht dabei auch eine normative und politische Positionierung einher. In diesem Beitrag wird diese Entwicklung kritisch beleuchtet. Da der Prozesscharakter der Resilienz im Diskurs unbestritten ist, wird aus einer prozessontologischen Perspektive heraus zunächst die Argumentation vertreten, dass essentialistische Vorstellungen von Resilienz und Vulnerabilität in diesem Zusammenhang keine primären Kategorien darstellen. Des Weiteren wird die Position vertreten, dass weder Resilienz noch Vulnerabilität als grundlegend für das menschliche Sein anzusehen sind, sondern dass es sich lediglich um sekundäre Kategorien handelt, die zudem irreduzibel gekoppelt sind. Wenn überhaupt Eigenschaften als grundlegend angesehen werden können, sind es die Endlichkeit und Eingebundenheit menschlichen Seins und die ihm innewohnende Ungewissheit, aus der sich Resilienzen und/oder Vulnerabilitäten ergeben können (oder auch nicht). Abschließend wird den prozessethischen Implikationen des dynamischen Verhältnisses von Resilienz und Vulnerabilität nachgegangen.

Schlüsselwörter: Resilienz, Vulnerabilität, Entwicklung, Prozessphilosophie, Ethik

---

1 Einleitung

Es herrscht ein allgemeines Einverständnis darüber, dass das Phänomen der Resilienz Prozesscharakter besitzt (z. B. Thun-Hohenstein, Lampert & Altendorfer-Kling 2020). Doch es scheint beinahe, als käme dieser Beobachtung etwas Beiläufiges, Nachgeordnetes zu. In der Regel verbirgt sich hinter dieser Feststellung die Absicht, darauf hinzuweisen, dass Resilienz über die Lebenszeit nicht stabil ist, oder die Referenz auf andere Teilprozesse wie Stressbewältigung, die Teil eines Resilienzverlaufs sind, der auf Schutzfaktoren, Kapazitäten, Ressourcen und Potentialen beruht. Wie sehr diese Sichtweise Prozesse als nachgeordnetes, auf stabilen Faktoren und Praxen beruhendes Geschehen auffasst, hängt wohl auch damit zusammen, wie leicht es fällt, Resilienz und ihren Gegenpol, Vulnerabilität, zu reifizieren und zu essentialisieren, nicht zuletzt auch zu politischen Zwecken.

Solche, unseren Diskurs prägenden Konstrukte und die mit ihnen verwobenen Narrative bis hin zu den diese durchdringenden sozialpolitischen und ontologischen Vorstellungen lassen das Prozesshafte in den Hintergrund treten. Das ist kein Zufall, denn solche Sichtweisen sind typisch für den eurozentrischen Blickwinkel des globalen Nordens, der nach wie vor von antiken Ansichten über die Struktur des Lebens und Seins geprägt ist.

Doch wie wären Phänomene wie Resilienz und Vulnerabilität zu denken, wenn man Prozesse nicht als nachgeordnet, als bloßes Produkt, sondern im Gegenteil als die eigentlich grundlegenden Entitäten betrachten würde? Wenn man die Aussage »Resilienz ist ein Prozess« tatsächlich ernst nähme? Ich möchte im Folgenden versuchen, einige Konsequenzen eines solchen paradigmatischen Perspektivenwechsels aufzuzeigen.

2 Prozessphilosophie

In unserer heutigen Kultur ist das Wort »Prozess« etwas so Allgegenwärtiges und Selbstverständliches geworden, dass es schwerfällt, seine Besonderheiten zu erfassen. Es mag helfen, den Blick zurückzuwenden. Traditionell standen in der antiken Philosophie, und damit in der Folge in der Philosophie des globalen Nordens, Substanzen und nicht Prozesse im Mittelpunkt der Überlegungen. Substanzen sind in diesem Zusammenhang allgemeine Bezeichnung für alles, das existiert, und je nach philosophischer Denkschule können dies materielle Objekte sein, aber auch abstrakte Dinge oder Entitäten. Philosophiehistorisch betrachtet geht diese Doktrin der westlichen Philosophie auf die griechischen Atomisten und später auf Aristoteles zurück (Rescher 1996) und besitzt bis in die Gegenwart eine enorme intellektuelle Wirkmächtigkeit. In dieser Sichtweise ist ein Prozess immer etwas Nachgeordnetes, gewissermaßen das Resultat von Substanzen und deren Wechselwirkungen, die als das Fundament des Seins angesehen werden. Substanzen stehen an erster Stelle, haben Vorrang vor Prozessen – sie sind das Primat. Es gibt allerdings auch eine andere Denkschule, die dieses konventionelle Verhältnis von Sein und Werden, von Konstanz und Veränderung umkehrt. Die dieser Richtung zuzuordnenden Arbeiten werden summarisch als Prozessphilosophie bezeichnet (z. B. Petrov 2017).

Auch wenn die Bezeichnung selbst verhältnismäßig neu ist, lässt sich die Prozessphilosophie zurückführen auf den antiken griechischen Philosophen Heraklit (ca. 520–460 v. u. Z.) und seinen berühmten Ausspruch »Alles ist in Fluß (panta rhei)« (Snell 1989, S. 39). Für Heraklit war alles aus dem Feuer hervorgegangen, der alles antreibenden Grundenergie einer sich in Gegensätzen, Konflikten und Spannungsverhältnissen strukturierenden und permanent transformierenden Welt.

Auch nach Heraklit, von Plato über Leibniz und Hegel zu Bergson und Dewey befassten sich Philosoph*innen immer wieder mit Prozessen, denn eine strikt und exklusiv auf stabilen Substanzen beruhende Sichtweise steht offenkundig mit der uns bekannten und von uns erlebten Welt im Widerspruch. Als Beginn der heutigen Prozessphilosophie wird jedoch in der Regel das Werk »Prozess und Realität« (Whitehead 2021) angesehen, das 1929 zum ersten Mal erschien. In dieser Publikation benutzte Whitehead in einer Radikalität, wie sie seit Heraklit nicht mehr vertreten worden war, Prozesse als grundlegende Kategorie zur Beschreibung und Analyse allen Seins, die durch zeitliche Erstreckung, Veränderung und Kreativität gekennzeichnet sind – ein ewiges Vergehen und Werden. An die Stelle von Substanzen traten für ihn so genannte actual occasions (in etwa: wirkliche Ereignisse), deren Analogie die menschliche Erfahrung ist. Er entwirft eine organische Weltsicht, in der alles Existierende, alle Prozesse miteinander verbunden ist bzw. sind und ein Ganzes bilden, in dem nichts präzise bestimmbare Orte einnimmt, sondern das eher einem Feld aus diffusen, sich vernetzenden Prozessen ähnelt. Eine ebenfalls wichtige Rolle spielte für ihn die Evolution. Die Entwicklung des Lebens auf der Erde war in seiner Sichtweise ein Ausdruck der fundamentalen Kreativität des Universums und die Evolution der Modus, in dem alles Leben auf höheres Wohlbefinden hinarbeitet. Ebenfalls typisch für seine Sichtweise war die Ablehnung der Unterscheidung zwischen konventionellen Zugängen zur Welt, wie der zwischen Phänomenologie und Biologie oder Physik, oder ontologischen Unterscheidungen, wie der zwischen Körper und Seele als bloße Facetten, die in Wirklichkeit nahtlos zusammenspielen. Für ihn sind alle Ebenen der Existenz Charakteristiken, die man als infraktionsprozessierend (im Sinne der Erzeugung und/oder Bearbeitung von Differenz) und axiologisch (d. h. evaluativ/normativ) beschreiben kann (Rescher 1996).

Whitehead war als Philosoph enorm einflussreich. Die Nachkriegsrezeption seiner Prozessphilosophie lässt sich in mehrere Phasen einteilen, aber schon in den 1970ern scheint es ein vermehrtes Interesse an diesem Thema gegeben zu haben, das bis heute anhält (Petrov 2017). Obwohl Whitehead als Gründungsfigur der gegenwärtigen Prozessphilosophie angesehen werden kann, spielt er doch nicht die Rolle einer allesbeherrschenden Figur, und gerade seit den 1990er Jahren entstanden viele von seinen Ideen unabhängige Arbeiten. Unter den non-›whiteheadian‹ Vertreter*innen dieses Gebietes sind m. E. in den letzten Jahren vor allem Johanna Seibt (2020, 2024) und Wolfgang Sohst (2009) zu nennen. Es ist zwar aus Platzgründen nicht möglich, beider Arbeiten in diesem Beitrag ausführlich zu würdigen, aber beide haben Erkenntnisse über Prozesse gewonnen, die m. E. für die weiteren Abschnitte dieses Beitrags von Bedeutung sind und auf die an geeigneter Stelle eingegangen werden wird.

In »Process Metaphysics« formulierte Nicholas Rescher (1996), der die erste kritische Ausgabe von Whiteheads »Prozess und Realität« (2021) besorgt hatte, Grundannahmen und Sichtweisen, die allen prozessphilosophischen Ansätzen zugrunde liegen, sozusagen den prozessphilosophischen Blick auf das Sein, das im

Folgenden überblickartig dargestellt werden wird (soweit nicht anders angegeben, bezieht sich dieses Kapitel auf Rescher).

Rescher zufolge lässt sich dieses Paradigma in folgenden Aussagen zusammenfassen (1996, S. 31):

- »Zeit und Veränderung gehören zu den wesentlichen Kategorien des Verstehens und der Metaphysik.«
- »Ein Prozess stellt eine wesentliche Kategorie ontologischer Beschreibungen dar.«
- »Prozesse und die Kräfte und Energien, die sich in ihnen manifestieren, sind für die Zwecke ontologischer Theoriebildung fundamentaler oder zumindest nicht weniger fundamental als Dinge.«
- »Mehrere, wenn nicht sogar alle Hauptelemente des ontologischen Repertoires (Gott, Natur, Personen, Materie) lassen sich am besten in Prozessbegriffen verstehen.«
- »Kontingenz, Emergenz, Neuheit und Kreativität gehören zu den fundamentalen Kategorien metaphysischen Denkens.«

Man darf das nicht dahingehend verstehen, dass Substanzen, Bestehen oder Kontinuität als reale Phänomene geleugnet oder als valide Beschreibungen rundweg abgelehnt würden. Sie sind aber Prozessen nachgeordnet, weil sie aus ihnen erst entstehen können, durch sie aufrechterhalten werden und ihre Existenz aus den Prozessen heraus endet. Sie sind temporäre Formen oder Phasen von Prozessen und entstehen aus deren vielfältigen Wechselwirkungen.

Prozesse selbst kann man sich zwar als eine koordinierte Gruppe von Ereignissen in der Zeit vorstellen, Prozesse sind jedoch nicht auf Ereignisse reduzierbar: Prozesse beinhalten Ereignisse, aber Ereignisse wiederum existieren nur in und durch Prozesse, die eine energetische und dynamische Grundcharakteristik haben. Prozesse sind andauerndes Werden, Sich-verändern. Ihre Verbundenheit ist ein weiteres Merkmal von Prozessen: Sie existieren nie völlig isoliert, und wenn sie sich sozusagen berühren, entstehen Ereignisse, die zu neuen Prozessen werden können. Prozesse können sich zu dynamischen Gebilden zusammenschließen, die Whitehead als »societies« (in der deutschen Übersetzung: »Gesellschaften«; siehe Whitehead, 2021, S. 176) bezeichnete, womit er konzeptionell vorwegnahm, was wir heute als »Systeme« bezeichnen. Die Prozessphilosophie sieht solche Systeme koordinierter, mehr oder weniger gekoppelter Prozesse und Subprozesse ebenfalls als Prozesse an. Aus ihrer inneren Struktur und ihren inneren und äußeren Interaktionen können im Laufe der Zeit sowohl Phasen temporärer Stabilität, aber auch transformative oder emergente Phasen entstehen. Prozessstrukturen sind einerseits offen für Veränderungen und Kreativität, jedoch andererseits auch strukturell limitiert, sodass man in gewisser Weise davon sprechen kann, dass ein individueller Prozess oder eine bestimmte Prozessinstanz über Dispositionen, Potentiale oder Kapazitäten für bestimmte Aktivitäten und Entwicklungen verfügt, für andere jedoch nicht. Auch wenn diese nur temporär »stabil« sind, stehen jedoch einer Prozessinstanz nicht alle beliebigen Veränderungen zur Verfügung. Prozesse und Prozessgesellschaften können – im Hinblick auf sich selbst oder auf andere Prozesse, mit denen sie interagieren – produktiv, kooperativ und förderlich, aber auch hinderlich, konkurrierend, destabilisierend oder sogar destruktiv sein.

Prozesse stellen eine fundamentale Seinsform dar, über die man (in Abwandlung einer Textstelle bei Johanna Seibt, 2020, S. 284) zu einem bestimmten Zeitpunkt widerspruchsfrei sagen kann, dass sie immer noch dieselben wie früher seien, aber anders. Ihre individuelle Identität entspricht nicht einer konventionellen Gleichheitsvorstellung des Typs »A = A und nicht B«, sondern begründet sich aus ihrer ungebrochenen Historie. Insofern kann »A = B« sein, wenn B von A als neue Prozessphase hervorgebracht wurde, wenn sie sensu Sohst (2009) Teil der emergenten Selbigkeit von A ist. Von »Identität« spricht man in diesem Zusammenhang hingegen nur, wenn z. B. die Struktur zweier Prozesse die gleiche ist, weshalb unter Umständen zwei verschiedene (Teil-)Prozessinstanzen identisch sein können.

Prozesse brauchen keine Dinge, um zu sein, sondern sie bringen Dinge zeitweilig hervor. Bei Prozessen geht es um das Tun. Was sie sind, kann nur aus ihren Tätigkeiten erschlossen werden. In der analytischen Prozessphilosophie kommt daher dem Verbalaspekt von Aussagen eine größere Bedeutung zu als anderen syntaktischen Merkmalen. Seibt (2020) unterscheidet hierbei zwischen Aktivitäten und Entwicklungen. Entwicklungen sind Prozesse mit einem benennbaren Ziel oder Produkt, auf das der Prozess zuläuft. Da Prozesse grundsätzlich kontingent sind, kann nicht a priori angenommen werden, dass das zu erwartende Ziel erreicht werden wird. Vielleicht wird stattdessen ein anderes Ereignis erreicht, oder es ereignet sich etwas, das den Prozess transformiert. Aussagen, die über Prozesse gemacht werden, bezeichnen Entwicklungen, wenn in ihnen zum Ausdruck gebracht wird, dass ein angestrebter oder strukturell präferierter Zustand erreicht und somit dieser spezielle Prozess oder diese Prozessphase abgeschlossen wurde (dies setzt kein agierendes Subjekt voraus; auch ein Brand findet einmal ein Ende). »Klara hat den Berg bestiegen« ist eine Aussage über eine Entwicklung, die mit dem Erreichen des Gipfels (oder der Rückkehr ins Tal) abgeschlossen war. »Klara besteigt den Berg« ist hingegen keine Aussage über eine Entwicklung, sondern sensu Seibt über eine Aktivität, deren Fortgang offen ist.

In Prozessen wird zwar immer agiert, doch ihre Aktivität setzt nicht notwendigerweise ein Subjekt voraus. Sagt man über das Wetter »es schneit«, »es wird gerade wärmer«, oder »es regnet«, dann bezieht man sich auf Aktivitäten, denen die meisten von uns kein agierendes oder kontrollierendes Subjekt zuschreiben würden. Das hängt natürlich von der Definition eines Subjekts ab, doch hier soll keine derartige Diskussion angestoßen werden. Diese beiden Beispiele sollen lediglich demonstrieren, dass es zwar einerseits Prozesse gibt, in denen ein Subjekt aktiv wird, aber andererseits über Prozesse auch in einer Form sinnvoll gedacht und gesprochen werden kann, die weder ein agierendes Subjekt noch eine eindeutige Unterscheidung zwischen »Aktiv« und »Passiv« voraussetzt.

Diese Ausführungen zum prozessphilosophischen Paradigma sollen an dieser Stelle genügen. Sie stellen keineswegs eine erschöpfende oder repräsentative Übersicht über das Gebiet der Prozessphilosophie dar, sind jedoch für ein Prozessverständnis von Resilienz und Vulnerabilität wichtig.

3 Eine prozessphilosophische Perspektive auf menschliche Entwicklung

Resilienz und Vulnerabilität tauchen in der prozessphilosophischen Literatur m. W. weder als Begriffe noch als explizite Konzepte auf. Um durch die Brille des prozessphilosophischen Paradigmas einen Blick auf sie werfen zu können, ist es daher nötig, zunächst einige grundlegendere Aussagen zu treffen. Selbstverständlich handelt es sich bei den folgenden Ausführungen nicht um eine umfassende, jegliche Aspekte menschlichen Seins berücksichtigende Ontologie, sondern lediglich um einige skizzierenden Eckpunkte, die jedoch als konzeptioneller Rahmen nötig sind. Die folgenden Ausführungen beziehen sich auch nicht exklusiv auf eine bestimmte Quelle, sondern – falls nicht anders angegeben – auf das erwähnte prozessphilosophische Paradigma (Rescher, 1996). Wie in den Arbeiten von Whitehead (2021) und Sohst (2009) machen diese Aussagen keinen prinzipiellen Unterschied zwischen Mensch und Natur oder zwischen Geist und Materie. Demnach kann man einen Menschen als eine organische, sich selbst strukturell aufrechterhaltende, re-identifizierbar »weiterlaufende« und dabei dennoch veränderliche Instanz einer Prozessstruktur auffassen.

Menschen sind nicht isolierte Entitäten, sondern in einer Prozessmatrix (sensu Sohst) mit ihrer Welt verbunden und auf dieses Eingebundensein zu ihrem Entstehen und Weiterleben angewiesen. Sie verändern sich, um sich ihrer Umwelt anzupassen, und verändern ihre Umwelt, um sie an ihre Bedürfnisse anzupassen. Sei es Luft, Nahrung, Schutz, Mitarbeit, Werkzeuge, Pflege, Information, Rat oder Trost, Menschen können ebenso wenig wie andere Lebewesen allein aus sich selbst heraus existieren und alle auftauchenden Probleme meistern. Sie brauchen einerseits biophysikalische Ressourcen und andererseits soziale Ressourcen. Um den Zugang zu ihnen können sie konkurrieren, sie können sie aber auch kooperativ erschließen und verteilen, und sie können in und zwischen den sozialen Strukturen, die sie bilden, Mischformen aus Kooperation und Konkurrenz etablieren (siehe z. B. Althammer & Sommer 2020).

Menschen sind in ihrem Wechselwirkungsgefüge nicht nur Akteure, sondern auch Objekte anderer Prozesse; sie sind im Sinne der Prozesstypologie von Seibt (2004) agents und/oder patients, je nachdem, welche Teilprozesse oder welche Prozessphasen man jeweils in den Blick nimmt. Sie verfügen außerdem über die strukturellen Potentiale zur Subjektivität, Selbstreflexion und Kreativität. Sie können eigene Aktivitäten, Absichten und Ziele kreativ entwickeln und sie in Wechselwirkung mit inneren und äußeren Prozessen (sozialen und biophysikalischen) umsetzen, und sie können aus den (prinzipiell kontingenten) Ergebnissen dieser Aktivitäten, Entwicklungen und Wechselwirkungen lernen. Ob sie dabei geplant vorgehen oder per trial and error, sie können so ihre Welt erforschen und versuchen, die Ungewissheiten ihrer Existenzen zu reduzieren. Allerdings ist ihre Zukunft grundsätzlich immer ungewiss und daher ist ebenso der Wahrheitswert aller Aussagen über ihr zukünftiges Werden unbestimmt.

Doch ganz gleich, welche Form diese Prozesse im Laufe der Zeit annehmen, der Entwicklungsprozess, den wir menschliches Leben nennen, hat einen Anfang und ein unvermeidbares Ende. Diese Endlichkeit ist allen Lebensformen zu eigen, sie bildet eine zeitliche Grenze, die aus endogenen und exogenen Randbedingungen der Prozessmatrix, in die das Werden und Vergehen des Prozesses »Lebensform« eingebunden ist, resultiert. Da wir noch nie auf eine unsterbliche Lebensform getroffen sind, kann man Endlichkeit als ein Strukturmerkmal aller komplexen »Lebens«-prozesse ansehen (Cohen 2016), wobei allerdings jene Entwicklung, die wir »Altern« nennen, stark variiert (Cohen 2018). Dass das menschliche Leben im Vergleich zu anderen Spezies verhältnismäßig kurz ist, könnte durchaus ein evolutionär entstandenes, gemeinsames Merkmal aller Säugetierarten sein (de Magalhães 2023). Es gibt Gründe anzunehmen, dass die Evolution prinzipiell nur dazu in der Lage ist, Lebensformen hervorzubringen, die einerseits tolerant gegenüber Stressoren, aber nichtsdestotrotz fragil sind (das sog. Robustheitsparadigma; Kriete 2013). Diese Argumente basieren unter anderem auf dem Umstand, dass die Evolution bei der emergenten Entstehung neuer Strukturen mit lokal begrenzten Ressourcen und einer ebenfalls limitierten Auswahl von (inneren und äußeren) Umweltkonstellationen arbeitet, sodass keine perfekten Lösungen »für alle Gelegenheiten« entstehen können. Doch diese Gegebenheiten führen eigentlich nur zu Problemen, weil sie dynamisch sind. Wäre die Welt nicht prozesshaft, wären alle Dinge stabil, selbst die komplizierten und komplexen. Lebewesen werden nur verletzt, weil sie anderen Dingen begegnen, die sie verletzen, oder weil in ihnen nicht perfekt aufgebauten inneren Prozessen konfligieren. Mehr als das: Ohne die Prozessnatur der Welt gäbe es gar keine lebenden Dinge.

In der dynamischen Interaktion des Lebensprozesses der Prozessgesellschaft »Mensch« kann man jeder Prozessinteraktion das Potential zuschreiben, den Lebensprozess zu beenden oder dazu indirekt beizutragen. Auf der anderen Seite birgt jede Prozessinteraktion auch das Potential, den Lebensprozess aufrechtzuerhalten, auch wenn dies durch eine Veränderung geschieht. Trotz ihrer gegenseitigen Bezogenheit ist das dynamische Verhältnis beider Interaktionspotentiale nicht völlig symmetrisch. Für die Annäherung an die Endlichkeit gibt es ein eindeutiges Maximum, nämlich das Ende der Existenz als größtmöglichen Schaden.

Für das Potential der Aufrechterhaltung liegen die Dinge jedoch anders, denn sie beziehen sich bei einem Prozess eben nicht auf Stabilität, sondern notwendigerweise auf ein Werden, dessen nächste Phase allenfalls selbstähnlich, aber dennoch anders sein wird. Offenbar ergibt beim »Menschprozess« die Unterscheidung zwischen Selbsterhaltung und Veränderung zunächst einmal keinen Sinn, er ist notwendigerweise plastisch.

Wo liegen nun bei einem Menschen die Grenzen dieser Plastizität? Es gibt uns allen vertraute Grenzen, etwa für das Körperwachstum, das offenbar nicht grenzenlos ist, sodass man hinsichtlich solcher physisch-materiellen Veränderungen prinzipiell ein strukturell bedingtes Maximum beschreiben könnte.

Doch der Menschprozess zeichnet sich, wie oben erwähnt, auch durch Lernen aus, z. B. das Lernen aus Interaktionen, die schädliche oder förderliche Potentiale haben. Ich sehe nun keine Möglichkeit, wie man eine Grenze dieses Lernens a-priori definieren könnte. Lernen meint im Sinne der Prozessphilosophie nicht lediglich die Erarbeitung oder Schaffung expliziten Wissens (wie z. B. Rechtschreibregeln oder Werkzeugtechniken), sondern auch prozedurale und soziale Praktiken, sowie jegliche automatisierten oder unbewussten Praktiken und Habits. Prozess ist das Werden von Erfahrung, formulierte es Whitehead (2021, S. 311). Nicht zuletzt kann das Gelernte auch jenseits des individuellen Gedächtnisses kulturell aufbewahrt und tradiert werden, wobei allerdings berücksichtigt werden muss, dass es dabei immer wieder zu Veränderungen des »aufbewahrten« Wissens kommt. Sei es aufgrund des Problems der doppelten Kontingenz in der Kommunikation, die unserer Perspektivenübernahme Grenzen setzt, sei es aufgrund der Veränderung von Sprachen oder der Verluste und Beschränkungen von Speichermedien: Wissen wird nicht einfach in stabiler Form immer weiter angehäuft, sondern konstruiert, rekonstruiert, neu sortiert, neu bewertet, neu zusammengefasst, selektiv rezipiert, neu tradiert und vieles mehr. Es ist daher durchaus denkbar, dass es so etwas wie eine Grenze des Lernens gibt, doch letztlich ist eine solche Grenze unbestimmbar. Damit kann jedoch für Lernen als Komponente der Plastizität kein Maximum angegeben werden, sondern dieses ist ebenfalls unbestimmbar.

Dem menschlichen Leben wohnt daher eine dynamische Charakteristik inne, in der Werden und Endlichkeit unauflösbar gekoppelt sind. Wir sind aus demselben Grund endlich, aus dem wir werden, und fragil aus den Gründen, die uns robust machen. Wären wir nur endlich, dann gäbe es kein Werden, doch wir können auch nicht endlos werden, selbst wenn es uns gelingt, den Eintritt des Endes aufschieben zu können. Diese dynamische Koppelung ist irreduzibel und eine prozessontologische Gegebenheit. Außerdem kann in einer eher messtheoretischen Hinsicht festgehalten werden, dass das Ende menschlicher Entwicklung mit sehr großer Sicherheit gemessen werden kann, das Werden (bzw. die dazu beitragenden Potentiale) jedoch teilweise viel schwerer (oder sogar gar nicht) einzuschätzen ist.

4 Resilienz und Vulnerabilität aus prozessphilosophischer Perspektive

Bisher war weder von Vulnerabilität noch von Resilienz die Rede, obwohl beide Begriffe oder Konzepte sich mehrfach in gewisser Weise aufdrängten. Der Grund dafür ist, dass zunächst eine von diesen Diskursen unabhängige Reflexionsfolie entwickelt werden sollte. Betrachten wir nun, wie sich Definitionen von Resilienz und Vulnerabilität zu diesem Blickwinkel verhalten, und beginnen wir zunächst mit Definitionen der Resilienz.

> »Resilienz ist keine ausschließlich angeborene Fähigkeit, aber auch nicht ausschließlich das Resultat negativer oder positiver (Umwelt-)Einflüsse. Resilienz entwickelt sich über die Zeit. Somit erklärt sich Resilienz als ein allgemein menschliches Phänomen, das aus dem Zusammenwirken basaler humaner, adaptiver Systeme mit der Umwelt entsteht, um den Menschen zu befähigen, schwierige Lebenssituation zu bewältigen. Sind diese basalen

Mechanismen geschützt und gepflegt, kann sich der Mensch robust entwickeln, selbst unter der Einwirkung negativer Faktoren« (Thun-Hohenstein et al. 2020, S. 13).

Diese Zusammenfassung aus dem ausgezeichneten Überblicksartikel der zitierten Autor*innen bezieht sich auf eine Definition von Alexandra Stainton und Mitautor*innen (Stainton et al. 2018), bei denen sich auch die folgende Definition findet: »Resilience is a dynamic process by which individuals utilize protective factors and resources to their benefit. It can vary within one individual across time and circumstance« (a.a.O., S. 725).

Die beiden Zitate decken sich im Kern mit vielen anderen Definitionsvorschlägen, sodass sie an dieser Stelle genügen sollen. Im aktuellen Diskurs tritt Resilienz oft sozusagen in Konkurrenz mit Vulnerabilität. Die beiden folgenden Zitate sollen die dabei anzutreffende Breite des Vulnerabilitätsverständnisses illustrieren.

> »A vulnerability, is typically conceptualized as a predispositional factor, or set of factors, that makes possible a disordered state. […] In more recent years, the term has been broadened to include psychological factors, such as cognitive and interpersonal variables, that make a person susceptible to psychopathology« (Ingram & Luxton 2005, S. 34).

Und:

> »Mensch sein heißt, verwundbar zu sein. Diese, auch als Vulnerabilität bezeichnete Verletzlichkeit, wird in Philosophie und Anthropologie als conditio humana […], als elementare anthropologische Tatsache […] oder auch als anthropologische Konstante […] beschrieben« (Lehmeyer 2018, S. 76).

Den Zitaten ist zu eigen, dass sie ein sehr breites Verständnis von Resilienz und Vulnerabilität vorschlagen, das nicht auf bestimmte Entwicklungsleistungen oder Risiken beschränkt ist, sondern zwei basale Modi des Werdens markiert. Es gibt nun diskursive gute Gründe, Vulnerabilität hervorzuheben und advokatorisch zu nutzen, denn alle Menschen bedürfen in verschiedenen Lebensphasen oder -situationen des Schutzes und der Hilfe, seien es Kindheit, hohes Alter, Krankheit, Krieg oder andere Gelegenheiten, in denen sie zum Opfer werden können. Ich möchte jedoch kritisch einwenden, dass dies für sich genommen noch nicht als ontologische Charakterisierung des Menschseins ausreicht. Dasselbe gilt allerdings auch für die Hervorhebung der Resilienz. Der Menschprozess ist unauflösbar sowohl resilient als auch vulnerabel, das ist – darauf laufen die Ausführungen des vorherigen Abschnitts hinaus – ein nicht weiter reduzierbares Prozessmerkmal. Potentiell sind Menschen immer beides und wären das eine nicht ohne das andere. Eine angemessene Resilienz- oder Vulnerabilitätstheorie sollte daher m.E. beide Aspekte integrieren.

Die Dichotomisierung der aktuellen Diskurse zu diesem Thema werden der Ambiguität des Seins nicht gerecht. Selbst die Fokussierung auf Adaptivität wird den prozessontologischen Gegebenheiten nicht gerecht, denn sie impliziert eine potentiell unendliche, individuelle Problemlösefähigkeit und besitzt zahlreiche sozialnormative Komponenten. Wie ich bereits andernorts ausgeführt habe (Fingerle 2020) und wie es sich auch im weiter oben zitierten Robustheits-Paradigma (Kriege 2013) thematisch enger gefasst findet, sind adaptive Systeme jedoch implizit mit dem Risiko des Scheiterns behaftet, denn sie operieren immer vor dem Hintergrund eines begrenzten Erfahrungshorizonts, der unerwartete und unvorhersehbare Ereignisse nicht verhindern kann. Daher bevorzugen sie ein sozusagen lokales Optimum, das nur begrenzt räumlich und zeitlich weiterreichende Konsequenzen berücksichtigen kann. Was in einem gegebenen, situativen Moment adaptiv ist, kann grundsätzlich zu späterer Zeit und in anderen Kontexten vulnerabel machen – et vice versa.

Ich finde daher, dass die Forschung sich von dieser Dichotomisierung und von einem unreflektierten Adaptivitätsbegriff lösen und stattdessen einen integrativen Ansatz verfolgen sollte, der die delikaten und dynamischen Beziehungen zwischen Vulnerabilität, Resilienz und Adaptivität simultan in den Blick zu nehmen versucht, auch mit Hilfe von Mixed-Methods-Designs, die den Subjektperspektiven mehr Raum geben. Folgt man dem prozeduralen Paradigma, dann sollten Aktivitäten ohnehin stärker im Mittelpunkt stehen als Schutz- und Risikofaktoren. Betrachtet man diese Prozesse als Lernprozesse, erhebt sich auch die Frage, was eigentlich gelernt wurde. Da der Mensch sich – prozedural gesehen – ununterbrochen ändert und seine »Stabilität« konstruiert, stellt sich weiterhin die Frage, was eigentlich als Veränderung erlebt oder als sinnvoll und bereichernd markiert wird. Die Subjektperspektive ist daher aus mehreren Gründen von Interesse. Natürlich gibt es methodologische, forschungspraktische und forschungsökonomische Gründe, die dazu führen, dass nicht jede Einzelstudie zu diesen Themen all diesen Forderungen gerecht werden kann. Und das möchte ich auch nicht als Vorwurf verstanden wissen. Ich denke jedoch, dass eine bessere Integration der Perspektiven angestrebt werden sollte, da sie wertvolle Erkenntnisse liefern wird.

5 Prozessethische Implikationen

Themen wie Resilienz und Vulnerabilität sind keine ausschließlich »wertneutralen« Beschreibungen, denn sobald sie in pädagogische, therapeutische oder sozialpolitische Diskurse eingebunden werden, erfahren sie auch eine normative Aufladung. Legt man eine prozessphilosophische Betrachtungsweise zugrunde, zeigt sich eine prozessethische Implikation des dynamischen Verhältnisses von Resilienz und Vulnerabilität, die in einem integrativen Diskurs von Interesse sein könnte.

Prozessethik dient als ein Sammelbegriff für prozessphilosophisch inspirierte Ansätze, ethische Probleme zu handhaben. Für John Dewey, dessen pragmatische Philosophie viele Elemente prozeduralen Denkens enthielt (Rescher 1996), ging es im Bereich der Ethik weniger um deontologische Regelerstellung, sondern um einen eher konsequentialistischen Ansatz, insbesondere aber um einen intelligenten Lösungsprozess normativer Konflikte, d. h. immer um angewandte Ethik (Altman 1982). Als einen aktuellen Vertreter dieser Denkrichtung könnte man die Prozessethik von Larissa Krainer und Peter Heintel (Krainer & Heintel 2010) anführen. Selbst Dewey verwarf jedoch abstrakte Regeln und ethische »Algorithmen« wie diejenigen von Kant oder Rawls nicht in Bausch und Bogen, sondern sah sie als Orientierungspunkte für ethische Aushandlungen. Michael Schramm nahm diesen Faden auf, um – ausgehend von Whitehead – Solidarität als metaphysischen Ausgangspunkt einer Ethik vorzuschlagen (Schramm 2014), während Barbara Muraca (2011) unter anderem auf Whitehead zurückgriff, um eine Lösungsmöglichkeit des Demarkationsproblems aus der Umweltethik zu entwickeln.

Ich möchte die mit Resilienz und Vulnerabilität jeweils verknüpften ethischen Aspekte in Form zweier Fragen formulieren: Was kann man von einem Menschen erwarten, was darf man ihm zumuten? Was darf man einem Menschen nicht zumuten, was darf man nicht verlangen? Sowohl das neoliberalisierte Resilienzverständnis als auch der sozialphilosophische Vulnerabilitätsdiskurs kämen hier zu unterschiedlichen Antworten.

Betrachtet man Resilienz und Vulnerabilität jedoch in der oben skizzierten, gekoppelten Weise, dann muss man die Frage meines Erachtens ganz anders und komplexer beantworten. Zunächst einmal spannen das Eingebundensein des Menschen in soziale und biophysikalische Umwelten und seine Angewiesenheit auf diese Beziehungen einen prozeduralen Orientierungsrahmen auf, der sich zwischen Kooperation und Konkurrenz bewegt. Beide können jeweils situative Vorteile haben und Menschen haben wiederum den Vorteil – im Unterschied zu anderen Lebewesen –, zwischen beiden Prinzipien als Prozessmodi wechseln und sie so als Prozess kombinieren zu können. Dieser Rahmen entspräche dem ethischen Spannungsfeld zwischen Solidarität auf der einen und Wettbewerb auf der anderen Seite. Prozessphilosophisch gesehen kann man hier Lösungen finden, indem man lokale Kompromisse zwischen unterschiedlichen Situationen und oder Phasen aushandelt (z. B. Solidarität in der Klassengemeinschaft, Wettbewerb im Sportunterricht). Wichtig ist dabei, dass das Wettbewerbsprinzip nicht so weit ausgedehnt wird, dass es die Solidarität ausschaltet.

Die Koppelung von Robustheit und Fragilität hat nun noch eine weitere Regel zur Konsequenz: Was man von einem Menschen verlangen darf, hängt davon ab, ob er (oder sein soziales Netz) über die Ressourcen verfügt, um nach einem eventuellen Schaden wieder zu einem zufriedenstellenden Niveau zurückkehren zu können. Diese Regel ist umso zwingender, je höher der prospektive Schaden ist, und betrifft nicht nur körperliche Schäden, sondern auch psychisches Leid. Sie ist ebenso umso zwingender, je mehr Ressourcen aufzuwenden wären (selbst wenn sie vorhanden sind) und je länger eine Wiederherstellung dauert. Davon unabhängig kann jeder mündige Mensch für sich selbst entscheiden, welche Risiken er eingehen möchte, doch wäre es unethisch, ihn dazu zu zwingen. Diese Regel steht in Verbindung mit dem obigen Abschnitt, denn sie setzt wiederum einen Orientierungspunkt für die Aushandlungen zwischen Solidarität und Wettbewerb, Selbstverantwortung und sozialer Gerechtigkeit. Wettbewerb ist so lange ethisch vertretbar, wie er die Solidarität nicht irreparabel schädigt (was wiederum von den nötigen gemeinschaftlichen Ressourcen abhängt) oder Einzelne nicht irreparabel beschädigt. Das gilt auch für Solidarität: Falls sie Wettbewerb in Situationen ausschalten sollte, in der er für den Weiterbestand der Gemeinschaft nötig wäre, wäre sie situativ nicht mehr vertretbar (aber sie sollte wiederherstellbar sein), und wenn sie Interaktionsformen verlangt oder zulässt, die nachhaltig schädigen, ist sie selbst unethisch.

Ich möchte keineswegs behaupten, dass damit sämtliche Probleme des aktuellen Diskurses gelöst sind, und es geht mir auch nicht darum, sämtliche anderen ethischen Prinzipien zu ersetzen. Mir ist sehr wohl bewusst, dass die letzten Ausführungen sehr skizzenhaft sind und Fragen offenlassen, etwa, was im Detail irreparabel oder nicht vertretbar ist. Dies sind zum Teil – prozessethisch gesehen – tatsächlich nicht präskriptiv lösbare Probleme, sondern Aushandlungsfragen. Solche ethischen Fragen rund um Resilienz und Vulnerabilität sind äußerst relevant und bedürfen der Thematisierung, obwohl sie in manchen Augen der scientific community zunächst kaum Bezüge zu Fragen der empirischen Forschung haben. Man mag es bedauern, aber Resilienz und Vulnerabilität haben längst den safe space der akademischen Forschung verlassen und werden in Kontexten und in argumentativen Figuren ins Feld geführt, die sich weder Emmy Werner noch Michael Rutter, Pioniere der Resilienzforschung, hätten träumen lassen. Diese Begriffe haben dort teilweise Konsequenzen, die zwar nicht die Forschungsethik betreffen, sondern sich auf die Legitimation von strukturellen Maßnahmen beziehen, die Menschen benachteiligen. Es handelt sich daher bei dem Gesagten um einen Beitrag zur Debatte, mit dem ich unterstreichen möchte, dass eine Transformation der diskursiven Resilienz-versus-Vulnerabilitätsdichotomie in ein integratives oder ein synthetisches Verständnis keineswegs einem Verlust an sozialer Gerechtigkeit oder einem Aufruf zu Benachteiligung gleichkommt.

Literatur

Althammer, J. & Sommer, M. (2020): Grenzenlose Solidarität? Institutionelle Voraussetzungen und Strukturbedingungen fairer Kooperation. Berliner Journal für Soziologie, 30, 131–145.
Altman, A. (1982): John Dewey and contemporary normative ethics. Metaphilosophy, 13, 149–160.
Cohen, A. A. (2016): Complex systems dynamics in aging: new evidence, continuing questions, Biogerontology, 17, 205–220.
Cohen, A. A. (2018): Aging across the tree of life: The importance of a comparative perspective for the use of animal models in aging. Biochimica et Biophysica Acta (BBA)-Molecular Basis of Disease, 1864, 2680–2689.
de Magalhães, J. P. (2023): The longevity bottleneck hypothesis: Could dinosaurs have shaped ageing in present-day mammals? BioEssays, 2300098.
Fingerle, M. (2020): Adaptation und Flexibilität – Überlegungen zum Preis der Resilienz. In G. Opp/M. Fingerle/G. Suess (Hrsg.): Was Kinder stärkt (4. neubearb. Aufl.) (S. 56–68). München: Reinhardt.
Ingram, R. E. & Luxton, D. D. (2005). Vulnerability-Stress Models. In B. L. Hankin & J. R. Z. Abela (Eds.), Development of psychopathology: A vulnerability-stress perspective, 32–46.
Krainer, L. & Heintel, P. (2010): Prozessethik: Zur Organisation ethischer Entscheidungsprozesse. Wiesbaden: Springer-Verlag.
Kriete, A. (2013): Robustness and aging – a systems-level perspective, Biosystems, 112, 37–48.
Lehmeyer, S. (2018): Vulnerabilität. In: H. Remmers (Hrsg.), Ethische Reflexion in der Pflege: Konzepte – Werte – Phänomene (S. 75–87). Berlin: Springer.
Muraca, B. (2011): The map of moral significance: A new axiological matrix for environmental ethics. Environmental Values, 20, 375–396.
Petrov, V. (2017): Process Philosophy in the European Cultural Tradition. Annals of the University of Bucharest Philosophy, 66, 165–173.
Rescher, N. (1996): Process metaphysics. Albany: State University of New York Press.

Schramm, M. (2014): »The Social Nature of Existence«. Eine Evolutionäre Metaphysik der Solidarität. Jahrbuch für Recht und Ethik, 22, 383–414.
Seibt, J. (2004): Free process theory: Towards a typology of occurrings. Axiomathes, 14, 23–55.
Seibt, J. (2020): Analytische Philosophie (VI): Analytische Prozessontologie. In J. Urbich & J. Zimmer (Hrsg.), Handbuch Ontologie (S. 277–286). Heidelberg: JB Metzler Verlag.
Snell, B. (Hrsg.) (1989): Heraklit. Fragmente. Darmstadt: Wissenschaftliche Buchgesellschaft.
Sohst, W. (2009): Prozessontologie. Ein systematischer Entwurf der Entstehung von Existenz. Berlin: xenomoi.
Stainton, A., Chisholm, K., Kaiser, N., Rosen, M., Upthegrove, R., Ruhrmann, S. & Wood, S. J. (2019): Resilience as a multimodal dynamic process. Early intervention in psychiatry, 13, 725–732.
Thun-Hohenstein, L., Lampert, K. & Altendorfer-Kling, U. (2020): Resilienz–Geschichte, Modelle und Anwendung. Zeitschrift für Psychodrama und Soziometrie, 19, 7–20.
Whitehead, A. N. (2021): Prozess und Realität. Entwurf einer Kosmologie (9. Aufl.). Frankfurt: Suhrkamp.

Das Resilienz-Paradox in Forschung und Prävention

Isabella Helmreich

Abstract

Das Konzept der Resilienz entwickelt sich immer mehr zur Universalantwort für den Umgang mit Widrigkeiten und Krisen, sowohl für Individuen als auch ganze Gesellschaften. Aktuelle Forschungsergebnisse verdeutlichen, dass Resilienz ein multisystemischer lebenslanger dynamischer Entwicklungsprozess ist, der im Rahmen eines bio-psycho-sozialen Modells veränder- und beeinflussbar ist. Für die Verhaltens- und Verhältnisprävention bietet das Konzept effektive Ansatzpunkte zur Stärkung der individuellen, aber auch gesellschaftlichen Resilienz. Zugleich birgt das Konzept auch Schwachstellen und Risiken, da es einerseits aufgrund seiner definitorischen Unschärfe und dynamischen Natur schwer zu erfassen und zu operationalisieren ist und es bis heute keine zuverlässigen Prädiktoren für resiliente Verläufe gibt (Resilienz-Paradox der Forschung). Andererseits bietet es auch Potential für Missbrauch, wenn es dazu genutzt wird, genau jene Verhaltensweisen und Verhältnisse zu stabilisieren, die die Gesundheit und das Wohlbefinden der Menschen beeinträchtigen und gefährden (Resilienz-Paradox der Prävention). Beide Perspektiven werden aufgegriffen und erläutert.

Schlüsselwörter: Resilienz, Gesundheitsprävention, Resilienz-Paradox, Resilienzinterventionen, gesellschaftliche Resilienz

---

1 Einleitung

Der Begriff Resilienz, einst aus der Materialkunde für Werkstoffe, die sich verformen lassen, aber wieder in ihre Ausgangsform zurückkehren (z. B. eine Feder), entlehnt (Bengel & Lyssenko, 2012), hat sich mittlerweile zu einem Leitbegriff, wenn nicht sogar zu einer Universalantwort für den Umgang mit Widrigkeiten unterschiedlichen Ausmaßes entwickelt. Gerade in unserer globalisierten Welt, die geprägt ist von immer schnelleren sozialen, technologischen, ökonomischen sowie ökologischen Veränderungsprozessen, nimmt das Gefühl der Unsicherheit und des Kontrollverlustes zu (Fathi 2022; Schneider 2022). Resilienz, also die Aufrechterhaltung bzw.

Wiederherstellung der psychischen Gesundheit während oder nach stressvollen Lebensereignissen (Kalisch et al. 2017), verspricht hier eine effektive Lösung, um mit persönlichen, aber auch gesellschaftlichen Herausforderungen adaptiv umzugehen und diese unbeschadet zu überstehen. Die Frage, wie Menschen trotz steigender Belastung und erhöhtem Stresserleben in einer sich zunehmend verändernden Gesellschaft und Umwelt psychisch gesund bleiben, hat eine hohe individuelle, gesellschaftliche, aber auch ökonomische Relevanz. Repräsentative Statistiken zufolge erfüllt rund jeder vierte Erwachsene in Deutschland im Zeitraum eines Jahres die Kriterien für eine psychische Erkrankung (Jacobi et al. 2014). Zunehmende Arbeitsunfähigkeiten, Krankschreibungen und Frühverrentungen aufgrund psychischer Symptome (z. B. Badura et al. 2022) zeigen, dass Menschen sich erfreulicherweise eher trauen, über solche Erkrankungen zu sprechen und sich Hilfe zu holen, diese Erkrankungen auch besser erkannt und diagnostiziert werden, andererseits aber auch, dass Menschen mehr psychischen Druck erleben. Daher besteht ein berechtigtes Interesse von Gesellschaften daran, im Rahmen von verhaltens- und zunehmend auch immer mehr von verhältnispräventiven Maßnahmen Gesundheitsrisiken abzubauen und Gesundheitspotentiale in verschiedenen Settings (z. B. Bildungsstätten, Organisationen, Kommunen, Gesellschaft) zu fördern und zu sichern (GKV-Spitzenverband 2021).

2 Das Resilienz-Paradox der Forschung

Seit den Anfängen der psychologischen Resilienzforschung mit den Kauai-Studien von Emmy Werner (Werner 1996) hat sich die Resilienzforschung stetig weiterentwickelt und ist dabei, die multikausalen Zusammenhänge weiter zu entschlüsseln und im Rahmen eines bio-psycho-sozialen Resilienzmodells (Asselmann 2022; Feder et al. 2019) neue und verbesserte Ansätze für gesundheits- und resilienzfördernde Interventionen vorzulegen. Moderne Konzeptionen von Resilienz versuchen deshalb, diese verschiedenen Ebenen und deren Interaktion aufzugreifen und Vulnerabilitäts- bzw. Risikofaktoren sowie interne und externe protektive Faktoren zu untersuchen. Obwohl ein resilienter Verlauf eher die Norm ist und bis zu 67 % der Menschen trotz Widrigkeiten oder traumatischer Ereignisse resilient bleiben (Galatzer-Levy et al. 2018; Schäfer et al. 2022), konnte die Forschung bisher keine guten Prädiktoren für Resilienz vorlegen. Bonanno (2021b) betitelt dieses Phänomen in der Überschrift seines Artikels als »*Resilienz-Paradox*«. Trotz vieler empirischer Studien zu einzelnen oder multiplen Resilienzprädiktoren (u. a. Persönlichkeitseigenschaften, Resilienzfaktoren, Copingstrategien, biologische Marker) in diesem Feld konnten diese bisher nur eine geringe Vorhersagekraft für das Outcome Resilienz erzielen (Bonanno 2021a). Hierfür verantwortlich sind einerseits die definitorischen und methodischen Unschärfen des Konzeptes, die die Erforschung und den Vergleich von Studienergebnissen erschweren, andererseits aber auch die dynamische Natur des Resilienzprozesses (Bonanno 2021b).

Bisher gibt es keine allgemeingültige Resilienzdefinition (Arnold et al. 2023; Chmitorz et al. 2018). Allgemeiner Konsens herrscht darüber, dass zwei grundlegende Elemente das Konzept definieren: (1) Resilienz erfordert das Vorliegen eines bedeutsamen Stressors (= Auslöser einer Stressreaktion) und (2) Resilienz drückt sich in der erfolgreichen Bewältigung dieses Stressors aus (Kalisch et al. 2019). Zudem ist belegt, dass Resilienz kein statisches, sondern ein dynamisches Merkmal ist, das im Wechselspiel zwischen Person und Umwelt entsteht (Ioannidis et al. 2020; Kalisch et al. 2019; Masten 2001). Je nach Konzeption von Resilienz und Forschungsschwerpunkt bzw. Fachbereich wird Resilienz als *(Persönlichkeits-) Eigenschaft* bzw. *Kapazität*, als *Prozess* (Wiedererlangen eines Gleichgewichts infolge eines Anpassungsprozesses im Rahmen der Gen-Umweltinteraktion) und/oder als *Ergebnis (Outcome)* untersucht (Arnold et al. 2023). Fortlaufende Forschungsergebnisse zeigen, dass alle drei Konzepte ihre Berechtigung haben, da Resilienz ein nicht-linearer dynamischer Lern- und Entwicklungsprozess ist (Arnold et al. 2023; Bonanno 2021b). Einerseits besteht eine genetische Veranlagung (Amstadter et al. 2014), große Teile der Resilienz bilden sich jedoch erst in der Interaktion zwischen Lebensumwelt und internen und externen persönlichen Ressourcen im Lebensverlauf heraus (= Resilienz als Prozess) (Feder et al. 2019; Luthar et al. 2000). Menschen verändern sich während und nach der Stressorbewältigung, sei es intraindividuell durch veränderte Einstellungen oder Verhaltensweisen, neu gewonnene Kompetenzen oder die partielle Immunisierung gegenüber den Auswirkungen zukünftiger Stressoren (z. B. im Rahmen der Epigenetik). Zudem spielen auch inter- oder extraindividuelle Ressourcen eine Rolle, z. B. Zugang und Nutzung sozialer Kontakte oder finanzieller Ressourcen.

In empirischen Studien muss deshalb klar benannt werden, welche Aspekte der Resilienz fokussiert werden, da sich dementsprechend auch die Operationalisierung ändert. Beispielsweise wird die *Resilienz-Kapazität* einer Person häufig mit Selbstauskunftsskalen zu bestimmten Eigenschaften gemessen (Hartmann et al. 2020; Windle et al. 2011). Empirische Studien haben jedoch gezeigt, dass Resilienz als Eigenschaft nur einen geringen prädiktiven Wert aufweist und die Varianzaufklärung von psychischer Gesundheit infolge von Stress gering ausfällt (Kalisch et al. 2017). Resilienz als *Prozess* andererseits kann nur im Rahmen aufwendiger longitudinaler Studien gut erfasst werden, die individuelle Reaktionen in verschiedenen Systemen auf den/die Stressor(en) sowie deren Interaktion miteinander untersuchen (Kalisch et al. 2021). Im *Outcome-Ansatz* wird die positive Anpassung an einen oder mehrere Stressoren erfasst. Oft wird Resilienz als Outcome binär (resilient vs. nicht-resilient bzw. gesund vs. krank) anstatt dimensional operationalisiert, was dem Konzept nicht gerecht wird und zu einem Informationsverlust führt. Fortschrittlicher ist hier der Residuums-Ansatz, bei dem die Anpassungsleistung an einen oder mehrere Stressoren gemessen wird, indem ein Resilienzindikator (z. B. psychische Gesundheit) auf einen/mehrere Stressor(en) (z. B. Alltagsstressoren) regressiert wird (Elman et al. 2022). Als Referenz dient eine Gesamtstichprobe, mit der dann die individuelle Anpassungsleistung verglichen werden kann (Kalisch et al. 2021). Evidenzbasierte Resilienzforschung sollte deshalb genau beschreiben, an welcher Stelle des Prozesses angesetzt wird, und dafür eine angemessene Operationalisierung verwenden (Chmitorz et al. 2018). Wird nur eine Komponente herausgegriffen, wird die Komplexität des Prozesses unterschätzt. Die reine Konzentration auf Resilienz als Outcome beispielsweise hilft nicht dabei zu verstehen, welche Prozesse dem Ergebnis zugrunde liegen und für die Prävention genutzt werden können. Zudem muss immer auch die Kontextspezifität (Bonanno 2021a) beachtet werden, d. h., dass Resilienz sich je nach Kontext (z. B. Arbeits- oder privater Kontext) und zur Verfügung stehenden Ressourcen (internen sowie externen) sowie Lebensbedingungen unterschiedlich entwickeln und manifestieren kann. Um diesem komplexen Prozess auf die Spur zu kommen und Resilienztrajektorien besser zu untersuchen, scheinen longitudinale Studien, die die zeitliche und situative Dynamik des Prozesses feinkörniger erfassen (Bonanno 2021b; Galatzer-Levy et al. 2018), unabdingbar.

Eine weitere Hürde bei der Erfassung von validen Resilienzprädiktoren ist der Faktor, dass sich stressvolle Situationen und wie Menschen diese beurteilen und einschätzen ständig verändern. Zudem haben Individuen ein bestimmtes Repertoire an Fähigkeiten und Fertigkeiten, welches sie in stressvollen Situationen anwenden (können). Menschen sind jedoch nicht konsistent in ihren Handlungen und Denkweisen: Je nach Situation, Stressor (Intensität, Frequenz, Dauer und Vorhersagbarkeit), vorhandenen Ressourcen, Kontext und Zeitpunkt sowie der vorgenommenen Kosten-Nutzen-Analyse verändern oder verwerfen sie die angewandten Lösungsoptionen in ihrem Beurteilungs- und Entscheidungsprozess, um zum Ziel zu kommen (Lazarus & Folkman 1987). Bonanno (2021a) spricht in diesem Sinne auch von dem sogenannten Prozess der *flexiblen Selbstregulation* (S. 4), der folgende Komponenten beinhaltet: die *Kontextsensitivität* (ebd., S. 5), also die Beurteilung der Situationsanforderungen i. S. v. »Was passiert und was ist von mir gefordert?«, das *Repertoire* (ebd.), also die zur Verfügung stehenden Handlungsstrategien i. S. v. »Was muss und kann ich tun?« und das *Feedback Monitoring* (ebd.), also die Beurteilung des Resultats i. S. v. »Hat es funktioniert?«. Je nach Situation und Stressor kann dieser Prozess mehrmals durchlaufen werden. Resiliente Personen besitzen zudem eine flexible Denkweise (*flexibility mindset*, ebd.), die sie befähigt, ihre Denk- und Handlungsweisen optimal an die Situation anzupassen. Wie die einzelnen Komponenten miteinander interagieren, ist bisher jedoch noch unzureichend erforscht, könnte jedoch einen besseren Einblick in den Ablauf und das Zusammenwirken der Komponenten des Resilienzprozesses geben und damit auch zu neuen Erkenntnissen für die Prädiktion, aber auch die Prävention führen (Bonanno 2021b; Chen & Bonanno 2021).

3   Das Resilienz-Paradox der Prävention

Gerade durch die globalen Herausforderungen des 21. Jahrhunderts (z. B. Corona-Pandemie, Klimaveränderungen, Kriege, erzwungene Migration) verschiebt sich der Fokus auch immer mehr von der individuellen Resilienz und rein verhaltenspräventiven Ansätzen auf verhältnispräventive Ansätze sowie auf gesellschaftliche

Prozesse und sozioökologische Faktoren, die dazu beitragen, in Organisationen und ganzen Gesellschaften Resilienz zu kultivieren (Gilan & Helmreich 2023). Hier wird auch immer deutlicher, wie wichtig neben der Implementation von frühzeitigen Präventionsansätzen zur Resilienzstärkung und zum Aufbau von Stressbewältigungsfähigkeiten im Lebensverlauf (Rönnau-Böse & Fröhlich-Gildhoff 2020) auch der Einbezug kontextspezifischer Faktoren (z. B. Wohnumfeld, Klima) und kultureller Veränderungen (z. B. Fragmentierung auf räumlicher und sozialer Ebene) sowie von Werten und Normen (z. B. Partizipation) ist, um Individuen, Organisationen und Gesellschaften zukunftsfähig zu halten und zu gestalten. Zhang und Kollegen (2022) schlagen beispielsweise anhand einer sozio-ökologischen Perspektive Strategien zur Förderung der Resilienz während und nach der COVID-19-Pandemie auf nationaler, gemeinschaftlicher, organisationaler und individueller Ebene vor. Auf individueller Ebene spielen vor allem eine Stärkung persönlicher Resilienzfaktoren und Engagement für gesundheitsfördernde Verhaltensweisen eine wichtige Rolle, auf der organisationalen Ebene Maßnahmen zur Stärkung des Wohlbefindens und der Resilienz der Mitarbeitenden sowie der Personalentwicklung, auf der Ebene der Gemeinde die Entwicklung eines Wir-Gefühls und eines Kohärenzsinns und auf nationaler Ebene der Aufbau von Vertrauen und Solidarität in die Gemeinschaft, die Kultivierung von resilienter Führung und prosozialen Verhaltensweisen und Angeboten sowie die Bekämpfung von Chancenungleichheiten. Resiliente Individuen prägen somit eine resiliente Gesellschaft, aber auch umgekehrt, eine resiliente Gesellschaft fördert die Entwicklung von resilienten Individuen (Gilan et al. 2022).

Resilienz stellt trotz aller methodischen Entwicklungs- und Definitionsbedarfe ein äußerst relevantes Präventionskonzept dar, das dabei hilft, einerseits das Krisenbewusstsein zu schärfen und zugleich ressourcenorientiert neue und flexible Handlungsmöglichkeiten zu entwickeln und zu implementieren, die dazu beitragen, Gesundheitsförderung als Leitbild in Individuen, aber auch Gesellschaften besser zu verankern und dauerhaft gesunde Lebenswelten zu fördern. Auch wenn, wie oben beschrieben, bisher keine zuverlässigen Prädiktoren für resilientes Verhalten gefunden und das Geheimnis resilienter Verläufe noch nicht gelüftet wurde (Resilienz-Paradox der Forschung, Bonanno 2021b), werden durch den stetigen Wissenszuwachs und neue Forschungs- und Untersuchungsmethoden (z. B. KI-basierte Verfahren) immer neue Ansatzpunkte für die Prävention psychischer Erkrankungen und die Stärkung der mentalen Gesundheit entdeckt und nutzbar gemacht.

Zugleich muss jedoch immer auch darauf geachtet werden, dass Resilienz nicht als neoliberales Konzept missbraucht wird, indem sie als implizite oder explizite Verpflichtung zur Gesundheit verkehrt wird. Wenn Resilienz als ›Allheilmittel‹ gegen jegliche Missstände verstanden und Scheitern auf mangelnde persönliche Resilienz bzw. fehlenden Einsatz zurückgeführt wird, haben wir es mit einem weiteren Resilienz-Paradox zu tun, dem Resilienz-Paradox der Prävention. Denn das Konzept Resilienz darf nicht missbraucht werden, um genau die Verhaltensweisen und Verhältnisse zu stabilisieren bzw. aufrechtzuerhalten (z. B. Zeitdruck, Arbeitsverdichtung, Fragmentierung der Gesellschaft, Feinstaubbelastung), die die Gesundheit und das Wohlbefinden der Menschen beeinträchtigen und gefährden. Die

Verantwortung für die Erhaltung der psychischen Gesundheit kann nicht alleine dem Einzelnen zugewiesen werden, sondern muss immer im Rahmen eines ganzheitlichen multisystemischen Ansatzes auf allen Ebenen gestärkt und entwickelt werden.

Literatur

Amstadter, A. B., Myers, J. M. & Kendler, K. S. (2014): Psychiatric resilience: longitudinal twin study. Br J Psychiatry, 205 (4), 275–280.
Arnold, M., Schilbach, M. & Rigotti, T. (2023): Paradigmen der psychologischen Resilienzforschung. Psychologische Rundschau. doi: 10.1026/0033–3042/a000627
Asselmann, E. (2022): Gesundheitsbezogene Resilienz. In: R. Haring (Hrsg.), Gesundheitswissenschaften (S. 295–304). Berlin, Heidelberg: Springer.
Badura, B., Ducki, A., Meyer, M. & Schröder, H. (2022): Fehlzeiten-Report 2022. Verantwortung und Gesundheit. Berlin: Springer.
Bengel, J., & Lyssenko, L. (2012): Resilienz und psychologische Schutzfaktoren im Erwachsenenalter. Stand der Forschung zu psychologischen Schutzfaktoren von Gesundheit im Erwachsenenalter. Schriftenreihe zu Forschung und Praxis der Gesundheitsförderung, Band 43. Bundeszentrale für gesundheitliche Aufklärung.
Bonanno, G. A. (2021a): The End of Trauma: How the New Science of Resilience is Changing how we Think about PTSD. New York: Basic Books.
Bonanno, G. A. (2021b): The Resilience Paradox. Eur J Psychotraumatol, 12 (1).
Chen, S. & Bonanno, G. A. (2021): Components of Emotion Regulation Flexibility: Linking Latent Profiles to Depressive and Anxious Symptoms. Clinical Psychological Science, 9 (2), 236–251.
Chmitorz, A., Kunzler, A., Helmreich, I., Tüscher, O., Kalisch, R., Kubiak, T., . . . Lieb, K. (2018): Intervention Studies to Foster Resilience – A Systematic Review and Proposal for a Resilience Framework in Future Intervention Studies. Clin Psychol Rev, 59 (1), 78–100.
Elman, J. A., Vogel, J. W., Bocancea, D. I., Ossenkoppele, R., Van Loenhoud, A. C., Tu, X. M., . . . The Alzheimer's Disease Neuroimaging Initiative (2022): Issues and Recommendations for the Residual Approach to Quantifying Cognitive Resilience and Reserve. Alzheimer's Research & Therapy, 14 (1), 102.
Fathi, M. (2022): Gesellschaftliche Multiresilienz im Kontext von Krisenbündeln und Bündelkrisen in der DACH-Region. In: H. Pechlaner, D. Zacher & E. Störmann (Hrsg.), Resilienz als Strategie in Region, Destination und Unternehmen. Eine raumbezogene Perspektive (S. 33–69). Springer Gabler.
Feder, A., Fred-Torres, S., Southwick, S. M. & Charney, D. S. (2019): The Biology of Human Resilience: Opportunities for Enhancing Resilience Across the Life Span. Biol Psychiatry, 86 (6), 443–453.
Galatzer-Levy, I. R., Huang, S. H. & Bonanno, G. A. (2018): Trajectories of Resilience and Dysfunction Following Potential Trauma: A Review and Statistical Evaluation. Clin Psychol Rev, 63 (1), 41–55.
Gilan, D. & Helmreich, I. (2023): Die resiliente Gesellschaft – eine kollektive Antwort auf kollektive Probleme. In: G. R. Wollinger (Hrsg.), Krisen & Prävention. Expertisen zum 28. Deutschen Präventionstag (S. 73–89). Hannover: Deutscher Präventionstag gemeinnützige Gesellschaft mbH.
Gilan, D., Helmreich, I., Himbert, M. & Hahad, O. (2022): Wirkzusammenhänge zwischen individueller und kollektiver Resilienzförderung. In: H. Pechlaner, D. Zacher & E. Stör-

mann (Hrsg.), Resilienz als Strategie in Region, Destination und Unternehmen. Eine raumbezogene Perspektive (S. 71–91). Wiesbaden: Springer Fachmedien.

GKV-Spitzenverband. (2021): Leitfaden Prävention – Handlungsfelder und Kriterien nach § 20 Abs. 2 SGB V. Online verfügbar unter: https://www.gkv-spitzenverband.de/media/dokumente/krankenversicherung_1/praevention__selbsthilfe__beratung/praevention/praevention_leitfaden/Leitfaden_Prävention_Akt_03-2023_barrierefrei.pdf, Zugriff am: 12.09.2023.

Hartmann, S., Weiss, M., Newman, A. & Hoegl, M. (2020): Resilience in the Workplace: A Multilevel Review and Synthesis. Applied Psychology, 69 (3), 913–959.

Ioannidis, K., Askelund, A. D., Kievit, R. A. & Van Harmelen, A. L. (2020): The Complex Neurobiology of Resilient Functioning after Childhood Maltreatment. BMC Med, 18 (1), 32.

Jacobi, F., Höfler, M., Strehle, J., Mack, S., Gerschler, A., Scholl, L., . . . Wittchen, H. U. (2014): Psychische Störungen in der Allgemeinbevölkerung. Nervenarzt, 85 (1), 77–87.

Kalisch, R., Baker, D. G., Basten, U., Boks, M. P., Bonanno, G. A., Brummelman, E., . . . Kleim, B. (2017): The Resilience Framework as a Strategy to Combat Stress-Related Disorders. Nat Hum Behav, 1 (11), 784–790.

Kalisch, R., Cramer, A. O. J., Binder, H., Fritz, J., Leertouwer, I., Lunansky, G., . . . Van Harmelen, A. L. (2019): Deconstructing and Reconstructing Resilience: A Dynamic Network Approach. Perspect Psychol Sci, 1 (5), 765–777.

Kalisch, R., Köber, G., Binder, H., Ahrens, K. F., Basten, U., Chmitorz, A., . . . Engen, H. (2021): The Frequent Stressor and Mental Health Monitoring-Paradigm: A Proposal for the Operationalization and Measurement of Resilience and the Identification of Resilience Processes in Longitudinal Observational Studies. Front Psychol, 12 (1).

Lazarus, R. S. & Folkman, S. (1987): Transactional Theory and Research on Emotions and Coping. European Journal of Personality, 1 (1), 141–169.

Luthar, S. S., Cicchetti, D. & Becker, B. (2000): The Construct of Resilience: a Critical Evaluation and Guidelines for Future Work. Child Dev, 71 (3), 543–562.

Masten, A. S. (2001): Ordinary Magic. Resilience Processes in Development. Am Psychol, 56 (3), 227–238.

Rönnau-Böse, M. & Fröhlich-Gildhoff, K. (2020): Resilienz und Resilienzförderung über die Lebensspanne. W. Kohlhammer GmbH.

Schäfer, S. K., Kunzler, A. M., Kalisch, R., Tüscher, O. & Lieb, K. (2022): Trajectories of Resilience and Mental Distress to Global Major Disruptions. Trends Cogn Sci, 26 (12), 1171–1189.

Schneider, M. (2022): Jenseits von palliativen Strategien. Zum Zusammenhang von Krisenbewältigung, Transformation und Resilienz. In: H. Pechlaner, D. Zacher & E. Störmann (Hrsg.), Resilienz als Strategie in Region, Destination und Unternehmen. Eine raumbezogene Perspektive (S. 3–31). Wiesbaden: Springer.

Werner, E. E. (1996): Vulnerable but Invincible: High Risk Children from Birth to Adulthood. European Child & Adolescent Psychiatry, 5 (1), 47–51.

Windle, G., Bennett, K. M. & Noyes, J. (2011): A Methodological Review of Resilience Measurement Scales. Health Qual Life Outcomes, 9 (8), 1477–7525.

Zhang, N., Yang, S. & Jia, P. (2022): Cultivating Resilience During the COVID-19 Pandemic: A Socioecological Perspective. Annu Rev Psychol, 73 (1), 575–598.

2 Probleme und Widersprüche des Resilienzkonzepts im pädagogischen Feld

Resilienz und Bildung – eine (macht-)kritische Perspektive auf die Verhältnisbestimmung von Anpassung und Widerstand in bildungsprogrammatischen Texten

Anne Kirschner

Abstract

Die Popularität des Resilienzbegriffs findet ihren Ausdruck in vielfältigen Ansätzen und Mehrdeutigkeiten, denen jeweils die Annahme eines dynamischen Potenzials zwischen Widerstand und Anpassung zugrunde liegt. Auch in gegenwärtigen Bildungsprogrammatiken wird dieses angesichts gesellschaftlicher Wandlungsprozesse und Krisen produktiv gemacht. Vor diesem Hintergrund fragt der vorliegende Text nach der Ausformung und Legitimation des Verhältnisses von Bildung und Resilienz im Vorwort des aktuellen Baden-Württembergischen Bildungsplans, der OECD-Sonderauswertung »Erfolgsfaktor Resilienz« sowie dem von der Vereinigung der Bayerischen Wirtschaft herausgegebenen Gutachten »Bildung und Resilienz«. Im Zentrum der Betrachtung steht dabei das für pädagogisches Denken konstitutive Verhältnis von Selbst- und Fremdbestimmung.

Schlüsselwörter: Bildung, Resilienz, Anpassung, Widerstand, Machtanalytik

1 Anpassung und Widerstand zwischen Ermächtigung und Unterwerfung

Aufgrund seiner vielfältigen Verwendungs- und Verknüpfungsmöglichkeiten wird Resilienz auch als ein Schlüsselbegriff unseres Jahrhunderts betrachtet (Bröckling 2017). Dabei handle es sich um eine Zeitsignatur, die gegenwärtige und künftige Herausforderungen erfasst und zugleich anzeigt, was angesichts dessen zu tun sei (ebd., S. 1). Der Begriff spricht dabei gemeinhin Vorstellungen von etwas Elastischem an, das Außenkräften widersteht (Wieland 2011, S. 184). Resilienz wird deshalb auch als eine variable Disposition von Systemen verstanden, sich aus eigener Kraft auf Krisen einzustellen und ihre Auswirkungen zu bewältigen. Präzisierend ergänzt Bröckling, dass aus Resilienzperspektive die Bedrohungen i.d.R. von der Umwelt ausgehen, während die Bewältigung der destabilisierenden Effekte dem betroffenen System zugeschrieben wird (ebd., S. 2). Resilienzfördernde Maßnahmen zielen entsprechend darauf, die Belastbarkeit eines Systems zu erhöhen (ebd., S. 7).

Von hier ausgehend beschreibt Bröckling die Resilienz aus einer gouvernementalitätstheoretischen Perspektive auch als Dispositiv, d. h. als einen effektiven Kopplungsmechanismus, der das Unvermeidliche mit dem Trainierbaren verbindet und so für die Regierung des Selbst zugänglich wird (ebd., S. 16). Damit ist gemeint, dass die jeweils adressierten individuell steigerbaren Kräfte des Menschen zum Modus seiner Selbsthervorbringung (als resilientes Ich) werden. Weil es dabei um nicht weniger als die Förderung von »Lebenskompetenzen« gehe, kämen nun auch pädagogische Interventionen nicht um das »Label« Resilienz umhin, wenn sie diskursfähig sein wollen (ebd., S. 8).

Die Pädagogisierung der Resilienz ließe sich jedoch auch als zeitgemäße Übersetzung einer bildungstheoretischen fundierten Orientierung an Mündigkeit[15] auslegen (Bünger 2015, S. 459f.). Denn präventive Maßnahmen zur Förderung von Eigenverantwortung und individuellen Widerstandskräften zielen letztlich auf eine reflektierte Lebensführung angesichts gesellschaftlicher Herausforderungen. In diesem Sinne stellt auch die schulische Resilienzförderung in Aussicht, die emanzipativen Potenziale der nachwachsenden Generation zu stärken.

Diese ambivalenten Betrachtungsweisen führen zu der Frage, in welchem dieser Bedeutungshorizonte der Resilienzbegriff in gegenwärtigen Bildungsprogrammatiken verwendet wird. Deshalb wird der Fokus im Folgenden auf solche Texte gerichtet, in denen der Zusammenhang von Bildung und Resilienz begründet und inhaltlich ausgeformt wird.

Methodisch geht es dabei um die Rekonstruktion diskursiver, d. h. hier: sprachlicher Strategien[16], die einen Steuerungsanspruch auf schulische Bildung im Namen der Resilienz erheben. So im Vorwort des aktuellen baden-württembergischen Bildungsplans (Pant 2016), in der OECD-Sonderauswertung »Erfolgsfaktor Resilienz« zur PISA-Studie 2015 (Vodafone Stiftung Deutschland 2018) und in dem von der Vereinigung der Bayerischen Wirtschaft (vbw) herausgegebenen Gutachten »Bildung und Resilienz« (vbw – Vereinigung der Bayerischen Wirtschaft e.V. 2022).

Die für die Analyse dieser Dokumente herangezogene machtanalytische Perspektive kann dabei selbst als ein Element jener bislang nur angedeuteten Verdrängung des emanzipativen Potenzials von Bildung zugunsten einer an ökono-

---

15 Bünger führt diesen Gedanken im Hinblick auf die Feststellung an, dass man sich mit einer Bezugnahme auf Mündigkeit i.S. aufklärerischer Programmatiken »[...] keine Differenz zu den mit gesellschaftlichen Beanspruchungen verbundenen Funktionalisierungen und Trivialisierungen von Bildung erhoffen [dürfe].« (Bünger 2015, S. 549).

16 Es würde den Rahmen dieses Beitrages sprengen, den diskursanalytischen Fokus zu akzentuieren, weshalb an dieser Stelle nur angemerkt sei, dass ich in Anlehnung an die Kritische Diskursanalyse davon ausgehe, dass diskursive Formationen nicht das zufällige Produkt sprachlicher Äußerungen, sondern unbewusst konstruierte Ketten von Aussagen sind, denen mit sprachlichen Mitteln allein nicht beizukommen ist (Jäger 2013, S. 206). Mit einem solchen, eng an Foucault orientierten Ansatz, wird Sprache nicht als reine Beschreibungshilfe einer ihr äußerlichen Realität, sondern vielmehr als Teil ihrer Strukturierung begriffen (Ryan 1982, S. 141 zit. n. Scholl 2019, S. 204).

mischen Rationalitäten orientierten Seinsoptimierung betrachtet werden[17]. Aus diesem Grund wird im Folgenden der Versuch unternommen, machtanalytische und ideologiekritische Zugänge zu verbinden[18], indem das Verhältnis von epistemologischer und politischer Dimension des Kritikbegriffs nicht im Sinne eines unvereinbaren Gegensatzes (Ruhloff 2003), sondern als ein Ergänzungszusammenhang verstanden wird (Kubac 2011, S. 77). Aus dieser Verortung ergibt sich die weitere Gliederung dieses Beitrags: Zunächst geht es um die Rekonstruktion der zur Verhältnisbestimmung von Bildung und Resilienz eingesetzten sprachlichen Strategien (2). Von hier ausgehend wird das darin erkennbare Verhältnis von Anpassung und Widerstand aus einer machtanalytischen Perspektive betrachtet (3). Abschließend wird diese Form der Kritik auf ihre zentralen Prämissen hin überprüft (4).

2 Zur Legitimation und Ausformung des Verhältnisses von Bildung und Resilienz

Um die diskursiven Strategien zur Begründung und Ausformung des Zusammenhangs von Bildung und Resilienz sowie der diesbezüglichen Konstellierung von Widerstand und Anpassung zu rekonstruieren, werden im Folgenden einige exemplarische Verwendungsweisen des Resilienzbegriffs in den zuvor genannten Dokumenten analysiert[19]. Den Ausgangspunkt dafür bildet die OECD-Sonderauswertung zur PISA-Studie 2015. Unter dem Titel *Erfolgsfaktor Resilienz* erhalten Lernende, die trotz ungünstiger sozioökonomischer Bedingungen solide Leistungen in den jeweiligen Testbereichen aufweisen, besondere Aufmerksamkeit (Vodafone Stiftung Deutschland 2018, 3). Zu den Bedingungen und Zielen der schulischen Resilienzförderung wird dort ausgeführt:

> »Resilienz auf individueller Ebene kann sich darüber hinaus vor allem dann entwickeln, wenn Schülerinnen und Schüler anhand von projektorientierten und praxisnahen Lerninhalten die Anwendbarkeit von Gelerntem erleben, ihr eigenes Lernen steuern und so ihre eigene Selbstwirksamkeit erfahren können und motiviert werden. Nur so werden sie stark und widerstandsfähig für eine sich schnell verändernde digitale Arbeitswelt und Gesellschaft« (ebd., S.3).

---

17 Grund dafür ist, dass die Annahme einer diskursiven Konstruktion von Wirklichkeit die Tilgung der Differenz des Menschen zur Macht methodologisch voraussetzt (Euler 2011, S. 44) und Vorstellungen von Mündigkeit, Autonomie und Selbstbestimmung nur noch als »Pathosformeln« funktionieren würden (Rieger-Ladich 2002).
18 Dass sich diese nicht notwendig ausschließen, sondern auch im Sinne eines affirmativen Verhältnisses betrachtet werden können, zeigen die Aufsätze von Scholl (2019) und Jäger (2013).
19 Ich gehe davon aus, dass die Thematisierung des Verhältnisses von Resilienz und Bildung einen Strang des pädagogischen Gesundheitsdiskurses bildet (Kirschner 2020). Die im Folgenden zu analysierenden Textstellen bilden den Diskurs freilich nicht vollständig ab, sind aber repräsentativ für den fraglichen Diskursstrang.

In dieser Aussage wird Resilienz zunächst als eine im Rahmen schulischen Lernens potenziell förderbare Fähigkeitsdisposition beschrieben und insbesondere auf selbstgesteuertes Lernen bezogen. Im letzten Satz wird sie mit den Attributen »stark« und »widerstandsfähig« dann auch als Zielperspektive für das künftige Zurechtkommen mit sich wandelnden Verhältnissen wieder aufgenommen. Das Attribut »schnell« impliziert an dieser Stelle eine erschwerte Verfügbarkeit der äußeren Verhältnisse. Die eingesetzte Präposition »für« realisiert zudem eine modale Zuordnung von Subjekt und Objekt, wodurch die individuellen Widerstandskräfte angesichts der Anforderungen von Markt und Gesellschaft als förderlich ausgewiesen werden. Dabei erscheint die verschränkte Leitidee der »Neuen Lernkultur«[20] als zentrale Voraussetzung der Resilienzentwicklung. Insofern Alternativen ausgeschlossen werden (»nur so«), wird nicht nur der Lern(miss)erfolg, sondern auch das (Nicht-)Bestehen in Markt und Gesellschaft in die Eigenverantwortung des lernenden Subjekts gelegt.

Die in dieser Argumentation erkennbare Verschränkung von Bedrohungs- und Präventionsnarrativen findet sich auch in der Begründung der 2016 im baden-württembergischen Bildungsplan neu eingeführten Leitperspektiven. Angesichts sich wandelnder Gegenwarts- und Zukunftsaufgaben stellen diese eine zeitgemäße Auslegung des staatlichen Erziehungsauftrags dar, was Pant wie folgt begründet:

> »Zu den prominentesten Herausforderungen zählen die Überlebensfrage angesichts der Begrenztheit eigener und natürlicher Ressourcen (Nachhaltigkeit), die Orientierungsfähigkeit, Verantwortungsübernahme und Konfliktfähigkeit angesichts konkurrierender Geltungsansprüche in der modernen Gesellschaft (Pluralitätsfähigkeit) sowie die Frage nach einem achtsamen Umgang mit eigenen psychischen und physischen Möglichkeiten und Grenzen (Resilienz) sowie denen des Anderen (Empathie). Hinzu kommen Herausforderungen etwa in Gestalt einer sich rasant verändernden Berufs- und Arbeitswelt, der Digitalisierung sowie der Ökonomisierung« (Pant 2016, S. 4, Hervorhebung A.K.).

Resilienz wird in dieser Aufzählung ebenfalls als ein wichtiges Thema markiert, das im Rahmen eines aktualisierten Curriculums in den Blick zu nehmen sei. Die auch hier erkennbare Beschleunigungsrhetorik (»rasant«) wird durch die kumulative Sprachstruktur (auf morphologischer Ebene etwa in Form zahlreicher Komposita sowie auf syntaktischer Ebene über Aufzählungen und komplexe Konjunktionalkonstruktionen) unterstützt. Auch wenn Ausdrücke wie Krise, Angst und Verunsicherung nicht fallen, organisieren die genannten Verknüpfungen ein semantisches Feld, das sich insgesamt als Kontingenz- und Ungewissheitssituation (es geht ums »Überleben«) bestimmen lässt.

Einen Hinweis darauf, dass Resilienz angesichts dessen auch hier im Sinne einer trainierbaren Fähigkeit verstanden wird, findet sich in der Verwendungsweise des zugeordneten Ausdrucks »achtsam«. Zunächst ist festzustellen, dass es hierzu keine weiteren Erläuterungen gibt, wodurch der Bedeutungsumfang tendenziell universalisierend (von aufmerksam bis zurückhaltend) und i. S. einer erstrebenswerten Haltung dargestellt wird. Zudem stellt der attributive Gebrauch die anwendungs-

---

20 Mit diesem Ausdruck wird häufig eine grundlegende Umorientierung in der Auffassung von Lehren und Lernen verstanden, in welcher die Dominanz der klassischen Wissensvermittlung (Frontalunterricht) aufgehoben und durch aktivierende Lernformate ergänzt oder ersetzt werden soll (vgl. hierzu ausführlich Dammer 2013).

bezogene Dimension (»Umgang«) in den Vordergrund. Mit Petermann (2023) ist der an den Resilienz-Diskurs angeschlossene »Achtsamkeits-Hype« auch an dieser Stelle daraufhin zu befragen, inwiefern eine solche eher (therapeutische) Formen und Methoden statt Fachlichkeit betonende Bildung jenseits affirmativer Rhetoriken empirische und theoretische Relevanz zukommt (ebd., S. 150f.).

Mit Blick auf die in beiden Textstellen markierten Themen und Bewältigungsstrategien lässt sich feststellen, dass v. a. mithilfe funktionaler Präpositionen und Beschleunigungssemantiken die krisenhaften, äußeren Verhältnisse selbst unverfügbar gehalten und somit dem Zugriff entzogen sind. Auf diese Weise werden sie ontologisiert und die daraus resultierenden Herausforderungen normalisiert. So wird in allen dazugehörigen Aussagen die Ursache der jeweiligen Anforderungen erkennbar ausgespart und im Sinne eines räumlichen-zeitlichen Aprioris gesetzt. Diese häufig anzutreffende Strategie scheint dabei der Logik des Resilienzbegriffs selbst zu folgen, insofern dieser strukturell auf die Krise angewiesen ist – denn ohne Krise keine Resilienz, weder begrifflich noch argumentativ (Graefe & Becker 2021, S. 120). Besonders evident wird dieser Aspekt im vbw-Gutachten *Bildung und Resilienz*[21]. Im Anschluss an eine knappe Darstellung der Geschichte der Bundesrepublik als Krisenkontinuum konstatieren die Autorinnen und Autoren:

> »Die Erziehungswissenschaft beziehungsweise Bildungswissenschaft gehören bis dato zu den weniger [Resilienz, Anm. d. Verf. AK] rezipierenden Disziplinen. Das ist erstaunlich, besonders vor dem Hintergrund, dass es doch eine Aufgabe von Bildung und Erziehung sein könnte, bei den Mitgliedern der nachwachsenden, aber auch der erwachsenen Generation und ihren Individuen hinreichende Resilienz gegenüber Herausforderungen in Krisenlagen auszubilden und das Bildungs- und Erziehungssystem als gesellschaftliches Teilsystem darin zu stärken, in krisenhaften Zuspitzungen nicht selbst zu kollabieren« (vbw – Vereinigung der Bayrischen Wirtschaft 2022, S. 23).

Im Unterschied zu den anderen Texten wird Resilienz im vbw-Gutachten nicht nur auf das Individuum, sondern auch auf soziale Systeme bezogen. Dabei zeigt sich auch hier, dass die von den Krisen ausgehenden Effekte, nicht jedoch ihre Ursachen Bezugspunkte der (im weiteren Verlauf) vorgeschlagenen Lösungen[22] positioniert werden. Die diesbezüglich im Gutachten angeführten Krisenbeispiele verweisen überwiegend auf gesellschaftliche und globale Anforderungen (u. a. Klimakrise, Finanzkrise, Migrationskrise, demografischer Wandel, Fachkräftemangel, Corona-Krise), nicht aber auf persönliche Krisenerfahrungen wie z. B. den Verlust eines nahen Angehörigen (ebd., S. 12). Die Betroffenheit der jeweiligen Systeme wird dabei zur Prämisse, während die Frage des persönlichen Betroffenseins ausgeklammert bleibt.

---

21 Für eine ausführliche Darstellung und Analyse dieses Textes unter machtanalytischen Gesichtspunkten vgl. Kirschner (2023).

22 Als »Coping-Strategien« für soziale Systeme führen die Autorinnen und Autoren bspw. an, Lehrkräfte als Lernbegleiter des digitalen Lernens einzusetzen (»ambulante Lehrkräfte«), das Primat des Präsenzunterrichts zu hinterfragen oder Lern- und Schulgebäude mit Infektionsrisiken »zu entfernen«. Darüber hinaus nennen sie Steuerungsprinzipien wie: Schule »nicht als der Königsweg von Bildung« zu begreifen oder die »Selbstorganisation der Elemente zu erzwingen« (ebd., S. 35 f.).

Die wiederkehrenden Bezüge auf angenommene Fähigkeiten der Selbstregulation zur Bewältigung der so vorgegebenen Anforderungen und Probleme machen das Resilienzkonzept auch für aktuelle Kompetenzmodelle, insbesondere für das 21st Century-Skill-Konzept[23], anschlussfähig (vbw 2020, S. 16). Die so vorgenommene Imprägnierung der Resilienz hin auf Fortschritt und Innovation schließt jedoch negative Erfahrungen wie Leiden, Enttäuschung, Nicht-Können und Scheitern thematisch aus. Dementsprechend setzt auch diese Äußerung pragmatisch voraus, dass jene Anforderungen prinzipiell bewältigbar sind und dass dies von den Ge- bzw. Betroffenen auch geleistet werden könne. Treffend beschreibt der Bildungssoziologe Uwe Bittlingmayer ein solches mit Erfolgsnarrativen verknüpfte Verantwortlichmachen von Betroffenen innerhalb des pädagogischen Gesundheitsdiskurses als *»blaming the victim«* (Bittlingmayer, Schnabel & Sahari 2009, S. 291) [24]. Dass das Betroffensein von Krisen mithin auch andere Umgangsformen als neuerliche Optimierungsaufgaben erfordert (Bünger 2024, S. 395), wird in den Programmatiken nicht gesehen.

Die hingegen anvisierte Steigerung selbstregulativer Widerstandspotenziale auf Seiten individueller und sozialer Systeme erscheint angesichts der jeweils zugeordneten Krisendiagnosen alternativlos.–Vor dem Hintergrund der Corona-Pandemie expliziert das vbw-Gutachten die diesbezügliche Notwendigkeit der Resilienzförderung als Bildungsaufgabe besonders eindrücklich: »Das [den Ort der Resilienz in Krisensituationen zu begreifen, Anm. d. Verf., A. K.] kann sowohl für Individuen gelten als auch für soziale Systeme, die gleichfalls unter Stress geraten können, welcher ihre Stabilität oder sogar Existenz bedroht« (vbw 2022, S. 33). Das Adverb »sogar« wird in der Regel verwendet, wenn der damit verbundene Sachverhalt die Erwartungen des Sprechers übertrifft und deshalb außergewöhnlich ist. Die Bedrohung des (Über-)Lebens wird also als ein besonderes Faktum eingeführt. In der Konsequenz gerät die geforderte Akzeptanz der vorgeschlagenen Resilienzstrategien auch auf Ebene der Rezeption zu etwas Alternativlosem – denn wer würde je die Stabilität und Existenz von Systemen riskieren wollen? Auf diese Weise wird Widerspruch performativ verhindert sowie Resilienz als Maßnahme und Ziel von Bildung als unausweichlich dargestellt.

Abschließend lassen sich die sprachlichen Strategien zur Ausformung und Legitimation des Verhältnisses von Bildung und Resilienz in den untersuchten Doku-

---

23 Der Zusammenhang beider Konzepte kann hier jedoch bloß behauptet werden, insofern es dem 21st-Century-Skill-Modell bis dato an einer lern- und bildungstheoretischen Fundierung fehlt (vgl. Ehlers 2020/2022; Kalz 2023; Bettinger 2021).

24 In einem späteren Aufsatz konkretisiert Bittlingmayer die schulische Gesundheitsförderung unter dieser soziologischen Perspektive und weist darauf hin, dass die innerhalb meritokratischer Gesellschaften organisierten selektiven Strukturen (samt der darin enthaltenen sozialen Hierarchien) nicht im Horizont der schulischen Gesundheitsförderungskonzepte mitgedacht sind (Bittlingmayer & Okcu 2022, S. 769) sowie abweichende, »bildungsfeindliche« Alltagsstrategien von Schülerinnen und Schülern nicht automatisch als gesundheitsfeindlich abzuqualifizieren seien (ebd., S. 771). Inwiefern diese schulkritische Perspektive in einer Verkehrung des Zusammenhangs von Bildung und Gesundheit (schulische Bildung solle sich aus dem Anspruch auf Gesundheit ableiten) der hier aufgerufenen Relationierung von Resilienz und Bildung entspricht oder widerspricht, wäre jedoch an anderer Stelle zu diskutieren.

menten wie folgt zusammenfassen: (1) (Über-)Lebensrisiken werden kumulativ aufgeschichtet und (2) Krisen als unverfügbar gehalten. (3) Angesichts der so existenziell begründeten Alternativlosigkeit der Resilienz wird der Widerspruch performativ verhindert. (4) Die von der Krise Be- bzw. Getroffenen werden als potenziell Gefährdete adressiert, denen mit Resilienz Selbstwirksamkeit und Handlungsfähigkeit zugeschrieben wird. (4) Die diesbezüglich als förderbar ausgewiesenen individuellen Widerstandskräfte werden funktional auf Markt und Gesellschaft bezogen.

3 Zur Kritik der Anpassung im Widerstand

Der in den bildungspolitischen Resilienzkonzepten erkennbare Wille zur Produktivmachung der menschlichen Kräfte für Markt und Gesellschaft ist ein zentrales Moment im foucaultschen Begriff der Biopolitik[25]. Diese Machtform sei in ihrer Genese eng an die Entwicklung des Kapitalismus gebunden, insofern sie auf Methoden angewiesen war, die menschlichen Kräfte und Fähigkeiten zu steigern, ohne ihre Unterwerfung zu erschweren (Foucault 2014, S. 136f.). In der thematisch zugeordneten Vorlesungsreihe *Die Geburt der Biopolitik* (1978/79) weist Foucault auf die diesbezüglich besondere Relevanz zur Erfassung der erworbenen Fähigkeiten des Kindes hin, denn:

> »Man weiß genau, daß die Zahl von Stunden, die eine Mutter mit ihrem Kind verbringt, wenn es noch in der Wiege liegt, sehr wichtig für die Bildung einer Kompetenzmaschine sein wird oder, wenn Sie so wollen, für die Konstitution eines Humankapitals, und daß das Kind viel besser angepasst sein wird, wenn seine Eltern oder seine Mutter ihm so viele Stunden gewidmet haben, als wenn sie ihm viel weniger gewidmet hätten« (Foucault 1979/2015, S. 319).

In dem gewählten Beispiel geht es jedoch nicht um die pädagogische, sondern politische Funktion der Mutter-Kind-Beziehung, insofern es sich dabei um dem staatlichen Blick gemeinhin entzogenes Wissen (über den Mikrokosmos der bürgerlichen Kleinfamilie) handelt, das jedoch von besonderer Relevanz für die Regierung des Einzelnen und der Bevölkerung ist.[26] Dass sich die empirische Bildungsforschung also (auch) für die Erhebung von Resilienzfaktoren interessiert,

---

25 Mit dem Ausdruck Biopolitik markiert Foucault eine neue Spielart der Macht, die zu Beginn des 19. Jahrhunderts auftaucht und sich in besonderer Weise auf das Leben bezieht. Diese Machtform wird z.T. ganz unterschiedlich v. a. als »historische Zäsur« (Lemke 2008, S. 14), aber auch als Analyseperspektive auf (gegenwärtige) Machtverhältnisse (Kirschner 2020, S. 39) gefasst.
26 Vor diesem Hintergrund sei es kein Zufall, dass die Herausbildung der Pädagogik (als wissenschaftlicher Disziplin) mit dem Aufkommen der Biomacht zusammenfällt. Denn »[e]rst die Pädagogen können das Geständnis erzwingen und die Techniken vermitteln, erst sie können die Zeichen lesen und lesen lehren, erst sie sind in der Lage, ständig anwesend zu sein oder andere hierzu anzuhalten« (Grabau 2013, 115).

kann mit Foucault in diesem Sinne auch als Legitimationsstrategie einer Disziplin gelesen werden, die ihre Relevanz durch die Bereitstellung (bildungs-)politischen Steuerungswissens einmal mehr hervorhebt.

Zudem wird Resilienz in allen Texten auch als eine Art Heilskonzept[27] vermittelt, insofern mit ihr das Versprechen verbunden wird, das »Schlechte« (Verwundbarkeit, Instabilität, Zerstörung) vor seinem Eintreten zu verhindern und das »Gute« (Stärke, Widerstandsfähigkeit, Stabilität, Erfolg) herstellen zu können. In der Folge erscheinen darauf bezogene schulische Fördermaßnahmen auch als moralisches Versprechen einer besseren Gesellschaft, sodass sich an dieser Stelle von einer effektiven Unterwerfungsmethode sprechen ließe: Denn wer wolle nicht trotz schwieriger Bedingungen ein erfolgreiches (»gutes«) Leben führen?

Durch den Anschluss dieser Rationalität an Bildungsprozesse und -institutionen erscheint das bildungstheoretisch konstitutive Spannungsverhältnis von Subversion und Widerstand mithilfe des Resilienzbegriffs funktional gewendet, insofern die zitierten Programmatiken darauf abzielen, dass die betroffenen Systeme die Erhöhung ihrer Belastbarkeit (als ein Gut/es) anstreben, während strukturelle Belastungen und sozial abweichendes Verhalten der Betrachtung entzogen bleiben.

In der Betonung selbstregulativer Potenziale, Ressourcen und Selbstwirksamkeitserfahrungen werden die auszubildenden Widerstandskräfte nicht auf ein selbstreflexives Wissen über funktionale Selbstbeherrschungsformen bezogen, sondern zielen vorrangig auf das sozial verträgliche Aushaltenkönnen der krisenhaften Situation. Wenn also im Zusammenhang von Bildung und Resilienz von Stärke und Widerstandsfähigkeit die Rede ist, erscheint damit die Anpassung an, aber nicht Infragestellung von bestehenden ökonomischen und gesellschaftlichen Verhältnissen gemeint zu sein. Dem transformatorischen Potenzial der Resilienz kommt in diesem Verständnis kein bildungstheoretischer, wohl aber ein ökonomischer und moralischer Wert zu.

In einer solchen Lesart kann Resilienz in den untersuchten Texten als funktionale Bewältigungsstrategie angesichts ontologisierter Anforderungen bzw. Zumutungen gelesen werden. Das bildungsprogrammatische Sprechen verweist auf eine machtförmige Einbindung des Individuums in die Gesellschaft – als Anpassung *im* Widerstand: Denn der Widerstand wird *für* die aus den jeweils aufgeschichteten Krisen resultierenden Anforderungen fruchtbar gemacht. So lässt sich angesichts normalisierter Krisen das physische und psychische Überleben mit dem guten Leben qua Resilienz identifizieren und als Heilsversprechen in Aussicht stellen. Die in der Krise hervortretende konflikthafte Grenze zwischen Individuum und Gesellschaft erscheint dabei als zu verinnerlichende Anforderung, welcher es mit dem Ziel der Balance (Homöostase) zu widerstehen gilt. Auf diese Weise hebt sich nicht zuletzt politischer Widerstand im Widerstand gegen sich selbst auf, sodass jeglicher Gedanke an einen Widerstand *gegen* die Verhältnisse gar nicht erst aufkommt sowie die

---

27 Insbesondere da sozial abweichendes Verhalten zur Bewältigung von Krisensituationen wie z. B. Schulabstinenz, Suchtmittelkonsum oder die bewusste Entscheidung gegen den Arbeitsmarkt in der Logik der zitierten Programmatiken kaum als Resilienzstrategien zugelassen werden. Als resilient gilt hingegen nur, wer zugleich auch »erfolgreich« ist, d. h. trotz schwieriger Bedingungen die heteronormativen Vorgaben der Leistungsgesellschaft erfüllt.

kritische Funktion des Pädagogischen in bildungsprogrammatischen Anwendungsrhetoriken aufgelöst wird.

Im Zuge dieser Thematisierungsweisen von Bildung und Resilienz erscheint die nachwachsende Generation um ihren offenen Ausgang gebracht, insofern Kinder und Jugendliche als von unausweichlichen und fremdzugeschriebenen Krisen Be- und Getroffene positioniert und damit als potenziell Gefährdete adressiert werden. Dem programmatischen Sprechen über Bildung und Resilienz liegt dabei ein präventiver Zukunftsbezug zugrunde, der gemeinhin dem Prinzip der Verhinderung (von Gefahren) zulasten des Prinzips der Ermöglichung folgt (Barbehön & Wohnig 2022, S. 170). Die von de Haan (2014, S. 376) formulierte Frage, »Wie […] man als Advokat einer besseren Zukunft auftreten [soll], ohne die nachwachsende Generation zu mediatisieren[.]« findet in dieser Beobachtung ihre aktualisierte Relevanz.

4 Zum Schluss: Kritik der Kritik

Die oben formulierte Kritik an der bildungsprogrammatischen Figuration der Resilienz ist jedoch nur vor dem Hintergrund der Prämisse verständlich, dass Mündigkeit, mithin die Fähigkeit, ökonomische und gesellschaftspolitische Verhältnisse im Sinne jenes Programms der »Entunterwerfung« (Focault 1992, S. 15) infrage zu stellen, ein begründbarer Maßstab der pädagogischen Kritik ist. Die Frage ist daher, von welchem Standpunkt aus die programmatische Beanspruchung der Resilienz als eine an Marktlogiken orientierte Produktion von Vorstellungen über Autonomie und Handlungsfähigkeit (»bürgerliche Mündigkeit«[28]) auszuweisen ist, wenn es doch keine Differenz des Menschen zur Macht geben kann?

Denn selbst die in kritischer Bildungstheorie lancierte Prüfung solcher sozialen Formierungen steht ja noch im Verdacht, der Strukturlogik der Subjektivierung zu folgen, im Zuge derer die Entlarvung funktionaler Selbstbeherrschungsformen als machtförmige Unterwerfungsstrategie zu lesen ist (Bünger 2015, S. 462). Die geläufige Annahme, Bildung solle zur Kritik bzw. zur Mündigkeit führen, sei entsprechend nicht nur trivial, sondern verkenne noch in der selbstreflexiven Wende kritischer Bildungstheorie die eigene Verstrickung in die Dialektik bürgerlichen Bildungsdenkens (Kubac 2013, S. 62). Entsprechend müsse angenommen werden, dass ein im Namen der Mündigkeit auf politischen Widerstand zielendes, kritisches Bildungsverständnis nicht außerhalb, sondern in tiefer Komplizenschaft mit der von Foucault beschriebenen Genealogie der Macht steht (Masschelein et al. 2003, S. 147).

---

28 Bereits im Anschluss an die Kritische Theorie kann das damit verbundene Ideal der vernünftigen Selbstbestimmung nicht einfach als die andere, gar bessere Seite der Subversion betrachtet werden. Eher können Vorstellungen von Autonomie und Mündigkeit unter Berücksichtigung der Diskursivierung aufklärerischer Ideale als Ausgangspunkt jener verhängnisvollen Dialektik von Freiheit und Unterwerfung gelten, in deren Folge der moralische Zwang in Gestalt einer bürgerlichen Mündigkeit selbst zu einem unerkannten Herrschaftsprinzip wurde (Koselleck 2021, S. 142 f.)

Vor diesem Hintergrund kann die festgestellte Funktionalisierung emanzipativer Potentiale im bildungsprogrammatischen Sprechen über Resilienz kaum als tragfähiges Argument gegen die diesbezügliche Ausformung des Verhältnisses von Widerstand und Anpassung vorgebracht werden. Zudem sind Vorstellungen von Machbarkeit und Erfolg angesichts der zwar schlichten, aber unumgänglichen Tatsache, dass schulische Bildung die nachwachsende Generation nun mal auf die Zukunft vorzubereiten habe, nicht per se oder mit bloßem Verweis auf das Technologieverbot der Disziplin als antipädagogisch zurückzuweisen.

Die Zugrundelegung von Mündigkeit i. S. eines selbstreflexiven Wissens über funktionale Selbstbeherrschungsformen als Maßstab der pädagogischen Kritik verfängt also genauso wenig wie die Annahme, Kritik sei ein teleologischer Orientierungspunkt schulischer Bildung. Mündigkeit ist deshalb eher im Sinne einer produktive Problematisierungsformel zu perspektivieren (Bünger 2022, S. 310), die sowohl dem lehrenden als auch lernenden Subjekt die Möglichkeit bietet, die in der pädagogischen Praxis eingewobenen Zuschreibungen und Zumutungen als solche zu erkennen. Die daraus zu ziehenden Schlüsse bleiben diesem Vorgang aber notwendig entzogen. Die pädagogische Essenz von Mündigkeit und Kritikfähigkeit besteht indes darin, dass es sich dabei gerade nicht um Erfolgsnarrative handelt (Dammer 2014, S. 139). Dies gilt indes auch für ihre funktionalen Übersetzungsversuche.

Literatur

Barbehön, M. & Wohnig, A. (2022): (Politische) Bildung als Verhinderung: Zu den Verkürzungen eines präventiven Zukunftsbezugs. In: C. Bünger, A. Czejkowska, I. Lohmann & G. Steffens (Hrsg.), Zukunft – Stand jetzt (Jahrbuch für Pädagogik 2021, S.170–170). Weinheim, Basel: Beltz Juventa.

Bittlingmayer, U. H. & Okcu, G. (2022): Schule aus dem Geist von Public Health? Schulische Gesundheitsförderung aus bildungssoziologischer Perspektive. Bundesgesundheitsblatt – Gesundheitsforschung – Gesundheitsschutz, 65 (1).

Bittlingmayer, U. H. (2009): Gesundheitsförderung im Setting Schule und ihre normativen Implikationen. In: U. H. Bittlingmayer, D. Sahrai & P.-E. Schnabel (Hrsg.), Normativität und Public Health. Vergessene Dimensionen gesundheitliche Ungleichheit (S. 269–299). Wiesbaden: VS.

Bröckling, U. (2017): Resilienz. Über einen Schlüsselbegriff des 21. Jahrhunderts. Online verfügbar unter: https://www.soziologie.uni-freiburg.de/personen/broeckling/broeckling-resilienz/at_download/file, Zugriff am: 17.04.2023.

Bünger, C. (2024): Scheitern. In: M. Dederich & J. Zirfas (Hrsg.): Optimierung. Berlin: J.B. Metzler, S. 391–396.

Bünger, C. (2015): Die Frage der Mündigkeit. Einsätze der Kritik in Bildungstheorie und Bildungsforschung. Vierteljahrsschrift für wissenschaftliche Pädagogik, 91 (1), 457–474.

Dammer, K.-H. (2013): Mythos Neue Lernkultur. In: Pädagogische Korrespondenz, 48 (1), 27–57. doi: 10.25656/01:11462

De Haan, G. (2014): Zukunft. In: C. Wulf & J. Zirfas (Hrsg.), Handbuch Pädagogische Anthropologie (S. 375–348). Wiesbaden: Springer.

Ehlers, U.-D. (2022): Future Skills im Vergleich. Zur Konstruktion eines allgemeinen Rahmenmodells für Zukunftskompetenzen in der akademischen Bildung. Online verfügbar unter: https://nextskills.org/wp-content/uploads/2022/05/2022-01-Future-Skills-Bildungsforschung_Vs_final.pdf, Zugriff am: 24.08.2023.

Ehlers, U.-D. (2020): Future Skills. Lernen der Zukunft – Hochschule der Zukunft. Wiesbaden: Springer VS. doi: 10.1007/978-3-658-29297-3

Euler, P. (2011): Konsequenzen für das Verhältnis von Bildung und Politik aus der Kritik postmoderner Post-Politik. In: R. Reichenbach, N. Ricken & H.-C. Koller (Hrsg.), Erkenntnispolitik und die Konstruktion pädagogischer Wirklichkeiten (S. 43–60). Paderborn, München, Wien, Zürich: Ferdinand Schöningh.

Graefe, S. & Becker, K. (2021): Mit Resilienz durch die Krise? Anmerkungen zu einem gefragten Konzept. München: Oekom.

Jäger, S. (2013): Von der Ideologiekritik zur Diskurs- und Dispositivanalyse – Theorie und methodische Praxis Kritischer Diskursanalyse. In: W. Viehöver, R. Keller & W. Schneider (Hrsg.), Diskurs – Sprache – Wissen. Interdisziplinäre Beiträge zum Verhältnis von Sprache und Wissen in der Diskursforschung (S. 199–211). Wiesbaden: VS.

Kalz, M. (2023): Zurück in die Zukunft? Eine literaturbasierte Kritik der Zukunftskompetenzen. Online verfügbar unter: https://kalz.cc/publication/kalz-zk23/kalz-zk23.pdf, Zugriff am: 23.08.2023.

Kirschner, A. (2020): Für welches Leben lernen wir? Eine Analyse des Diskurses über Schule und Gesundheit aus biopolitischer Perspektive. Weinheim, Basel: Beltz.

Kirschner, A. (2023): Resilienz. Macht. Bildung. In: K.-H. Dammer & A. Kirschner (Hrsg.), Pädagogisches Neusprech. Zur Kritik aktueller Leitbegriffe (S. 187–210). Stuttgart: Kohlhammer.

Koselleck, R. (2021): Kritik und Krise. Wissenschaft 36 (15. Aufl.). Freiburg, München: Suhrkamp.

Kubac, R. (2011): Parrhesiatische Kritik. Sondierungen zwischen Erkenntnis und Politik«. In: R. Reichenbach, N. Ricken & H.-C. Koller (Hrsg.), Erkenntnispolitik und die Konstruktion pädagogischer Wirklichkeiten. Bildungs- und Erziehungsphilosophie (S. 61–83.). Paderborn: Schöningh.

Kubac, R. (2013): Vergebliche Zusammenhänge? Erkenntnispolitische Relationierung von Bildung und Kritik. Paderborn, München, Wien & Zürich: Ferdinand Schöningh.

Masschelein, J. (2003): Trivialisierung von Kritik. Kritische Erziehungswissenschaft weiterdenken. In: D. Benner, M. Borrelli, F. Heyting & C. Winchester (Hrsg.), Kritik in der Pädagogik (S.124–141). Weinheim, Basel & Berlin: Beltz.

Foucault, M. (2014): Der Wille zum Wissen. Frankfurt a.M.: Suhrkamp.

Foucault, M. (2015): Die Geburt der Biopolitik. Geschichte der Gouvernementalität II. Frankfurt a.M.: Suhrkamp.

Pant, H. A. (2016): Einführung in den Bildungsplan. Online verfügbar unter: http://www.bildungsplaene-bzw.de/,Lde/BP2016BW_ALLG_EINFUEHRUNG, Zugriff am 19.04.2023.

Petermann, H.-B. (2023): Achtsamkeit. Die neue pädagogische Tugend? Kritische Anmerkungen aus philosophischer Sicht. In: K.-H. Dammer & A. Kirschner (Hrsg.), Pädagogisches Neusprech. Zur Kritik aktueller Leitbegriffe (S.143–168). Stuttgart: Kohlhammer.

Rieger-Ladich, M. (2002): Mündigkeit als Pathosformel. Beobachtungen zur pädagogischen Semantik. Konstanz: UVK-Verlag.

Ruhloff, J. (2003): Problematisierung von Kritik in der Pädagogik. In: D. Benner, M. Borreli, F. Heyting & C. Winch (Hrsg.), Kritik in der Pädagogik. Versuche über das Kritischem Erziehung und Erziehungswissenschaft. Zeitschrift für Pädagogik, 46 (1), 111–123.

Scholl, S. (2019): Diskursanalyse und (neo-)marxistische Kapitalismuskritik. In: A. Langer, M. Nonhoff & M. Reisigl (Hrsg.), Diskursanalyse und Kritik (S.195–213). Wiesbaden: Springer VS.

SWK Ständige Wissenschaftliche Kommission (2003): Empfehlungen zum Umgang mit dem akuten Lehrkräftemangel. Online verfügbar unter: https://www.SWK.org/fileadmin/Dateien/pdf/SWK/SWK/2023/SWK-2023-Stellungnahme_Lehrkraeftemangel.pdf, Zugriff am: 30.04.2023.

vbw – Vereinigung der Bayrischen Wirtschaft e.V. (Hrsg.) (2022): Bildung und Resilienz. Münster & New York: Waxmann Verlag.

Vodafone Stiftung Deutschland (Hrsg.) (2018): Erfolgsfaktor Resilienz. Online verfügbar unter: https://www.oecd.org/berlin/publikationen/VSD_OECD_Erfolgsfaktor%20Resilienz.pdf, Zugriff am 19.04.2023.

Wieland, N. (2011): Resilienz und Resilienzförderung – eine begriffliche Systematisierung. In: M. Zander (Hrsg.), Handbuch Resilienzförderung (S. 180–207). Wiesbaden: VS.

Diskreditierungen »sozioökonomisch benachteiligter« Schüler*innen in einer Pisa-Sonderauswertung zum »Erfolgsfaktor Resilienz«[29]

Kirsten Puhr

> *Abstract*
>
> Der folgende Beitrag stellt Fragen nach der Resilienzorientierung im Bildungssystem und in der empirischen Bildungsforschung unter der folgenden These zur Diskussion: Das Bildungssystem und die empirische Bildungsforschung diskreditieren (u. a.) ›sozioökonomisch benachteiligte‹ Schüler*innen mit der Fiktion ähnlicher Bildungschancen bzw. deren Herstellbarkeit durch pädagogische Maßnahmen, wie z. B. durch die Stärkung der Resilienz von Schüler*innen.
>
> Der Beitrag gliedert sich in drei Abschnitte. Zunächst begründe ich meine These der Diskreditierung ›sozioökonomisch benachteiligter‹ Schüler*innen. Im Anschluss skizziere ich meine Lesart von Resilienz als ›Erfolgsfaktor‹ in einer Studie der empirischen Bildungsforschung als Diskreditierung ›sozioökonomisch benachteiligter‹ Schüler*innen. Anschließend stelle ich mein Verständnis des Zusammenhangs der Orientierung an Resilienz und Chancen(un)gerechtigkeit im Bildungssystem zur Diskussion.
>
> *Schlüsselwörter:* Bildungsversprechen, Chancengleichheit, Chancen(un)gerechtigkeit, soziale Ungleichheit, sozioökonomische Armut

1 Einleitung

In diesem Beitrag behaupte ich, dass das Bildungssystem und die empirische Bildungsforschung (u. a.) ›sozioökonomisch benachteiligte‹ Schüler*innen diskreditieren. Das Material, mit dem ich diese Annahme legitimieren möchte, ist die »Studie: Erfolgsfaktor Resilienz. Warum manche Jugendliche trotz schwieriger Startbedingungen in der Schule erfolgreich sind – und wie Schulerfolg auch bei allen anderen Schülerinnen und Schülern gefördert werden kann« (OECD & Vo-

---

[29] Mit meinen folgenden Ausführungen schließe ich an Texte an, die ich im Studienbuch »Inklusion/Exklusion. Einführung in die inklusionsorientierte Schul-Pädagogik« (Puhr 2023) verfasst habe.

dafone Stiftung Deutschland 2018). Die Studie geht der Frage nach, welche schulischen Faktoren dazu beitragen, dass Schüler*innen aus ›sozioökonomisch benachteiligten‹ Familien bessere Bildungserfolge erzielen und inszeniert dabei Resilienz als Erfolgsfaktor im Bildungssystem.

In den folgenden Diskussionen verweise ich auf den Roman »Streulicht« (Ohde 2021). Deniz Ohde könnte als resiliente Person adressiert werden, die trotz schwieriger Lebensbedingungen eine erfolgreiche Autorin wurde. Die Ich-Erzählerin im autobiographischen Roman erscheint eher als eine Person, die um gesellschaftliche Akzeptanz ihrer Person und ihrer (problembeladenen) sozialen Herkunft ringt. Sie erzählt von Erinnerungen, »den frühen Schulabbruch und die Anstrengung, im zweiten Anlauf Versäumtes nachzuholen, an die Scham und die Angst – zuerst, davor nicht zu bestehen, dann davor, als Aufsteigerin auf ihren Platz zurückverwiesen zu werden [...]. Deniz Ohde [erkundet] die feinen Unterschiede in unserer Gesellschaft. Satz für Satz spürt sie den Sollbruchstellen im Leben der Erzählerin nach, den Zuschreibungen und Erwartungen an sie als Arbeiterkind, der Kluft zwischen Bildungsversprechen und erfahrener Ungleichheit, der verinnerlichten Abwertung und dem Versuch, sich davon zu befreien« (ebd. Klappentext, Anpassungen K. P.).

In den Erzählungen werden erfahrene Chancenungleichheit, Abwertungen, deren Verinnerlichung – und Widerstände dagegen – als spezifische leibliche Erfahrungen im Zusammengang mit einem ›ungünstigen sozioökonomischen Hintergrund‹ in einem ›bildungsfernen Elternhaus‹ lesbar.[30] In den Darstellungen der familiären Lebensbedingungen kommen auch die Wirkmächtigkeiten gesellschaftlicher und schulischer Normalität wie Normativität zur Sprache, ohne das eine mit dem anderen zu ›vermischen‹. So ist sowohl von Diskreditierungen als Schülerin, Studentin und Arbeitssuchende zu lesen als auch von einer fragilen Widerständigkeit, welche die Ich-Erzählerin dagegen entwickelte.

»Die Vorstellung meines Vaters, ich hätte mir durch mein Studium und den Umzug in eine andere Stadt eine Eintrittskarte zu einer Welt erworben, zu der er nicht gehört. Es ist das Gefühl, nichts ausrichten zu können, das ihn von dieser Welt, an die er mich glaubt verloren zu haben, unterscheidet [...]. Wenn ich der Schule nach dem Verweis ferngeblieben wäre, hätte mein Versagen auch nachträglich Sinn ergeben. [...] Dass etwas daran grundsätzlich falsch sein könnte, war ihnen fremd. Wenn ich es beim Schulabbruch belassen und keinen zweiten Anlauf unternommen hätte [...], hätte sich keiner über die Brüche in meinem Bildungsweg den Kopf zerbrochen. Aber ich hatte standgehalten [...], ich war dabei auch

---

30 Der Roman »Streulicht« (Ohde 2021) und die Studie ›Erfolgsfaktor Resilienz‹ (OECD & Vodafone Stiftung Deutschland 2018) erzeugen auf unterschiedliche Weisen die Realitäten, die sie vorstellen. Sie präsentieren differente »Rhetorik[en] der Exklusion« (Farzin 2011, S. 9) und repräsentieren keine »Tatbestände« (ebd., S. 35). Wie »Überlegungen zum Problem der Repräsentation sozialer Tatsachen gezeigt [haben], kommt der verwendeten Sprache eine realitätserzeugende Funktion zu« (ebd.). Mit diesem Verständnis präsentiert sich die Studie in »der spezifischen Sprache soziologischer Analysen und Beschreibungen« (ebd.), während sich die autobiographische Erzählung als Exempel verstehen lässt, das nicht nur für sich steht, vielmehr für etwas Allgemeines, dem es seine Existenz verdankt (ebd., S. 46). Ich lese sie als ein Beispiel, das es mir ermöglicht, den Einsätzen der Studie vertretbare Infragestellungen des Verständnisses von Resilienz als Erfolgsfaktor entgegenzusetzen.

noch erfolgreich gewesen [...]. Was sollte man jetzt mit mir machen. Wie sollte man sich jetzt die Brüche und unsichtbaren Barrieren erklären« (Ohde 2021, S. 269 ff.).

Eine mögliche Erklärung könnte das Resilienz-Konzept bieten. Es ist der Beobachtung geschuldet, dass Heranwachsende sich anders entwickeln, als es angesichts ihrer Lebenswelt zu erwarten wäre. Solche Erwartungen lassen sich z. B. mit dem kultursoziologischen Konzept des Habitus' begründen. Es geht davon aus, dass das Agieren eines Menschen in jeglichen Situationen (auch in Lernsituationen) habituell bedingt ist; ähnlich bzw. verschieden und nicht frei wählbar, aber auch nicht steuerbar (Bourdieu, 2001). Ausgehend von diesen Vorstellungen erklären sich ungleiche Bildungschancen damit, dass im Bildungssystem grundlegende habituelle Differenzen nicht berücksichtigt werden. Stattdessen lässt sich eine hegemoniale »Kultur des Bildungssystems [...] als Institution der oberen Mittelschichten« (Wellgraf 2012, S. 10) zeigen, die systematisch Chancenungleichheiten erzeugt.

2 »Erfolgsfaktor Resilienz«

PISA und zahlreiche andere Studien der empirischen Bildungsforschung konstatieren die Abhängigkeit schulischer Leistungen von sozialen Unterschieden öffentlichkeitswirksam. In der Studie mit dem Titel ›Erfolgsfaktor Resilienz‹ (OECD & Vodafone Stiftung Deutschland 2018) ist u. a. zu lesen:

»Die Analyse von PISA-Daten zeigt, dass es heute in Deutschland deutlich mehr Schülerinnen und Schüler gibt, die *trotz eines eher bildungsfernen Elternhauses solide Kompetenzen in Lesen, Mathematik und Naturwissenschaften* erwerben. [...] Der Anteil dieser Schülerinnen und Schüler ist hierzulande im vergangenen Jahrzehnt so stark gewachsen wie in kaum einem anderen OECD-Land. Waren es im Jahr 2006 nur 25 Prozent, galten im Jahr 2015 schon 32,3 Prozent der sozioökonomisch benachteiligten Schülerinnen und Schüler als ›resilient‹, was heißt, dass sie trotz ihres ungünstigen sozioökonomischen Hintergrunds im PISA-Test solide Leistungen zeigen [...]. Auch wenn Deutschland sich beim Anteil resilienter Schülerinnen und Schüler deutlich verbessert hat und international mittlerweile gut abschneidet, liegt das Land *in puncto Chancengleichheit* trotz einer positiven Entwicklung in den vergangenen Jahren noch immer *unter dem OECD-Durchschnitt*. So sind die *Leistungsunterschiede zwischen sozial besser gestellten und sozial benachteiligten Schülerinnen und Schülern nach wie vor groß*« (ebd., S. 2 ff.).

Die Aussage, dass »im Jahr 2015 schon 32,3 Prozent der sozioökonomisch benachteiligten Schülerinnen und Schüler als ›resilient‹« (ebd.) galten, bedeutet zugleich, dass 67,7 Prozent der Schüler*innen, denen ein ›ungünstiger sozioökonomischen Hintergrund‹ zugeschrieben wurde, im PISA-Test keine ›soliden‹ Leistungen zeigten, und das, obwohl Chancen und Zertifikate im Bildungssystem unabhängig von heterogenen sozioökonomischen und -kulturellen Lebensbedingungen möglich sein sollen. Im Anschluss an diese Aussage stelle ich die Frage nach dem Zusammenhang der Orientierung an Resilienz und Chancen(un)gerechtigkeit im Bildungssystem.

Im Roman »Streulicht« (Ohde 2021) ist vom »Aussieben« in der »Orientierungsphase« zu lesen, »wenn klar ist, wer der Sache gewachsen ist« (ebd., S. 80) und wer nicht. Der ›Sache‹ nicht gewachsen zu sein scheinen insbesondere Kinder und Jugendliche, die als ›sozioökonomisch benachteiligte‹ Schüler*innen in ›bildungsfernen Elternhäusern‹ adressiert werden. Dagegen positionieren sich schulkonzeptionelle und pädagogische Einsätze zur Förderung von Resilienz (OECD & Vodafone Stiftung Deutschland 2018).

In der Pädagogik markiert das Konstrukt Resilienz *kompensatorische Prozesse* »positiver Anpassung bei ungünstigen Entwicklungsbedingungen und dem Auftreten von Belastungsfaktoren« (Fröhlich-Gildhoff & Rönnau-Böse 2022, S. 13). ›Resilienzfördernde‹ Schulkonzepte und -praxen werden als ein Teil von Schutzfaktoren aufgerufen, welche die Wahrscheinlichkeit positiver Entwicklungen erhöhen können (ebd., S. 30). Als Begründungen für deren Notwendigkeit werden vordergründig individuelle Entwicklungsbedingungen und lebensweltliche Belastungs- und Schutzfaktoren in den Blick genommen (ebd., S, 22f. und 30f.). In der Aufzählung von Risikofaktoren für die ›gesunde‹ Entwicklung werden u. a. »chronische Armut« (ebd., S. 22) und »Migrationshintergrund in Verbindung mit niedrigem sozioökonomischen Status« (ebd., S. 23) aufgeführt. Allerdings werden diese ›Faktoren‹ nicht als strukturelle gesellschaftliche Aspekte sozialer Ungleichheit verortet, sondern »in der psychosozialen Umwelt« (ebd., S. 21) von Kindern und Jugendlichen.

Ich spreche hier nicht gegen Darstellungen sozioökonomischer und -kultureller Benachteiligungen als Risikofaktoren für Bildungserfolge. Auch den Anspruch institutionelle wie individuelle Strategien gegen den Zusammenhang von sozioökonomischen Bedingungen und Bildungschancen zu etablieren, stelle ich nicht in Frage. Meine Kritik gilt der Tendenz, bei der Betrachtung differenter Bildungschancen die soziale Herkunft zu adressieren und dabei familien-, sozial- und bildungspolitische Leitbilder sowie damit verbundene strukturelle Belastungsfaktoren nicht zu problematisieren.

Ich vertrete die These, dass Kinder und Jugendliche, die als Schüler*innen mit ›ungünstigem sozioökonomischen Hintergrund‹ in ›bildungsfernen Elternhäusern‹ adressiert werden und deren lebensweltliche Bezugspersonen eben mit diesen Adressierungen abgewertet und in ihrem Ansehen verletzt werden.

3 Resilienz und Chancen(un)gerechtigkeit

Die Studie ›Erfolgsfaktor Resilienz‹ (OECD & Vodafone Stiftung Deutschland 2018) nimmt ihren Ausgangspunkt in der Annahme, dass Bildung als »Zukunftsressource unserer Gesellschaft [...] allen – unabhängig von ihrer sozioökonomischen Herkunft – zugänglich sein sollte« (ebd., S. 2). In diesem Zusammenhang thematisiert sie die Analyse von PISA-Daten, welche ›sozioökonomisch benachteiligte‹ Schüler*innen adressiert. Scheinbar gleichgesetzt werden Zuschreibungen ›bildungsferner Elternhäuser‹, wenn ›resiliente‹ Schüler*innen als solche vorgestellt werden, »die trotz eines eher bildungsfernen Elternhauses solide Kompetenzen in Lesen, Mathematik und Naturwissenschaften erwerben« (ebd.).

Deswegen lese ich Adressierungen ›resilienter‹ und nicht-resilienter Schüler*innen mit ›ungünstigem sozioökonomischen Hintergrund‹ in ›bildungsfernen Elternhäusern‹ *als Diskreditierungen der adressierten Schüler*innen und ihrer lebensweltlichen Bezugspersonen*. Diese Lesart stelle ich mit zwei Einsätzen zur Diskussion. Ich problematisiere Zusammenhangskonstruktionen von Bildungserfolgen und sozialer Herkunft (3.1) und Ausblendungen der Verantwortung des Sozialstaates für die Strukturen und Folgen von Kinder- und Jugendarmut (3.2).

3.1 Bildungserfolge und soziale Herkunft

Der formulierte Anspruch herkunftsunabhängiger Bildungschancen entspricht *der meritokratischen Leitidee chancengleicher individueller Erfolgsmöglichkeiten im Bildungssystem* (Solga 2009, S. 63). Insbesondere im Zusammenhang mit steigenden Bedarfen an ›hochqualifizierten Arbeitskräften‹ wird eine »zunehmende Bedeutung von Bildung für nahezu alle Positionen in modernen Gesellschaften [...] als funktionale Notwendigkeit diskutiert« (Solga 2009, S. 64). Dieses Selbstverständnis findet sich auch im Gutachten »Bildung und Resilienz« (Anders et al. 2022) des Aktionsrates Bildung der bayrischen Wirtschaftsvereinigung. Die hier zu lesenden *Optimierungsansprüche und -strategien* legitimieren sich mit der Zuschreibung umfassender individueller, wirtschaftlicher, gesellschaftlicher und globaler *Bedeutungen von Bildung im Sinne zentraler gesellschaftlich erwünschter Fähigkeiten und Fertigkeiten* und mit dem Anliegen, das *Bildungssystem weiterzuentwickeln* (Hatz 2022, S. 9).

Die erwartete Steigerung der Leistungsfähigkeit des Bildungssystems kann nur durch eine Steigerung individueller Lernleistungen erzielt werden. Dies bedürfe »veränderte[r] Formen sozialer Ungleichheit, insbesondere solcher, die Bildung, Verdienst und Leistung honorieren, um so individuelle Aufstiegshoffnungen und -bemühungen als Anreize für immerwährende Lernprozesse [...] zu stimulieren und die vorhandenen Bildungstalente und -ressourcen umfassend zu aktivieren« (Solga 2009, S. 64). Nicht die sozioökonomische und -kulturelle Herkunft oder andere askriptive Merkmale rechtfertigen demnach die ungleiche Verteilung von Bildungs- und Lebenschancen, sondern einzig die messbaren Leistungen, die Schüler*innen individuell zugeschrieben werden. Diese Selbstdefinition begründet und legitimiert soziale Ungleichheiten und diskriminiert zugleich, weil erfolgreiche Leistungen abhängig von »Ungleichheiten in der ökonomischen, sozialen und kulturellen Ressourcenausstattung« (ebd.) erworben werden. Die Fiktion ähnlicher Bildungschancen diskreditiert sogenannte »gering Qualifizierte und Zertifikatlose« (ebd., S. 72).

Mit diesem Einsatz lässt sich das ›Bildungssystem‹ als *Ursache* der Reproduktion der Sozialstruktur und damit diskriminierender sozialer Ungleichheit vorstellen. Der Wettbewerb im Bildungssystem und die Defizite an kulturellem Kapital erscheinen als *Determinanten* sozialer Ungleichheit. Die Thematisierung von ›Defiziten‹ als Determinante von Bildungsungleichheit beruht letztlich auf einer Konstruktion ›unterer Sozialschichten‹. Dass soziale Ungleichheit ein so bedeutsames Thema der Erziehungswissenschaft geworden ist und vielleicht auch, dass der Förderung von Resilienz im Bildungssystem so große Aufmerksamkeit gilt, lässt sich von daher mit der Nicht-Einlösung von Chancengleichheit und kompetenzorientierter Leistungsgerechtigkeit erklären.

Von daher wären nicht Familien, Milieus oder Lebenswelten als ›bildungsfern‹ zu adressieren. Vielmehr wären schulische Erwartungen zu analysieren, welche sozioökonomische und -kulturelle Lebensbedingungen bevorzugen und andere benachteiligen. Mit diesem Einsatz erscheinen mir die Empfehlungen zur Förderung der ›Resilienz‹ in Schulen fragwürdig. Heterogenitätssensibilität, Respekt gegenüber differenten Lebenswelten sowie divergenten individuell bedeutsamen Welt- und Selbstverständnissen kann ich darin nicht finden. Zwar zielen die Empfehlungen auf schulbezogene Faktoren wie heterogene Schüler*innenschaft und Schulklima. Dennoch wird Bildungsungleichheit nicht als ein Ergebnis komplexer institutionell-organisatorischer Prozesse beobachtet, sondern im Zusammenhang mit konstruierten Fernen bzw. Nähen zwischen lebensweltlichen Praxen und formalen Bildungsanforderungen.

Damit komme ich zu meinem zweiten Einsatz der Problematisierung der Studie ›Erfolgsfaktor Resilienz‹ (OECD & Vodafone Stiftung Deutschland 2018), der Adressierung von Schüler*innen mit ›ungünstigem sozioökonomischen Hintergrund‹ in ›bildungsfernen Elternhäusern‹.

3.2 Zuschreibungen von Verantwortungen für sozioökonomische Benachteiligungen und »Bildungsferne«

Ich problematisiere die Adressierung von Schüler*innen mit ›ungünstigem sozioökonomischen Hintergrund‹ in ›bildungsfernen Elternhäusern‹ in der Studie ›Erfolgsfaktor Resilienz‹ (OECD & Vodafone Stiftung Deutschland 2018) als Ausblendungen der Verantwortung des Sozialstaates für die Strukturen und Folgen von Kinder- und Jugendarmut. Zum einen wird Kinder- und Jugendarmut nicht als gesellschaftliches, sondern als psychosoziales Problem markiert. Zum anderen wird sozioökonomische Benachteiligung unkommentiert mit ›Bildungsferne‹ in Verbindung gebracht.

Lebensweltliche und schulische Benachteiligungen, Ausgrenzungen und Diskriminierungen von Kindern und Jugendlichen werden als Folgen materieller Armut, konkret als Konsequenz relativer familiärer Einkommensarmut vorgestellt. Dabei bleibt unberücksichtigt, dass dem Wohlfahrtsstaat im Sinne der Subsidiarität eine wesentliche Verantwortung im Kampf gegen Kinderarmut zukommt. »Die wohlfahrtsstaatliche Regulierung von Kindheit sowie die Gestaltung der Rahmenbedingungen der Lebensverhältnisse von Kindern waren und sind originäre Aufgaben des modernen Wohlfahrts- bzw. Sozialstaats« (Mierendorff & Olk 2003, S. 419). Stereotype Zusammenhangskonstruktionen zwischen sozioökonomischen familiären Armutslagen und Benachteiligungen von Schüler*innen diskreditieren Sorgeberechtigte, die – auch bei erheblichen materiellen Einschränkungen – ihren

Kindern einen großen Teil des verfügbaren Haushaltseinkommens zukommen lassen, sie versorgen, unterstützen, fördern und emotional stärken (Cremer 2018, S. 80). Die »Konzeptualisierung der deutschen Familienpolitik als nachhaltige Familienpolitik« (Neuberger & Hübenthal 2020, S. 49) verstärkt mit ihren Vorstellungen von Familien als Orte lebenslang wirksamer Bildungsdifferenzen und differenter familiärer Leistungsfähigkeiten diese Problematik (ebd.). So ist immer wieder von »Eltern als Risikofaktoren für die Zukunftschancen ihrer Kinder« (ebd., S. 49f.) zu lesen, von Eltern, denen es u. a. an Wissen und Können mangelt, ihre Kinder ausreichend kognitiv anregen zu können (ebd.). Eben diese Unterstellung lese ich in der Adressierung von Schüler*innen mit ›ungünstigem sozioökonomischen Hintergrund‹ in ›bildungsfernen Elternhäusern‹, denen Bildungsgerechtigkeit und »wohlfahrtstaatliche Teilhaberechte verwehrt« (Mierendorff & Olk 2003, S. 135) werden.

Die Studie ›Erfolgsfaktor Resilienz‹ (OECD & Vodafone Stiftung Deutschland 2018) gibt eine Reihe von strukturellen und konzeptionellen Empfehlungen auf der Schulebene. Berücksichtigt wurden dabei »das Schulklima, die Häufigkeit von Schulschwänzen, Aktivitäten außerhalb des Unterrichts, Klassengröße, Schulausstattung sowie der soziale Hintergrund von Mitschülerinnen und Mitschülern« (ebd., S. 7). Belastungsfaktoren im Schulsystem »durch Prüfungen, Deadlines oder negative Leistungsrückmeldungen« (Anders et al., 2022, S. 41) und identifizierbare ›hochbedrohliche‹ *Stressoren* für Schüler*innen, die nicht den gestellten Leistungsanforderungen entsprechen und/oder die ›konflikthafte Beziehungen‹ zu Lehrer*innen haben (ebd.), kommen nicht zur Sprache. Als solche Stressoren gelten z. B. »*soziale Exklusion* oder gar *Mobbing durch Peers* oder eine durch soziale Gruppenzugehörigkeit bedingte *Diskriminierung* (z. B. ethnische Minoritätsgruppe, Vorliegen einer Lernbehinderung)« (ebd.).

Im Roman »Streulicht« (Ohde 2021) ist von vielen gesellschaftlichen, schulischen und familiären Probleme zu lesen, die zu Erschwernissen des Lebens und schulischen Lernens werden.

> »Meine Landschaft bestand aus dem Gitter über der Abluftanlage des Supermarktes, auf dem ich stand, wenn ich vor der Schule an der Bushaltestelle darauf wartete, dass Sophia um die Ecke kam. Zu mir gehörte der geschlossene Rollladen von Connys Eck, der Bahnhof, die startenden Flugzeuge im Himmelsviereck meines Zimmerfensters, der Strommast, die Mauern des Industrieparks, die aufragenden Röhren, gegen all das rannte ich an, aber es waren meine einzigen Ankerpunkte. Kein Garten umschloss unser Haus [...] und unsere Wohnung war ein Geheimnis, das wir zu hüten hatten, dessen wir uns schämten. Wenn ich in den Stuhlreihen des Gymnasiums saß, glaubte ich die blinkenden Spielautomaten des Schluckspechts, die mein Vater am Wochenende bediente, um mich aufleuchten zu sehen, sie lenkten Herrn Kaisers Aufmerksamkeit auf mich. Ohne die sorgsam ausgesuchte Kleidung, ohne feste Abendbrotzeiten und Fragen nach ›meinem Tag‹, wie Sophias Mutter sie stellte, und ohne die schützende Mauer von Erziehungsberechtigten, die wussten, was man am Elternabend zu fragen hatte, damit ihre Kinder in Ruhe gelassen wurden, war ich ihm schutzlos ausgeliefert« (ebd., S. 85f.).

In diesem Zitat ist von widrigen Lebensbedingungen und von Verletzungen in der Schule zu lesen, vor denen mache Kinder und Jugendliche durch ihre Bezugspersonen geschützt werden und andere nicht. Letzteren gilt die Aufmerksamkeit für Schutzfaktoren in Bildungsinstitutionen. Dabei ist jedoch mitzudenken, dass *un-*

gleiche sozioökonomische und -kulturelle Lebensbedingungen mit Konstruktionen sogenannter »bildungsferner Milieus« (Mecheril & Vorrink 2014, S. 103) erst vor dem Hintergrund einer normativen »*Mittelschichtorientierung der Schule* [...] als de[m] fraglose[n] Standard von Bildungsprozessen« (ebd.) zu Bildungsrisiken und -benachteiligungen werden. Solche Problematisierungen provozieren Aufmerksamkeit für »Normalitätsmuster schulischen Operierens und schulischen Selbstverständnisses« (ebd., S. 104), wie sie mit der Untersuchung von Resilienz, aber auch mit Beschreibungen von Chancen- und Bildungsungleichheit aufgerufen werden können. Der Roman »Streulicht« (Ohde 2021) stellt nach meinem Verständnis auch Resilienz als ein Normalitätsmuster schulischen Selbstverständnisses in Frage, z. B. mit der folgenden Antwort auf die Frage nach Widerstand gegen diskreditierende schulische Praktiken und der Antwort auf diese:

> »›Wieso hast du dich nicht gewehrt?‹ [...] immer mehr Fragezeichen reihten sich aneinander, und ich wollte rufen, dass es von vornherein kein Ich gegeben hatte, das sich hätte wehren können, nichts war je von mir ausgegangen, alles ist immer nur auf mich eingefallen, ich habe in einer Grammatik gelebt, in der *sich wehren* von vornherein nicht vorgesehen war. In die Stimmen schlich sich Unverständnis, sie versuchten mich als ihresgleichen zu lesen, weil es in ihrer Welt nichts anderes gab« (ebd., S. 253, Hervorh. im Original).

Resilienz, so wird erwartet, soll durch Schulkonzepte und -praxen gefördert werden. Dem gegenüber steht eine *(dem schulischen Selbstverständnis)* fremde Grammatik des Lebens, mit der sich Normalitätsmuster konstruktiver Krisenverarbeitung und des Vorhandenseins zu aktivierender Schutzfaktoren hinterfragen lassen. Mit der Idee, schulische Erfolge ›trotz eines eher bildungsfernen Elternhauses‹ als Resilienz zur Diskussion zu stellen, verbindet sich nach meinem Verständnis die Aufforderung, die *Fiktion der Herstellbarkeit gleicher Bildungschancen durch die Stärkung der Resilienz von Schüler*innen in Frage zu stellen*. Zugleich müssten Barrieren im Bildungssystem – Zuschreibungen und Erwartungen, Differenzen zwischen dem Bildungsversprechen, Chancenungleichheit, sozialen Ungleichheiten sowie Chancen(un)gerechtigkeit – Irritationen und Brüche in Lebensgeschichten von ›Bildungsferne und -nähe‹ zum Thema werden.

Literatur

Anders, Y., Hannover, B., Jungbauer-Gans, M., Köller, O., Lenzen, D., McElvany, N., Seidel, T., Tippelt, R., Wilbers, K. & Wößmann, L. (2022): Aktionsrat Bildung. Gutachten. In: Vereinigung der Bayrischen Wirtschaft e.V. (AB vbw), Bildung und Resilienz. Münster: Waxmann.

Bourdieu, P. (2001): Meditationen. Zur Kritik der scholastischen Vernunft. Frankfurt/M.: Suhrkamp.

Cremer, G. (2018): Deutschland ist gerechter als wir meinen. Eine Bestandsaufnahme. München: C.H.Beck.

Farzin, S. (2011): Die Rhetorik der Exklusion. Zum Zusammenhang von Exklusionsthematik und Sozialtheorie. Weilerswist: Velbrück Wissenschaft.

Fröhlich-Gildhoff, K. & Rönnau-Böse, M. (2022): Resilienz (6. Auflage). München: Ernst Reinhardt.

Hatz, W. (2022): Vorwort. In: Vereinigung der Bayrischen Wirtschaft e.V. (AB vbw), Bildung und Resilienz (S. 9 f.). Münster: Waxmann.

März, D. (2017): Kinderarmut in Deutschland und die Gründe für ihre Unsichtbarkeit. Weinheim und Basel: Beltz Juventa.

Mecheril, P. & Vorrink, A. J. (2014): Heterogenität, Sondierung einer (schul)pädagogischen Gemengelage. In: H. Ch. Koller, R. Casale & N. Ricken (Hrsg.): Heterogenität – Zur Konjunktur eines pädagogischen Konzepts (S. 87–113). Paderborn: Schöningh.

Mierendorff, J. & Olk, Th. (2003): Kinderwohlfahrtspolitik in Deutschland. In: R. Kränzl-Nagl, J. Mierendorff & Th. Olk (Hrsg.): Kindheit im Wohlfahrtsstaat. Gesellschaftliche und politische Herausforderungen. (S. 419–464). Frankfurt a.M./New York: Campus.

Neuberger, F. & Hübenthal, M. (2020): Kinderarmut ist Familienarmut?! In: Rahn, P. & Chassé, K. A. (Hrsg.): Handbuch Kinderarmut (S. 47–55). Opladen/Toronto: Barbara Budrich.

Ohde, D. (2021): Streulicht. Berlin: Suhrkamp.

OECD & Vodafone Stiftung Deutschland (2018): Studie. Erfolgsfaktor Resilienz. Warum manche Jugendliche trotz schwieriger Startbedingungen in der Schule erfolgreich sind – und wie Schulerfolg auch bei allen anderen Schülerinnen und Schülern gefördert werden kann. Eine PISA-Sonderauswertung der Organisation für wirtschaftliche Zusammenarbeit und Entwicklung (OECD) in Kooperation mit der Vodafone Stiftung Deutschland. Online verfügbar unter: https://www.vodafone-stiftung.de/wp-content/uploads/2019/05/Vodafone_Stiftung_Erfolgsfaktor_Resilienz_01_02.pdf Zugriff am 20.01.2023.

Puhr, K. unter Mitarbeit von Moll, M. (2023): Studienbuch Inklusion/Exklusion. Einführung in die inklusionsorientierte Schul-Pädagogik. Wiesbaden: Springer VS.

Sauter, S. (2007): Schule. Macht. Ungleichheit. Bildungsbarrieren und Wissensproduktion im Aushandlungsprozess. Frankfurt/M.: Brandes & Apsel.

Solga, H. (2009): Meritokratie – die moderne Legitimation ungleicher Bildungschancen. In: H. Solga, J. Powell, & P.A. Berger (Hrsg.): Soziale Ungleichheit. Klassische Texte zur Sozialstrukturanalyse (S. 63–72). Frankfurt/M.: Campus.

Wellgraf, St. (2012). Hauptschüler. Zur gesellschaftlichen Produktion von Verachtung. Bielefeld: transcript.

Der Resilienz widerstehen – der Vulnerabilität auch?[31] Überlegungen mit Blick auf verhaltensauffällige Kinder und Jugendliche

Thomas Müller

Abstract

Resilienz ist in aller Munde und läuft Gefahr, zunehmend einem Modus der Verfügbarkeit unterworfen zu werden. Damit droht auch, dass die Verletzbarkeit des Menschen mehr und mehr ins Abseits gerät. Zugleich ist aber auch die Vulnerabilität in jüngster Zeit nicht vor Versuchen der Funktionalisierung gefeit. Daher sind aus pädagogischer Perspektive beide Phänomene aus ihrem spiegelbildlichen Verhältnis zu lösen, indem das Phänomen der Vulneranz mitbedacht wird. Seine Bedeutung wird insbesondere mit Blick auf verhaltensauffällige Kinder und Jugendliche deutlich.

Schlüsselwörter: Resilienz, Vulnerabilität, Vulneranz, Funktionalisierung, Verfügbarkeit

1 Einleitung

Der Resilienz widerstehen? Was für eine Frage – welche wohl nur rhetorisch gemeint sein kann, ist Resilienz doch eines der Konzepte, welches sich nicht nur in der Pädagogik, sondern weit über sie hinaus etabliert hat: »Ob Stadtplanung oder Gesundheitswissenschaft, psychologische Beratung oder Militär, nationale Regierungsbehörden oder suprastaatliche Organisationen, Ökologie oder Katastrophenschutz – überall ist Resilienz inzwischen zu einer machtvollen Leitorientierung avanciert« (Becker & Graefe 2021, S. 7). Selbst den schier alles überlagernden Inklusionsdiskurs hat sie unbeschadet überstanden, was damit zusammenhängen könnte, dass »Resilienzansätze […] zum einen als breit anwendbar präsentiert und empfohlen [werden], was suggeriert, dass damit sowohl die Probleme Einzelner bearbeitet werden können als auch problematische Entwicklungen, die Gruppen, Gemeinschaften, Gesellschaften und sogar die ganze Welt betreffen« (ebd., S. 8). Resilienz scheint also einerseits derart verbindlich zu sein, dass sie in der Lage ist,

---

31 Der Titel ist in Anlehnung an das Buch »Vulnerability in Resistance« (2016) gewählt und erweitert.

Krisenmodi jeder Art zu verhindern oder zu bewältigen, und andererseits so offen und unbestimmt, dass sie sich in allen Feldern auf nahezu jede Herausforderung anwenden lässt.

2   Resilienz im Modus der Verfügbarkeit

Die Erkenntnisse der Resilienzforschung sind von großer Relevanz für die (sonder-)pädagogische Arbeit mit Kindern und Jugendlichen. Allerdings besteht die Gefahr, die menschliche Verwundbarkeit als zu überwindenden Zustand zugunsten von Resilienz zu verstehen und damit zugleich, Resilienz wie auch Vulnerabilität zu funktionalisieren und sie verfügbar zu machen (Rosa 2019, S. 21 f.). »Natürlich hat die Wirksamkeit solcher [resilienzfördernder; T.M.] Maßnahmen ihre Grenzen, und man muss sich gerade im Einzelfall darüber im Klaren sein, dass Menschen keine deterministischen Maschinen sind, die bei der ›richtigen‹ Programmierung automatisch in die ›richtige‹ Richtung laufen« (Fingerle 2016a, S. 41). Dennoch ist die Gefahr eines derartigen Menschenbildes nicht von der Hand zu weisen.

Die möglicherweise zu einseitige Fokussierung auf die Leistungen der Resilienzforschung (kritisch hierzu: Stamm & Halberkann 2015) sowie eine pädagogische Konzentration auf die Handlungsfähigkeit, das Empowerment und die Selbstverantwortung von Kindern und Jugendlichen unter dem Deckmantel von Resilienz in Verbindung mit Individualisierung, lässt jene außer Acht, deren Ohnmachtserfahrungen und -erleben derart einprägsam sind, dass ihre Handlungsfähigkeit oft […] zum Erliegen gekommen ist: verhaltensauffällige Kinder und Jugendliche. Ihnen ist mit Kompetenzrastern, dem ›Ausgehen von ihren Stärken‹ und der Zielkategorie ›Resilienz‹ *allein* nicht geholfen, »weil sie sich selbst als schwach erleben und Stärke immer dem anderen, selten aber sich selbst zutrauen. Die so genannte Widerstandskraft äußert sich bei ihnen notwendigerweise eher in Formen der Widerständigkeit, der Widersetzung und ›Widerspenstigkeit‹« (Müller 2019, S. 292 f.). In »der Überbetonung der kindlichen Handlungsfähigkeit, Selbstwirksamkeit und Kompetenz […] liegt die Gefahr des Abhandenkommens der Sensibilität gegenüber dem verletzlichen Subjekt« (Heinze 2017, S. 49). Betroffen sind insbesondere verhaltensauffällige Kinder und Jugendliche, die der erlebten Ohnmacht infolge oft durch vulnerante Verhaltensweisen zu entkommen versuchen.

3 Vulneranz – Bindeglied zwischen Vulnerabilität und Resilienz?

Begreift man die Verletzbarkeit als grundsätzliches Disponiert-Sein des Kindes, so muss diesem Umstand auch bei der Konzeptionalisierung sonderpädagogischen Handelns Rechnung getragen und das Kind nicht nur als potentiell resilientes, sondern stets auch verletzliches *und verletzendes* Subjekt bedacht werden. Damit werden Vulnerabilität und Resilienz einem dichotomen Verständnis entzogen, denn die Vulneranz (Münkler & Wassermann 2012, S. 83 f.), die Fähigkeit des Menschen, sich und andere zu verletzen, ist für Resilienz und Vulnerabilität gleichsam bedeutsam. Fingerle (2024, S. 45) (in diesem Band) stellt die Behauptung auf, »dass essentialistische Vorstellungen von Resilienz und Vulnerabilität [...] keine primären Kategorien darstellen«. Dabei lässt er außer Acht, dass der größte Teil des human- und geisteswissenschaftlichen Vulnerabilitätsdiskurses dem Ziel folgt, essentialistische Vorstellungen von Vulnerabilität zu überwinden und die höchst dynamische Komplexität von Vulnerabilität, Resilienz und Vulneranz zu erfassen. Wenn essentialistische Vorstellungen keine primären Kategorien sind, dann heißt das nicht, dass Vulnerabilität und Vulneranz keine solchen sind. Und auch die Fokussierung auf die »Endlichkeit« als möglicher »primärer Kategorie« (ebd.) hilft hier nicht weiter, denn Menschen sind endlich, weil sie vulnerabel und vulnerant sind, und nicht umgekehrt. Und das gilt in wörtlichem Sinn: Alle Menschen sterben aufgrund der Wunden, die sie erleiden – sei es durch Unfall, Krankheit oder durch Alterungsprozesse oder Verletzungen, die ihnen von anderen zugefügt werden.

Vulnerabilität wird bislang fast ausschließlich als »Kontrast« (Fingerle 2017, S. 197) oder »spiegelbildliche Beziehung« (Fingerle 2016b, S. 426) zu Resilienz bzw. als Charakteristikum für die Zugehörigkeit zu einer bestimmten Gruppe (Lüdtke 2017, S. 216; Wagner 2017, S. 247) und »Sensitivität von Menschen gegenüber Belastungen und riskanten Lebenslagen« verstanden (Fingerle 2016b, S. 422). Auch wenn in der psychoanalytischen Tradition der Pädagogik bei Verhaltensstörungen sowohl verletzendes, gewalttätiges Verhalten als auch gehemmtes, neurotisches, ängstliches Verhalten als Folge und Ausdruck erlittener psychischer Verletzungen im Laufe der eigenen Lebensgeschichte verstanden werden, sind Vulnerabilität und Vulneranz bislang kaum grundsätzlich zum Gegenstand geworden.

> »Dies erstaunt umso mehr, als es diese Teildisziplin in besonderem Maße mit Kindern und Jugendlichen zu tun hat, die, denkt man Vulnerabilität als konkrete Erfahrung, besonders häufig körperliche und seelische Verletzungen (z. B. Zimmermann 2016, S. 14 f.), bedingt durch Gewalt und Missbrauch, emotionale Vernachlässigung und Verwahrlosung, hinzunehmen haben. Aber auch die Aufarbeitung von Verletzungen, die im Rahmen der Heimerziehung (z. B. Bombach, Gabriel & Keller 2018) geschehen sind sowie durch spezifische Ideen von Erziehung, die insbesondere verhaltensauffällige Kinder und Jugendliche zu erleiden hatten und haben, müsste Anlass genug sein« (Müller 2019, S. 292),

sich mit den komplexen Dynamiken von Resilienz, Vulnerabilität und Vulneranz auseinanderzusetzen. Dabei wären auch Einrichtungen der Kinder- und Jugendhilfe, des Strafvollzugs, der Psychiatrie sowie Schulen nicht nur als Verletzungen erzeugende, sondern auch selbst ›verletzbare und verletzte Institutionen‹ zu berücksichtigen.

»Infolge der Konzentration auf die Handlungsfähigkeit des Kindes und der Betonung seiner kompetenten Gestaltungskraft geriet jedoch die Verletzlichkeit des Kindes und damit nicht nur der Aspekt der Verantwortlichkeit des jeweiligen Handelns aus dem Blick, sondern auch die Frage nach den Handlungsbeschränkungen in gewaltförmigen Situationen des Zwangs und mithin nach realen Praktiken der Gewalt« (Heinze 2017, S. 48) – sprich: der Vulneranz.

Möglicherweise fällt es auch deswegen so schwer, die Vulneranz verhaltensauffälliger Kinder und Jugendlicher als Handlungen aus gutem Grund, nämlich dem der eigenen, massiven, nachhaltigen, nicht mehr wieder gut zu machenden Verletzungen anzuerkennen, ohne diese in ihren schädlichen Wirkungen gegen sich selbst und andere zu akzeptieren. Gelingt diese Anerkennung nicht, droht die Gefahr, dass es in der pädagogischen Praxis mit verhaltensauffälligen Kindern und Jugendlichen im Sinne einer »pathogenic vulnerability« (Mackenzie, Rogers & Dodds 2014, 8 f.) »statt zu einer Verbesserung der Lage zu einer Zuspitzung der Effekte« (Heinze 2017, S. 53) kommt. Die Pädagogik bei Verhaltensstörungen hat bislang, im Sinne einer konstruktiv »advokatorischen Ethik« (Brumlik 2017), zu wenig darauf hingewiesen.

»Die Verletzlichkeit des Kindes ist als wesentliche Bedingung seines Lebens zu verstehen, durch die es aufgrund seiner körperlichen Verfasstheit in seinem Angewiesen- und Ausgesetzt-Sein bestimmt wird. Die sich daraus ergebende Herausforderung für die Pädagogik kann anhand der Zwangslage von Kindern aufgezeigt werden, deren Wohl durch die fürsorgende Person gefährdet wird, auf die Kinder in ihrer Abhängigkeit zugleich angewiesen sind. Die Gewalt arbeitet sich in solchen Verhältnissen gleichsam an dem kindlichen Bedürfnis nach Bindung ab« (Heinze 2016, S. 181).

Verhaltensauffällige Kinder und Jugendliche weisen oft höchst unterschiedliche ›Qualitäten‹ biographischer Gewalterfahrungen auf: zum einen konkret durch erlittene oder zu erleidende Gewalt in Form von körperlichen Misshandlungen und sexuellem Missbrauch sowie durch Nahrungs- und Schlafentzug. Gewalterfahrungen machen diese Kinder und Jugendlichen zum anderen aber auch durch psychische Misshandlung, emotional-soziale Vernachlässigung und ambivalentes Erziehungsverhalten (Müller 2008).

Wenn die Verletzbarkeit des Kindes als dessen grundsätzliches Disponiert-Sein vorausgesetzt wird, so müsste diesem Umstand bei der Konzeptionalisierung sonderpädagogischen Handelns Rechnung getragen und das Kind nicht nur als verletzliches und resilientes, sondern darin potentiell auch verletzendes Subjekt anerkannt werden.

4 Der Resilienz widerstehen – der Vulnerabilität auch?

Resilienz steht angesichts des breiten Zugriffs auf sie in der Gefahr, als Phänomen funktionalisiert zu werden und zu einer diffusen Zielkategorie menschlichen Handelns zu werden. Je mehr globale Krisen, je mehr Herausforderungen in einer komplexen Welt, umso größer der Ruf nach Resilienz als individueller Ausstattung, geprägt von einem hohen Maß an Eigenverantwortung.

> »Mit ›Resilienz‹ wird vor diesem Hintergrund nicht zufällig eine Norm der Selbst- und Menschenführung populär, die die flexible Anpassungsfähigkeit von Subjekten und Systemen an eine prinzipiell krisenförmige Umwelt propagiert. Wer resilient ist, so die Botschaft, bleibt auch in unsicheren Zeiten erfolgreich, glücklich und gesund. Gesellschaftliche Strukturbedingungen werden dabei tendenziell unsichtbar« (Graefe 2019, o. S.).

Und auch Fingerle (2016a) konstatiert, dass Resilienz »in den Ruf gekommen [ist], eine Art Synonym für selbstregulative Hochbegabung zu sein« (ebd., S. 41).

Resilienz wird demnach zwar strukturell begriffen, ebenso wie Vulnerabilität, trägt aber zugleich dazu bei, das zu verschleiern, was strukturell bedeutsam und bedingend wäre, weil durch Akte der Funktionalisierung auf einen irgendwie menschlichen Idealzustand geschielt wird. Vulnerabel und/oder resilient zu sein, läuft Gefahr, zu Eigenschaften in einem Katalog zu degenerieren. Menschen wären infolge resilient, krisenfest und stark oder aber vulnerabel, labil und schwach. Verantwortlich für ihr Schicksal scheinen sie so oder so selbst zu sein. Ob von vulnerabel oder resilient daher in der Form von Eigenschaftswörtern überhaupt die Rede sein sollte, wäre zu diskutieren.

Vulnerabilität und Resilienz sind aber nur dann die zwei Seiten einer Medaille, wenn man sie

> »als Abhängigkeit von Umständen und Gegebenheiten [begreift]. […] Gemäß dem Resilienzkonzept gelingt die Bewältigung durch das Vorhandensein personaler und sozialer Ressourcen, die in einer adaptiven Form zur Bewältigung eingesetzt werden. Analog dazu ist der Grad der Vulnerabilität einer Person umso höher, je geringer die Verfügbarkeit derartiger Ressourcen und Bewältigungsmodi ist […]. In dem hier dargelegten Sinne sind die Begriffe austauschbar, es ändert sich jeweils nur das Vorzeichen« (ebd., S. 42 f.).

Beide Begriffe sind in einem solchen Verständnis Gradmesser ein und derselben Geschichte, wenn auch mit stets gegensätzlichen Vorzeichen. Und beide, Resilienz wie auch Vulnerabilität, werden funktionalisiert, z. B. im Hinblick auf die Corona-Pandemie.

> »Natürlich ist die Entscheidung für die Fokussierung auf Resilienz oder Vulnerabilität nicht nur von Forschungsinteressen abhängig, sondern sie kann auch kulturelle und politische Dimensionen haben, die nicht gegen Missbrauch gefeit [sind]. Resilienz kann für Argumentationen passend gemacht werden, die darauf abzielen, soziale Hilfesysteme abzubauen und die Verantwortung für Risikobewältigung hauptsächlich auf das Individuum und seine Familie abzuwälzen. Die Betonung von Vulnerabilität kann dem entgegenwirken, ist aber sozusagen an der Flanke offen für Paternalismus und Entmündigung« (ebd., S. 44).

Eine anthropologische Sichtweise verändert dies drastisch: Dann sind es keinesfalls zwei Seiten ein und derselben Medaille, zumal sich die Vulneranz auf beiden Seiten der Medaille finden lässt, wenn nicht sogar ihre Legierung darstellt.

Ein Verständnis, welches neben Vulnerabilität und Resilienz auch die Vulneranz einschließt und diese als anthropologisch gegeben begreift, verweist zugleich auf die Verantwortung, die Menschen füreinander und miteinander haben. Es ist geeignet, die ethische Dimension dieser »Verantwortung« (ebd.) deutlich herauszustellen. Auch wenn die Gefahren von Paternalismus und Entmündigung nicht von der Hand zu weisen sind, so ist zum einen der Schritt von einem Verantwortungs- zu einem Entmündigungsverhältnis kein automatischer und zugleich als pädagogisches ›Wagnis‹ (Bollnow 1959) einzugehen, um sich der Verantwortung, die sich durch die Existenz des Anderen ergibt (Levinas 2005), zu stellen, wenn auch vielleicht nicht gerecht zu werden.

Literatur

Becker, K. & Graefe, S. (Hrsg.) (2021): Mit Resilienz durch die Krise? Anmerkungen zu einem gefragten Konzept. München: oekom.

Bollnow, O. F. (1959): Existenzphilosophie und Pädagogik. Stuttgart: Kohlhammer.

Bombach, C., Gabriel, T. & Keller, S. (2018): Vulnerabilität und Anerkennung. Erzählte Biographie nach Heimplatzierungen zwischen 1950 und 1990. In: B. Ziegler, G. Hauss & M. Lengwiler (Hrsg.), Zwischen Erinnerung und Aufarbeitung. Fürsorgerische Zwangsmassnahmen an Minderjährigen in der Schweiz im 20. Jahrhundert (S. 83–109). Zürich: Chronos.

Brumlik, M. (2017): Advokatorische Ethik. Zur Legitimation pädagogischer Eingriffe. Hamburg: Europäische Verlagsanstalt.

Butler, J., Gambetti, Z. & Sabsay, L. (Hrsg.) (2016): Vulnerability in Resistance. Durham and London: Duke University Press.

Fingerle, M. (2024): Was heißt eigentlich »Prozess«? Bemerkungen zu den Implikationen des Prozesscharakters für das Verständnis von Resilienz und Vulnerabilität. (in diesem Band)

Fingerle, M. (2016a): Behindert, vulnerabel, resilient – welcher Begriff passt nicht in diese Reihe? Zeitschrift Behinderte Menschen, 39 (2), 41–45.

Fingerle, M. (2016b): Vulnerabilität. In: I. Hedderich, G. Biewer, J., Hollenweger & R. Markowetz (Hrsg.), Handbuch Inklusion und Sonderpädagogik (S. 422–426). Bad Heilbrunn: Klinkhardt.

Fingerle, M. (2017): Resilienz. In: K. Ziemer (Hrsg.), Lexikon Inklusion (S. 197–199). Göttingen: Vandenhoeck & Rupprecht.

Graefe, S. (2019): Resilienz im Krisenkapitalismus. Wider das Lob der Anpassungsfähigkeit. Bielefeld: transcript.

Halberkann, I. & Stamm, M. (2015): Resilienz – Kritik eines populären Konzepts. In: S. Andresen, C. Koch & J. König (Hrsg.), Vulnerable Kinder. Interdisziplinäre Annäherungen (S. 61–76). Wiesbaden: Springer.

Heinze, C. (2016): Die Pädagogisierung der Gewalt und die Verletzlichkeit des Kindes. In: C. Heinze, E. Witte & M. Rieger-Ladich (Hrsg.), …was den Menschen antreibt… Studien zu Subjektbildung, Regierungspraktiken und Pädagogisierungsformen (S. 163–187). Oberhausen: Athena.

Heinze, C. (2017): Verletzlichkeit und Teilhabe. In: I. Miethe (Hrsg.), Bildung und Teilhabe (S. 47–63). Wiesbaden: Springer.
Levinas, E. (2005): Humanismus des anderen Menschen. Hamburg: Felix Meiner.
Lüdtke, U. (2017): Sprachbehinderung. In: K. Ziemer (Hrsg.), Lexikon Inklusion (S. 215–218). Göttingen: Vandenhoeck & Rupprecht.
Mackenzie, C., Rogers, W. & Dodds, S. (2014): Vulnerability. New Essays in Ethics and Feminist Philosophy. Oxford: Oxford University Press.
Müller, T. (2008): Innere Armut. Kinder und Jugendliche zwischen Mangel und Überfluss. Wiesbaden: VS.
Müller, T. (2019): Akzeptierte Verletzbarkeit? Zum Verhältnis von Vulnerabilität und Vertrauen im Kontext verhaltensauffälliger Kinder und Jugendlicher. Vierteljahresschrift für Heilpädagogik und ihre Nachbargebiete, 88 (4), 291–303.
Münkler, H. & Wassermann, F. (2012): Von strategischer Vulnerabilität zu strategischer Resilienz. Die Herausforderungen zukünftiger Sicherheitsforschung und Sicherheitspolitik. In: L. Gerhold & J. Schiller (Hrsg.), Perspektiven der Sicherheitsforschung. Beiträge aus dem Forschungsforum Öffentliche Sicherheit (S. 77–95). Frankfurt a. M.: Peter Lang.
Wagner, P. (2017): Vorurteilsbewusste Bildung und Erziehung. In: K. Ziemer (Hrsg.), Lexikon Inklusion (S. 246–250). Göttingen: Vandenhoeck & Rupprecht.
Zimmermann, D. (2016): Traumapädagogik in der Schule. Pädagogische Beziehungen mit schwer belasteten Kindern und Jugendlichen. Gießen: Psychosozial-Verlag.

Wer von Resilienz redet, darf von Vulnerabilität nicht schweigen. Und wer von Vulnerabilität schweigt, redet nicht von Resilienz. *Eine Perspektivierung materialistischer (Behinderten-) Pädagogik*

Robert Schneider-Reisinger

Abstract

Der Titel des Beitrags ist und will ›Programm‹ sein. Er bezieht sich auf eine Passage (Jantzen 1993, S. 67) aus einem zentralen Werk der frühen Inklusionspädagogik als einer *materialistisch-pädagogischen* Lesart von *Behinderung*. Jantzen (1993) legte vor 30 Jahren eine Aufsatzsammlung mit dem Untertitel *Zum Verhältnis von Behinderung, Ethik und Gewalt* vor. Es geht darin wesentlich um Fragen der »menschliche[n] Gesamtpraxis« (Benner 2005) und die Praktiken im/als »Bezugsgewebe menschlicher Angelegenheiten« (Arendt 2014, S. 225) angesichts von Behinderung – mehr noch: um eine Kritik daran. Das verrät auch der Titel des Buches: *Das Ganze muss verändert werden*, mit dem Jantzen nicht bloß zutiefst dialektisch-materialistische Einsichten verdichtet, sondern sich auch der Sprache Brechts bedient.[32]

Schlüsselwörter: Vulnerabilität, materialistische (Behinderten-)Pädagogik, pädagogische Anthropologie, Inklusion, inklusive Bildung

1 Materialistische (Behinderten-)Pädagogik – ein Abrégé

Materialistische Behindertenpädagogik ist zunächst einmal Pädagogik, d. h. der Versuch einer konkret-utopischen Praxis »allgemeine[r] Menschenbildung« (Lanwer 2018, S. 416) und sonach die Negation von »traditionelle[r] Heil-, Sonder- und Regelpädagogik« (ebd., S. 428). Sie lässt sich als materialistische Bildungs- und Erziehungswissenschaft (Bernhard 2014; Gamm 2017) begreifen und im Spektrum »Kritischer Pädagogik« (Bernhard et al. 2018) verorten. Sie ist eine Form bürgerlicher Allgemeiner Pädagogik (Bernhard 2014) und stellt sich die Aufgabe, »das *Ge-*

---

32 Das Zitat bezieht sich auf Brechts *Badener Lehrstück* und darin die vierte Passage *Hilfeverweigerung*, in der die Dialektik (bzw. Totalität) von Gewalt und Hilfe bearbeitet und ausgedrückt wird.

samtgefüge der erzieherische[n] Ein*wirkung*en aufzuarbeiten, [um] zu zeigen, *wie* das erziehungsbedürftige Wesen Mensch *humanisiert*« (Gamm 2017, S. 13, Hervorh. R.S.-R.) werden kann. Bereits in diesem Satz kommen wesentliche Kategorien (i.-iv.) dieser »Gesellschaftspädagogik« (ebd., S. 107) zum Ausdruck. Die Selbstbezeichnung offenbart die *materialistische* Weltauffassung, die im Anschluss an Marx' (2018, S. 57, 192 ff.) Arbeits- bzw. Tätigkeitsbegriff als »Stoffwechsel« und mit Dussel (2013, S. 141, Hervorh. R.S.-R.) pointiert werden kann als: »[D]er letzte *Inhalt jeder menschlichen Handlung* ist die produktive Ermöglichung und reproduktive Erhaltung und Stärkung des *empirischen, unmittelbaren und konkreten Lebens* des Menschen.« Dieses menschliche Leben ist aber so radikal wie kein anderes (uns bekanntes) eigentlich, und d.h. »in seiner Wirklichkeit« (Marx 1990, S. 6) ein *gesellschaftliches* (Aristoteles 2012; Tomasello 2020; Marx & Engels 1990). Marx (1990, S. 6) drückt dies in der sechsten *Feuerbachthese* mit dem Begriff »ensemble der gesellschaftlichen Verhältnisse« aus; das meint: Das Verhalten der Menschen ist die Subjektivierung ihrer »eigentlichen Gattungsmäßigkeit« (Heller 1981, S. 33), wodurch dieses »*Involviert-sein*« (ebd., S. 188) als natürlicher Wesenszug des Menschen erscheint, obschon doch recht eigentlich jedes Verhalten Ausdruck von »Verhältnissen *zwischen* den Verhaltensweisen« (Sève 2016, S. 195, Hervorh. R.S.-R.) ist.

Mit Dewey (2007) kann diese Relationalität (i.) als *Erfahrung bzw. Kultur*[33] gefasst werden; Mollenhauer (2008) lässt uns nachvollziehen, was diese Re-/Produktionsversuche pädagogisch, d.h. als »Bildungsbewegungen« (ebd., S. 103) und Re-/Präsentationen bedeuten und warum Menschen nicht umhinkommen, Kultur (als objektive Bildung des Menschen) zu subjektivieren. Nun bilden die menschlichen Angelegenheiten aber nicht bloß den Inhalt oder Träger der Inkorporation von Natur und *Außenwelt* (Plessner 1975), sondern sind selbst belebt und inwendig. Es kann mithin von einem Stoffwechsel gesprochen werden: die Aufnahme des Nahrungsmittels (Welt als Natur, Kultur bzw. Bezugsgewebe) *ist* zugleich dessen Veränderung und als Metabolismus mit dem der anderen Subjekte verbunden. Diese (sich verändernde) *Einheit*[34] der (bewegten) Unterschiede ist wesentlich »Erklärungsmuster für den Zusammenhang des Einzelnen und [die] rationale Norm für die Stellung des Einzelnen im und zum Ganzen« (Holz 2005, S. 129). Holz (2003) gibt dieser – ganz zentralen –(ii.) Kategorie *Totalität* das treffende Bild »universelles Reflexionssystem der Wirkungen« (ebd., 55). Um die Logik der reflexiven Struktur des »Gesamtzusammenhangs« (Engels 1990b, S. 307) von Welt zu verstehen, wendet materialistische Pädagogik (iii.) *dialektische* Methoden an (Engels 1990a, S. 16 ff.); sie bilden die Realdialektik im Denken *verständig abstrakt* (Marx 2015) ab. Dazu ist neben den Grundgesetzen (Engels 1990b, S. 348 ff.) noch die (iv.) Kategorie, das *Historisch-Kritische*, bedeutsam. Damit ist gemeint, dass das Verstehen und Ordnen (der menschlichen Angelegenheiten, aber nicht nur dieser) in den Praktiken der

---

33 Bei Bourdieu (2016, S. 730) verstanden als »*sensu communis* [… und] geschichtlich ausgebildete Wahrnehmungs- und Bewertungsschemata, [… d.h.] Grundstrukturen einer Gesellschaft und allen Mitgliedern derselben gemeinsam … [die] den Aufbau einer gemeinsamen sinnhaften Welt« *ermöglichen*.
34 Die philosophische Bedeutung des Allgemeinen besteht insbesondere darin, Begriff des allen oder allem *Gemein*samen zu sein. Siehe den Einstieg über Allgemeinbildung – ich werde gleich und auch später darauf zurückkommen.

konkreten, unmittelbaren und empirischen Re-/Produktion des menschlichen Lebens seinen Ausgang (und sein Ziel) findet (z. B. Marx & Engels 1990).

Mit Blick auf die anfängliche Charakterisierung des ›Gegenstands‹ materialistischer Pädagogik als Allgemeinbildung eröffnen sich nunmehr die weiteren Überlegungen. Wenn dies *Allgemeine* hier als inklusive Totalität verstanden wird, dann versteht sich inklusive Bildung als »Bildung *für alle* [… und als] *aller* uns heute erkennbaren humanen Fähigkeitsdimensionen« (Klafki 2007, S. 40); ihr Raumgebendes und Form-Inhalt des Stoffwechsels ist dann das »*Gefüge des Allgemeinen als des uns alle Angehende*« (ebd.). Davon ausgeschlossen zu sein, an der selbstbestimmten Teilhabe ge- und behindert zu werden, d. h. im Bezugsgeflecht nicht wirksam werden zu können oder dürfen und nicht Adressatin und Adressat von reflexiven Einwirkungen anderer zu sein, macht das Wesen von *Behinderung* im materialistischen Sinne aus (Feuser 2005; Jantzen 2017).[35] Diese »Entfremdung« (Marx 2012) (von) der eigentlichen Gattungsmäßigkeit drückt sich zuletzt als Verhaltensweisen dieses Verhältnisses aus; die Verinnerlichung und Verkörperung dieser Subjektivierungsprozesse werden als Isolation (Jantzen 1978; 2017) bezeichnet, was ›man‹, d. h. das Zentrum (Dussel 1985), als Behinderung, Störung, Pathologie usw. wahrnimmt und beschreibt und dem Individuum (jedenfalls in der Hauptsache als Körper) zurechnet. Materialistischer (Behinderten-)Pädagogik geht es also um das Verhältnis von *Inklusion/Exklusion* angesichts von Marginalisierung und Diskriminierung (Dederich 2010; Castel 2000) in und durch das Bezugsgeflecht menschlicher Angelegenheiten (in Praxis und Praktiken).

2 Resilienz? Vulnerabilität! … und (Behinderten-) Pädagogik

Ich unterbreche den Fortgang – oder vielmehr: Ich versuche der Denkbewegung eine Nuancierung und weitere Differenzierungen zu geben. Gleichzeitig bleibt die Tendenz unverändert: Sich nicht »mit Hilfe ideologischer Begriffe ein versöhnliches Bild der Wirklichkeit zurechtzustilisieren« (Adorno 2020a, S. 481), sondern freizulegen, was und wie es *ist.* Theorie- und Begriffsarbeit wird gleichsam als eine Weise der Re-/Produktion menschlichen, konkreten Lebens verstanden – »ein [spezifisches] menschliches Verhalten, das die Gesellschaft selbst zu seinem Gegenstand hat« (Horkheimer 2005, S. 223). Diese(s) *übergreift* (Marx 2015, S. 631) auch die

---

35 »Behinderung […] wird sichtbar und damit als Behinderung existent, wenn Merkmale und Merkmalskomplexe eines Individuums *aufgrund sozialer Interaktion und Kommunikation* in Bezug gesetzt werden zu jeweiligen gesellscha*ftlichen Minimalvorstellungen über individuelle und soziale Fähigkeiten.* Indem festgestellt wird, dass *ein Individuum aufgrund seiner Merkmalsausprägung* diesen Vorstellungen *nicht entspricht,* wird Behinderung offensichtlich, sie *existiert als sozialer Gegenstand erst von diesem Augenblick an*« (Jantzen 2018, S. 21 f.). Außerdem gibt es eine ›Verwandtschaft‹ zu den kritischen Disability Studies (Dederich 2007).

Denkarbeit (wie alles andere als Bewegung), sodass die verständige Abstraktion mittels Begriffen/Kategorien nicht bloß mit der Empirie anhebt, sondern sich von dieser und ihren Wirkungsketten gar nicht lösen kann (Horkheimer 2005, S. 205 ff.). Wenn Resilienz das Thema ist, dann – und das folgt schon aus dem in Kapitel 1 Dargestellten – muss ihr Gegenbegriff thematisiert werden. So wie die Bezüge jeder Totalität bzw. jedes Systems in diesem Sinn dialektisch-reziprok und perspektivisch sind, so sind sie aktiv *und* passiv (aktiv/passiv) zugleich (Leibniz 2014, S.131 ff.). Diese Einsicht hat schon Aristoteles (2017, S. 105, 159) formuliert; bei Marx (2015, S. 624) liest sich das als »Identitäten zwischen Konsumtion und Produktion«. Leben ist in diesem Sinne (auch) pathisch und (wesentlich) Widerfahrnis. In der pädagogischen Vulnerabilitätsforschung kann im Lebensvollzug der Menschen selbst eine grundlegende Passivität eruiert und als »Grund der Erlösung, zur Aufhebung von Vulnerabilität« (Zirfas 2022a, S. 316) verstanden werden. Wenn Resilienz üblicherweise als aktiver Aufbau von (personal-individueller) Widerstandsfähigkeit konzipiert wird (Julius & Goetze 1999), dann geht es hier also zunächst um die Bearbeitung *ihres Anderen* (auch als *Fremdes*), um sodann das Übergreifende zu konkretisieren (Kap. 3).

Im Kontext der (Behinderten-)Pädagogik kann von einer Begriffsdublette von Resilienz und Vulnerabilität gesprochen werden (Burghardt et al. 2017, S. 97 ff; Fingerle 2016). Beide Begriffe und Konzeptionen sind jedenfalls implizit normativ, relational – damit relativ und *dialektisch* verwoben; das gilt auch für die Selbstreferentialität beider: So ist der Möglichkeit des Verletztwerdens immer auch jene des Verletzens und Diskriminierens, d. h. *Vulnerantialität* ist immanent. Burghardt et al. (2017) zeigen, dass Vulnerabilität als ein »anthropologisches Regulativ« (ebd., S. 16) verstanden werden kann. Mit ihm rückt die Kehrseite der *vita activa* (Arendt 2014, v. a. S. 16 ff.) in den Blick: Pädagogik als Antwort auf die Aufgabe der »conditio humana« (Plessner 2017) und als Form einer (auch) »immunologische[n] Praxis« (Dederich 2022, S. 278; vgl. auch: Burghardt u. a. 2017, S. 30 ff.). »[A]ls Vulnerabilitäts*bewältigung*« (Burghardt 2017, S. 70, Hervorh. R.S.-R.) fokussiert die Pädagogik als immunologische Praxis das zweite Moment von Bildungsbewegungen und hält diese so (jedenfalls potenziell) am Laufen (ebd., S. 68 ff.): Dies ist die *Möglichkeit*, in der tätigen Bearbeitung der eigenen Bildungsaufgabe in reziprok-reflexiv strukturierten Aufgabengemeinschaften (Rekus 2016) mit Momenten der Entfremdung, Unmenschlichkeit und mit Leid(en) konfrontiert zu werden und dabei Bildsamkeit »als Möglichkeit zur Wirklichkeit« (Mollenhauer 2008, S. 103) zu wenden; letztlich: die »Tatsache homo sapiens« (Plessner 2017, S. 134) in Humanität zu überführen.

> »Vulnerabilität ist [...] eine *Eigenschaft und Fähigkeit* des Menschen, die ihn seit der kulturellen Tradierung [...] antreibt und die die Grundlage der Herausbildung des homo sapiens ist, der versucht, seine Verletzlichkeit und die damit verbundene Erinnerung an die eigene Verletzbarkeit und Endlichkeit praktisch wie theoretisch zu bewältigen. [...] Menschen betrifft [...] Vulnerabilität auf verschiedene Weisen und dies sowohl physisch als auch psychisch und existentiell« (Burghardt u. a. 2017, S. 35).

Als wesentliche Aspekte erweisen sich unter pädagogisch-anthropologischer Perspektive: Sozialität, Kulturalität, Korporalität und Liminalität (ebd., S. 36 ff.). Diese sind jeweils für sich dialektisch verfasst und perspektivieren Vulnerabilität als Begriff und »strukturelle Matrix« (ebd., S. 151). Besonders bedeutsam ist der »Zusammenhang von Körperlichkeit und Symbolizität« (ebd.) – eine Einsicht, die auch von kritisch-kulturwissenschaftlicher Pädagogik (Mollenhauer 2008; Brumlik 2006) erhärtet ist und den Fokus auf die menschliche Gesamt*praxis* und Praktiken in spezifischen Feldern richtet.[36]

Pädagogik als Versuch, einen Umgang mit der Verletzlichkeit der Menschen zu finden, macht deutlich, dass entsprechende Praxis und Praktiken zu einem gewissen Grad immer kontingent sind, sie perspektiviert und außerdem auch Effekt von den somit erwarteten und erlaubten *Aufhebungs*versuchen sind. Im Feld der Sonderpädagogik wird die Thematik traditionell medizinisch-psychologisch konnotiert (Fingerle 1999; Julius & Goetze 1999; Wieland 2011; Burghardt et al. 2017, S. 97 ff.) und im Rahmen von Präventions- als Bewältigungskonzepten wie Empowerment diskutiert. Insgesamt können drei Zugänge zu Vulnerabilität unterschieden werden: als Diagnostik von vor allem individuellen Faktoren, dann ein gesellschaftskritischer Ansatz und schließlich ein ethisch-anthropologischer Ansatz (Burghardt et al. 2017, bes. 158 ff.) Ungeachtet dessen hat Vulnerabilität »bislang nicht den Status eines Grundbegriffs« (ebd., S. 113) und doch kann nicht bloß auf eine Diskursgeschichte (Stöhr et al. 2019) zurückgeblickt, sondern auch eine vielversprechende Differenzierung der – vor allem anthropologisch-ethisch akzentuierten – Antwort auf den Ursprung und die Wirklichkeit pädagogischer Verantwortung gegeben werden.[37] Damit möchte ich zum letzten Aspekt überleiten und die Dialektik von Vulnerabilität/Resilienz mit Blick auf Behinderung materialistisch differenzieren.

3 Wenn Leben *übergreift:* Behinderung, Resilienz *und* Vulnerabilität

Mit der Struktur des menschlichen Lebens als »vorbereitete Beziehung« (Portmann 1965, S. 13) rückt in den Vordergrund, dass »alles, was den Menschen *defacto* zum Menschen macht, also die Informationen, die unser gattungsmäßiges Leben konstituieren, […] sich zum Zeitpunkt unserer Geburt außerhalb des Organismus [befinden … und insofern] *in den menschlichen Beziehungen* aufzufinden« (Heller

---

36 *Exemplarisch* für die Kategorie Körper: Menschen sind in ganz herausragender Weise als Körper vulnerabel, vermittelt über ihn nehmen sie Verletzungen wahr und verletzen. Im Spannungsfeld zwischen Organismus und Maschine (Benner 2005, S. 29 ff.) können Menschen den Körper als »eine große Vernunft« (Nietzsche 2018, S. 39) erfahren und als begrenzt, seine Grenze seiend sowie sich in Mitverhältnissen »positional derart dreifach charakterisiert« (Plessner 1975, S. 293) erkennen. Mehr noch: wird der Körper zu dem, was Menschen qua sozial-kultureller Positioniertheit und Passung von Gewohnheits-, Bedürfnis- und Fähigkeitsstruktur aus ihm machen dürfen, können und wollen (Dederich 2007; Sève 2016).

37 Verbunden mit Ansprüchen: (a) normativ als Schutz vor Verletzungen bzw. als Care-Bemühungen; (b) als deskriptiver Begriff, um Verletzungspotenziale zu identifizieren und darauf einzuwirken.

1981, S. 33, Hervorh. R.S.-R.) sind. Diese materialistische Figuration des Involviert-Seins hängt mit der exzentrischen Positionalität des Menschen und seinem »utopischen Standort(s)« (Plessner 1975, S. 341) zusammen; menschliche Lebensformen (als Person) bleiben zeitlebens »auf einen außerhalb der Wirklichkeitssphäre gelegenen *Stützpunkt* der eigenen Existenz« (ebd., S. 343) ver- und angewiesen. So kann (und muss) m. E. eine kritisch-kulturwissenschaftliche Perspektivierung von Pädagogik Bildsamkeit nicht bloß als *Grundbegriff* (Herbart 2011) moderner Erziehungs- und Bildungswissenschaft rehabilitieren, sondern zugleich die sozial-relationale Qualität dieses *Übergehens von der Unbestimmtheit zur Festigkeit* (ebd.) offenlegen: In der Allianz etwa von Mollenhauers (2008, S. 78 ff.) Deutung als universale, vorschießende Kompetenzunterstellung kann mit Ricken (2012) – Butler (2020) weiterdenkend – dieses Werden an die ansprechbare (und notwendig angesprochene) Verletzlichkeit der Menschen gebunden und sonach als ein höchst fragiles dargelegt werden. Butler zeigt, dass in die Anerkennungsgrammatik sozialer Beziehungen (Honneth 2021) der nicht einholbare Konnex mit dieser »allgemeinen menschlichen Verletzbarkeit [eingeschrieben ist und diese] mit dem Leben selber entsteht« (ebd., S. 48). Diese grundsätzliche, gemeinsame Verletzbarkeit kann als praktisches Apriori der Humanisierung begriffen werden. Dass es sich dabei auch um eine »*shared vulnerability*« (Knight 2013, S. 21, Hervorh. R.S.-R.) handelt und dies erkenntnispolitische Implikationen hat, dazu komme ich gleich noch. Wird Herbarts (2011) Festigkeit auch als eine Fixierung der sozialen Positionierung/Situierung verstanden, dann rücken Bedürfnis-, Gewohnheits- und Fähigkeitsstrukturen (und -regime) in den Fokus (Bourdieu 2016, S. 277 ff.).

Dabei spielt nebst Differenzbildungen auch die Herstellung von Gleichheiten eine wesentliche Rolle (Sen 1992, S. xi). *Differenzlinien* lassen sich so besehen als Ergebnis dieser sozialen Ordnungsversuche auffassen und öffnen – jedenfalls potenziell – den Blick für *gemeinsam*-reflexiv wirksame soziale und konflikthafte Effektketten. Bei genauerer Betrachtung lassen sich aber sowohl die (innere) Heterogenität der Kategorien als auch deren Interdependenz erkennen (Walgenbach 2014, S. 54 ff.). Mit einer *intersektionalen* Perspektivierung rücken nicht bloß Wechselwirkungen zwischen Kategorien in den Fokus, sondern auch die Ungleichverteilung von Verletzlichkeiten und Verletzungen (*jenseits* der shared vulnerability). Wenn nun Persönlichkeit nicht als »Quelle einer Gesamtheit von Verhaltensweisen« (Sève 2016, S. 329) bestimmt wird, sondern als »*komplexes System von Handlungen*« (ebd.), deren Besonderheit darin besteht, in das objektive gesellschaftliche Wirkgefüge von Handlungskreisläufen einzugehen, dann erweist sich Vulnerabilität *auch* als »Struktureffekt, der auf Grund der gesellschaftlichen Verhältnisse in der Produktion und Reproduktion der Aktivität und der Bedürfnisse auftritt« (ebd., S. 352). Sie *fundiert* als Übergreifendes zwar Praxis und Praktiken, produziert aber zugleich auch neue Verletzbarkeiten (Marx 2015, bes. S. 622 ff.). *Diskriminierung* beschreibt konzeptionell die systematische Marginalisierung und Exklusion von der eigentlichen Gattungsmäßigkeit durch die Effektketten dieser strukturierten/strukturierenden Strukturen menschlicher Angelegenheiten (Weisser 2010). Inklusion wiederum markiert Versuche der Überwindung durch *Aufhebung* dieser (Bewegungs-)Logik. Sie ist, diesem Gedanken folgend, Theorie und Praxis totaler Versuche, Responsivität bzw. Resonanz ›herzustellen‹. Mit dieser umfassend(er)en, jedenfalls kritischen

Perspektive erweisen sich *Ableismus* (Wolbring 2008) und die »koloniale Matrix der Macht« (Mignolo 2012, S. 49) als die eigentlichen Themen. Resilienz wäre sonach auch (wenn nicht fast zwingend) im Zusammenhang von Enhancement und Transhumanismus zu verhandeln.

Mehr noch: Es wird so »ein figurativer Zusammenhang [... sichtbar], in dem »Selbst und Andere bereits *ursprünglich miteinander verbunden* sind« (Ricken 2012, S. 347). »[D]ie eigentümliche Epigenesis des Selbst [lässt sich] vom Anderen her« (ebd.) verstehen und durch die Erfahrung der »primäre[n ...] Verletzbarkeit« (Butler 2020, S. 63) ein gemeinsamer Raum von Verantwortung markieren. Es ist *diese* Form der Erkenntnis, die für »Gemeinschaft an sich« (ebd., S. 62) notwendig ist; Vulnerabilität – insbesondere ihr passiv-affiziertes Moment – kann diese Erfahrung leiten (Angehrn 2003; Butler 2018, S. 90ff.).[38] So gesehen, können neben der grundsätzlichen Verletzbarkeit auch erlittene Gewalt und Verletztheiten ›genutzt‹ werden, um die Wirklichkeit des »Übergriffen Ausgesetztseins« (Butler 2018, S.160) zu *verstehen*[39]; und nicht bloß diese: auch *sich selbst* (ebd., S. 159ff.). Soll Vulnerabilität/Verletztlichkeit pädagogisch bearbeitet, d. h. Kulturation und Sozialisation in Selbstverfügung und -bestimmung transformiert werden, dann muss diese als in Verhältnissen vermittelt bewusst, geteilt und kommuniziert werden (Bernhard 2011, S. 274ff.). Diese Arbeit am Leid und Leiden ermöglicht (inklusive) Bildung erst (Heydorn 2004, S. 282), erfordert notwendig »prophetic witness« (West 2004, S. 17 f; 2022, S. 95 ff.) der Exterioritären und wird sich vielfach als Ritt »am Rande der Selbstzerstörung« (Heydorn 2004, S. 298) erweisen (müssen).

Und doch kann inklusive Bildung (und Erziehung) jenes angemessene Mittel sein, um Menschen zu befähigen, jedenfalls »das Leid, das aus Unkenntnis anderen zugefügt wird [...], auszusetzen« (Gamm 2017, S. 103). Diese inklusive Pädagogik ist »Gesellschaftspädagogik« (ebd., S. 32, S. 107, S. 262ff.), die einerseits den »Möglichkeitssinn« (Musil 2014, S. 16ff., S. 244ff.) kultiviert und sich zugleich einer »Anthropologie der Angewiesenheit« (Zirfas 2022b, S.19) unterhakt. Dabei werden zunächst Praktiken der »sensiblen Wahrnehmung, der differenzierten Achtsamkeit« (ebd.) entwickelt, um letztlich im Verhältnis der eigenen *Situiertheit* zum Gesamtzusammenhang bzw. in der Gesamtpraxis »die *Totalität der* Totalitäten« (Dussel 1985, S. 37) zu verstehen. Es geht aber nicht bloß um ein Ap-/Perzeptieren dieser, sondern darum, dass Menschen die die Vulnerabilität begründende utopische Positioniertheit pädagogisch nutzen, die darin gärende Hoffnung *begreifen* (Bloch 1985) und *konkret-utopisch* vom Möglichen her durch Handeln zu verwirklichen versuchen. Damit lässt sich die Vulnerabilität nicht eliminieren, die Dialektik menschlichen Handelns nicht auflösen. Und doch beginnt vernünftiges Leben damit, sowohl das Hemmende und Absteigende als auch deren Gegentendenz, das Überführen in neue Ordnungen, in der Gesamtheit zu erfahren, sich in diesem

---

38 »[I]n dieser gründet die *Kraft analytischer Einsicht*, die nicht nur das Leiden anderer als fremdpsychischen Vorgang, sondern das darin Erlittene, die darin erfahrene Wirklichkeit erschließt« (Angehrn 2003, S. 35).
39 ... und zwar »indirekt(es) [... und] über die Außenperspektive [...], indem sie gleichzeitig *die Genese seiner Verstellung* begreift« (Angehrn 2014, S. 145 f.).

Bewegungszusammenhang zu orientieren (Whitehead 1974).[40] Es handelt sich letztlich um Selbst- und Weltverhältnisse, die ihre eigene Fragilität reflektieren und um diese wissen sowie im Mit-Leiden und konkreten Bewältigen von vergesellschafteter Verletzlichkeit und Verletzungen Rationalität immer wieder gemeinsam herzustellen versuchen. Dies ist »*aktive* Selbstprotektion des Menschen« (Bernhard 2011, S. 253) und Arbeit an erfahrungsbasierten Formen *kollektiver Widerstandsfähigkeit* (ebd., S. 267 ff.). Vulnerabilität und Resilienz sind sonach als Momente *eines* Bewegungsganzen zu erhellen, um an der Bereicherung der Menschen mitzuwirken. Diese stellt sich dann ein, so Marx (2012), wenn Bildung und Erziehung »eine menschliche und daher gesellschaftliche Bedeutung« (ebd., S. 433) bekommen. Vulnerabilität – ich paraphrasiere – würde sich dann »gleichmäßig« (ebd.) artikulieren und ließe sich erfahren als »das passive Band, welches *den Menschen* den größten Reichtum, den andren Menschen, *als Bedürfnis empfinden* lässt« (ebd., Hervorh. R.S.-R.).

Literatur

Adorno, T. (2020): Zur gegenwärtigen Stellung der empirischen Sozialforschung in Deutschland. In: T. Adorno (Hrsg.), Gesammelte Schriften (Bd. 8). Frankfurt/M.: Suhrkamp.
Angehrn, E. (2014): Leiden beredt werden lassen. In C. Kirchhoff & F. Schmieder (Hrsg.), Freud und Adorno (S. 145–152). Berlin: Kadmos.
Angehrn, E. (2003): Leiden und Erkenntnis. In M. Heinze, H. Kupke & C. Kurth (Hrsg.), Das Maß des Leidens (S. 25–43). Würzburg: Königshausen & Neumann.
Aristoteles (2017): Über die Seele. Hamburg: Meiner.
Aristoteles (2012): Politik. Hamburg: Meiner.
Arendt, H. (2014): Vita activa. Oder: Vom tätigen Leben. München: Piper.
Benner, D. (2005): Allgemeine Pädagogik. Weinheim: Juventa.
Bernhard, A. (2014): Materialistische Pädagogik. Zeitschrift für Pädagogik, 60 (5), 764–781.
Bernhard, A. (2011): Allgemeine Pädagogik. Baltmannsweiler: Schneider-Hohengehren.
Bernhard, A., Rothermel, L. & Rühle, M. (Hrsg.) (2018): Handbuch Kritische Pädagogik. Weinheim: Beltz Juventa.
Bloch, E. (1985): Das Prinzip Hoffnung. In: Gesamtausgabe (Bd. 5). Frankfurt/M.: Suhrkamp.
Bourdieu, P. (2016): Die feinen Unterschiede. Frankfurt/M.: Suhrkamp.
Brumlik, M. (2006): Kultur ist das Thema. Zeitschrift für Pädagogik, 52 (1), 60–68.
Burghardt, D., Dederich, M., Dziabel, N., Höhne, T., Lohwasser, D., Stöhr, R. & Zirfas, J. (2017): Vulnerabilität. Stuttgart: Kohlhammer.
Butler, J. (2020): Gefährdetes Leben. Frankfurt/M.: Suhrkamp.
Butler, J. (2018): Kritik der ethischen Gewalt. Frankfurt/M.: Suhrkamp.
Castel, R. (2000): Die Fallstricke des Exklusionsbegriffs. Zeitschrift des Hamburger Instituts für Sozialforschung: Mittelweg 36 (3), 11–25.
Cloerkes, G. (2007): Soziologie der Behinderten. Heidelberg: Winter Univ. Verlag.
Dederich, M. (2022): Leiden. In: M. Dederich & J. Zirfas (Hrsg.), Glossar der Vulnerabilität (S. 269–279). Wiesbaden: Springer VS.

---

40 Bildungswissenschaftlich konnotiert: »[D]as pädagogische Feld [… so zu] strukturieren, damit die Vernünftigkeit […] nicht verhindert, sondern gefördert« (Mollenhauer 1971, S. 70) werde, und das bei »weitgehende[r] Mobilität« (ebd., S. 73) der Institutionen.

Dederich, M. (2010): Exklusion. In: M. Dederich, H. Greving, C. Mürner & P. Rödler (Hrsg.), Inklusion statt Integration? (S. 11–27). Gießen: Psychsozial-Verlag.
Dederich, M. (2007): Körper, Kultur und Behinderung. Bielefeld: transcript.
Dewey, J. (2007): Erfahrung und Natur. Frankfurt/M.: Suhrkamp.
Dussel, E. (2013): 20 Thesen zur Politik. Münster: Lit.
Dussel, E. (1985): Philosophie der Befreiung. Hamburg: Argument.
Engels, F. (1990a): Herrn Eugen Dührings Umwälzung der Wissenschaft. In: K. Marx & F. Engels (Hrsg.), MEW (Bd. 20). Berlin: Dietz.
Engels, F. (1990b): Dialektik der Natur. In: K. Marx & F. Engels (Hrsg.), MEW (Bd. 20). Berlin: Dietz.
Feuser, G. (2005): Behinderte Kinder und Jugendliche. Zwischen Integration und Aussonderung. Darmstadt: wbg.
Fingerle, M. (2016): Vulnerabilität. In: I. Hedderich, G. Biewer, J. Hollenweger & R. Markowetz (Hrsg.), Handbuch Inklusion und Sonderpädagogik (S. 422–426). Bad Heilbrunn: Klinkhardt-utb.
Fingerle, M. (1999): Vulnerabilität. In: J. Borchert (Hrsg.), Handbuch der Sonderpädagogischen Psychologie (S. 287–293). Göttingen: Hogrefe.
Gamm, H.-J. (2017): Allgemeine Pädagogik. Reinbek: Rowohlt.
Heller, A. (1981): Theorie der Gefühle. Hamburg: VSA.
Herbart, J. F. (2011): Umriss pädagogischer Vorlesungen. Darmstadt: WBG.
Heydorn, H.-J. (2004): Über den Widerspruch von Bildung und Herrschaft. In: I. Heydorn (Hrsg.), Werke (Bd. 3). Wetzlar: Büchse der Pandora.
Holz, H. H. (2005): Weltentwurf und Reflexion. Stuttgart: Metzler.
Holz, H. H. (2003): Widerspiegelung. Bielefeld: transcript.
Honneth, A. (2021): Kampf um Anerkennung. Frankfurt/M.: Suhrkamp.
Horkheimer, M. (2005): Traditionelle und kritische Theorie. Fünf Aufsätze. Frankfurt/M.: Fischer.
Jantzen, W. (2017): Allgemeine Behindertenpädagogik. Berlin: Lehmanns.
Jantzen, W. (1993): Das Ganze muss verändert werden. Berlin: Marold.
Jantzen, W. (1978): Bchindertenpädagogik, Persönlichkeitstheorie, Therapie. Köln: Pahl-Rugenstein.
Julius, H. & Goetze, H. (1999): Resilienz. In: J. Borchert (Hrsg.), Handbuch der Sonderpädagogischen Psychologie (S. 294–304). Göttingen: Hogrefe.
Klafki, W. (2007): Neue Studien zur Bildungstheorie und Didaktik. Weinheim: Beltz.
Knight, A. (2013): Disability as Vulnerability. The Journal of Politics, 76 (1), 15–26.
Lanwer, W. (2018): Behindertenpädagogik. In A. Bernhard, L. Rothermel & M. Rühle (Hrsg.), Handbuch Kritische Pädagogik (S. 416–430). Weinheim: Beltz Juventa.
Leibniz, G. W. (2014): Monadologie und andere metaphysische Schriften. Hamburg: Meiner.
Marx, K. (2018): Das Kapital (Bd. 1). In: K. Marx & F. Engels (Hrsg.), MEW (Bd. 23). Berlin: Dietz.
Marx, K. (2015): Einleitung zur Kritik der Politischen Ökonomie. In: K. Marx & F. Engels (Hrsg.), MEW (Bd. 13). Berlin: Dietz.
Marx, K. (2012): Ökonomisch-philosophische Manuskripte. In: K. Marx & F. Engels (Hrsg.): MEW (Bd. 40). Berlin: Dietz.
Marx, K. (1990): Thesen über Feuerbach. In: K. Marx & F. Engels (Hrsg.), MEW (Bd 3). Berlin: Dietz.
Marx, K. & Engels, F. (1990): Die deutsche Ideologie. In: K. Marx & F. Engels (Hrsg.), MEW (Bd. 3). Berlin: Dietz.
Mignolo, W. (2012): Epistemischer Ungehorsam. Wien: Turia+Kant.
Mollenhauer, K. (2008): Vergessene Zusammenhänge. München: Juventa.
Mollenhauer, K. (1971): Emanzipation und Erziehung. München: Juventa.
Musil, R. (2014): Der Mann ohne Eigenschaften. Reinbek: Rowohlt.
Nietzsche, F. (2018): Also sprach Zarathustra. In: KSA (Bd. 4). München: dtv.
Plessner, H. (2017): Gesammelte Schriften VIII: Conditio humana. Frankfurt/M.: Suhrkamp.
Plessner, H. (1975): Die Stufen des Organischen und der Mensch. Berlin: de Gruyter.
Portmann, A. (1965): Aufbruch der Lebensforschung. Zürich: Rhein-Verlag.

Rekus, J. (2016): Allgemeinpädagogische Überlegungen aus Anlass der Inklusionsdebatte. Vierteljahresschrift für wissenschaftliche Pädagogik, 92 (1), 46–56.
Ricken, N. (2012): Bildsamkeit und Sozialität. In: N. Ricken & N. Balzer (Hrsg.), Judith Butler: Pädagogische Lektüren (S. 332–352). Wiesbaden: Springer.
Sen, A. (1992): Inequality Reexamined. Cambridge: Harvard University Press.
Sève, L. (2016). Die Welt ändern. Das Leben ändern. Hamburg: Argument.
Tomasello, M. (2020): Mensch werden. Berlin: Suhrkamp.
Wieland, N. (2011): Resilienz und Resilienzförderung – eine begriffliche Systematisierung. In: M. Zander (Hrsg.), Handbuch Resilienzförderung (S. 180–207). Wiesbaden: Springer.
Zirfas, J. (2022a): Passivität. In: M. Dederich & J. Zirfas (Hrsg.), Glossar der Vulnerabilität (S. 307–318). Wiesbaden: Springer VS.
Zirfas, J. (2022b): Abhängigkeit. In: M. Dederich & J. Zirfas (Hrsg.), Glossar der Vulnerabilität (S. 11–22). Wiesbaden: Springer VS.
Walgenbach, K. (2014): Heterogenität – Intersektionalität – Diversity. Opladen: B. Budrich-UTB.
Weisser, J. (2010): Behinderung als Fall von Diskriminierung – Diskriminierung als Fall von Behinderung. In U. Hormel & A. Scheer (Hrsg.), Diskriminierung (S. 307–322). Wiesbaden: VS Springer.
West, C. (2004): Democracy Matters. London: Penguin.
West, C. (2002): Prophesy Deliverance! Louisville: WJK Press.
Wolbring, G. (2008): The Politics of Ableism. Development, 51 (1), 252–258.

Aggressives Verhalten als Ausdruck psychischer Widerstandskräfte

Jennis Schramm

Abstract

Gilt Resilienz gemeinhin als ein Potenzial zur Vermeidung pathologischen Verhaltens, argumentiert der vorliegende Beitrag, dass auch nonkonformes Verhalten Ausdruck von Resilienz sein kann. Trotz der aktuellen Resilienzforschung und damit einhergehender Abkehr von einer Defizitorientierung werden Bewältigungspotenziale verkannt oder abgelehnt, die nicht einem normativen Kodex entsprechen. Dies wird am Beispiel aggressiven Verhaltens Jugendlicher illustriert, das auf persönlicher Ebene für den*die Jugendliche*n mitunter »gesünder«/vorteilhafter zu sein scheint, als mit Rückzug, Vermeidung und Negativerwartung zu reagieren, und sich unter Berücksichtigung der individuellen und situativen Lebensbedingungen im Extremfall als notwendig zur Sicherung des eigenen Überlebens erweist.

Schlüsselwörter: Resilienz, Bewältigungsstrategie, Aggressivität, abweichendes Verhalten, Lebensrealitäten

---

1 Einleitung

Die hier auszuführenden theoretischen Überlegungen behandeln einen Blickwinkel auf Resilienz als bereichsspezifische Widerstandskraft, die nicht allein dem Individuum und seinen Dispositionen entstammt, sondern vielmehr im Kontext seiner Erfahrungen und seiner konkreten Lebensrealität gewürdigt werden muss. Besonders das gesellschaftlich abgelehnte aggressive Verhalten (impulsiv-reaktive Aggression) von Kindern und Jugendlichen wird hier von Interesse sein. Es erscheint in vielen Lebensrealitäten als einzig sinnvolle Strategie, um Anerkennung, Aufmerksamkeit, Selbstwert und Selbstwirksamkeit zu generieren sowie Status und Gruppenzugehörigkeit zu erlangen. Wenn solche Verhaltensweisen, die durch ungleiche gesellschaftliche Lebenswelten mit hervorgerufen und durch Stigmatisierungs- und Ausgrenzungsprozesse reproduziert werden, als aktiver Bewältigungsversuch gelesen werden, kann diesen Verhaltensweisen anders begegnet und es können angemessenere Interventionsprozesse in Gang gesetzt werden. Dies könnte dazu beitragen, dass Jugendliche ihre Missachtungserlebnisse besser verarbeiten können und lernen, auf andere Weise Selbstwert und Selbstwirksamkeit zu erlangen. Aggressives Verhalten lässt sich demnach nicht nur im Sinn gesellschaftlicher Werte der Sicherheit im Zusammenleben als pathologisch einordnen, sondern kann, je nach Kontext, eine aus individueller Sicht ›begründete‹ Strategie zum Erhalt der eigenen Integrität darstellen. Gerahmt sind diese Überlegungen von der fraglosen Rechtslage, dass Gewalt nicht als ein Mittel des Zusammenlebens gelten kann.

2 Aggression als abweichendes Verhalten

In der Regel verstößt aggressives Verhalten in unserer Gesellschaft gegen geltende soziale Normen und gilt daher als abweichendes Verhalten (Peuckert 2016, S. 128). Trotz dieser Ablehnung ist festzustellen, dass aggressives Verhalten von Kindern und Jugendlichen keine Seltenheit darstellt. Vielmehr ist es »ein natürliches Phänomen jeder Gesellschaft« (Kury 2014, S. 166).

Wie verhält es sich in Lebenskontexten, in denen nicht das angestrebte Ideal einer friedlichen, demokratischen Gesellschaft vorherrschend ist, sondern Aggressivität? Können Verhaltensweisen als pathologisch bezeichnet werden, wenn sie in der Lebensrealität des Subjekts nicht als abweichend, sondern als Normalität, teilweise sogar als Norm angesehen werden? Wo aggressives Verhalten trotz der gesellschaftlichen Ablehnung weiterhin existiert, stellt sich die Frage:

> »Wenn Aggression in der Entwicklung der Lebewesen [...] immer wieder genügend Vorteile gebracht hat, um nicht den Selektionsmechanismen zum Opfer zu fallen – muss man dann nicht genauer analysieren, was Aggression zu einer positiven Anpassung macht? Und wie verträgt sich das mit der entwicklungspsychologischen Sicht, dass Aggression ein Indikator für negative Anpassung sei?« (Schäfer 2014, S. 21)

Innerhalb von Lebensrealitäten, in denen feindselige und aggressive Verhaltensweisen eben nicht abweichend sind, sondern als Normalität gelten, kann aggressives Verhalten als *notwendige* Anpassung angesehen werden. Dennoch werden Kinder und Jugendliche, die aggressives Verhalten zeigen, das – wie zuweilen üblich – nicht als »entwicklungspsychologisch typisches Verhalten« einkalkuliert wird, als pathologisch und gesellschaftsgefährdend klassifiziert. Die Stigmatisierung, die ein solches Verhalten aufgrund der Schädigung anderer Personen erfährt, wird mitunter nicht kontextualisiert zu den prekären, belastenden und unwürdigen Lebensumständen, denen zumindest ein Teil der betroffenen Kinder und Jugendlichen ausgesetzt ist. Die Haltung, die aggressiven Kindern und Jugendlichen entgegengebracht wird, hat mit einer positiven, ressourcenorientierten Sichtweise wenig zu tun. Vielmehr führt eine Stigmatisierung zu einer Festigung des nicht erwünschten Verhaltens (Korte & Schäfers 2016, S. 142 ff.). Kinder und Jugendliche aus gewaltaffinen Milieus sind häufig negativen Etikettierungen ausgesetzt und haben weniger kulturelles Kapital, um sich gegen solche Vorurteile zu wehren. Diese Benachteiligungen können ihre Chancen, gesellschaftlich geforderte Lebensziele zu erreichen, erheblich einschränken und legen so die Notwendigkeit nahe, zur Bedürfnisbefriedigung auch Aggression zu nutzen (Böhnisch 2017, S. 31). Die Anerkennung ihrer Opferrolle ist keine Entschuldigung für ihre Taten, jedoch betont sie die besondere Verantwortung, welche die erwachsene Generation für die Lebensbedingungen von Kindern trägt (Petermann & Koglin 2013, S. 3 f.). Die Ablehnung, die Kindern und Jugendlichen mit aggressivem Verhalten entgegengebracht wird, hilft in der Regel nicht, etwas an ihrem Verhalten zu verändern. Es kommt zu neuen Missachtungserlebnissen, zum Gefühl, Erwartungen nicht gerecht zu werden, sowie fehlender Selbstwirksamkeit und schließlich zur Desintegration (Kraimer 2012, S. 25). Böhnisch verweist in diesem Zusammenhang darauf, dass diese Ausgrenzungsprozesse auch die Attraktivität des Anschlusses an delinquente Gruppenkonstellationen erhöhen, da die Kinder und Jugendlichen dort die sonst vermisste Anerkennung und Selbstwertsteigerung erlangen können (2017, S. 55 f.).

3 Das anpassungsfähige Kind in defizitären, ressourcenarmen Strukturen

Statt Kinder und Jugendliche aus den zuvor genannten Aufwachskontexten dementsprechend zu stigmatisieren, könnte ihnen auch ein Maß an Widerstandskraft unterstellt werden, auf ihre Lebensrealitäten in für sie überlebensnotwendiger Art und Weise zu reagieren. Ungar et al. (2013, S. 3) machen deutlich, dass Resilienz nur in der Kombination von Individuum-Umwelt-Interaktionen zu finden sei und somit eine sozio-ökologische Interpretation des Resilienzbegriffs angemessener erscheint als eine, die in verengender Weise auf individuelle Persönlichkeitseigenschaften fokussiert. Die Definition, die Ungar für den Resilienzbegriff vorschlägt, bezeichnet dabei »das – auch unter widrigen Umständen – erfolgreiche Navigieren eines Kindes (oder Erwachsenen) zu den Ressourcen, die es (oder er) zu seinem Wohlergehen benötigt, und das Aushandeln des Zugangs zu kulturell bedeutsamen Ressourcen mit denjenigen, die die Ressourcen kontrollieren« (Ungar 2008, S. 225). Die Wahrscheinlichkeit einer resilienten Entwicklung steigt, wenn die soziale Umwelt viele solcher Ressourcen bereitstellen kann (Ungar et al. 2013, S. 3). Viele Kinder und Jugendliche wachsen jedoch in sozial ressourcenarmen Familien und Umwelten auf. Eine Frage, die Ungar et al. in diesem Kontext stellen, lautet: »Nach welchem Standard wird Resilienz beurteilt?« (2013, S. 4).

Resilienz kann sich nur dann zeigen, wenn (stark) belastende Lebensereignisse oder Krisen auftreten, die das Individuum bewältigen muss. Ohne Krise ist Resilienz nicht zu denken. Resilienzforschung sollte dementsprechend danach fragen, wie Kinder mit ihren Belastungen *aktiv* fertig werden, und die Chance eröffnen, das Verständnis für Mechanismen von Resilienz zu erhöhen bzw. zu diversifizieren.

4 Der Blick auf das Bewältigungskapital

Eine normative Frage, die sich in dem Zusammenhang der Überlegungen und Forschungen zum Resilienzkonzept stellt, ist die Frage danach, »ab wann eine bestimmte Bewältigungsreaktion als ›erfolgreich‹ oder ›funktional‹ eingeordnet werden kann« (Silkenbeumer 2011, S. 619). Die Idee, ›erfolgreich‹ oder ›positiv‹ daran zu messen, dass keine psychische Erkrankung vorliegt, wie es in früheren Definitionen von Resilienz getan wurde, oder dass der Betroffene keine Probleme verursacht (Bröckling 2017), also gesellschaftlich angepasst ist, erscheint problematisch. »Anpassung darf und muss sein. Andererseits kann die Totalisierung der Anpassung […] ebenso in den Autonomieverlust und ins Unheil führen. […] Man kann an einem zu viel an Anpassung krank werden: Der Körper reagiert auf die Verletzung der Würde und Selbstachtung« (Ottomeyer & Reddemann 2017, S. 39). Es erscheint demnach sinnvoller,

> »(1) danach zu fragen, welches Ergebnis in Anbetracht der individuellen Situation und Lebensumstände einer Person am wahrscheinlichsten wäre, sowie (2) danach zu schauen, ob das Individuum aktive, lösungsorientierte Wege sucht, um mit seinen Belastungen fertig zu werden, oder passiv reagiert und eine Art Hilflosigkeit in ihrer Lebenssituation zeigt« (Hofer 2014, S. 79).

In hochbelasteten Kontexten kann es aufgrund der multiplen Stressoren zu einem erhöhten Aufkommen verschiedener Risikofaktoren für die kindliche Entwicklung kommen. Es reicht dementsprechend nicht aus, auf mikroanalytischer Ebene das Problemverhalten des Kindes oder der/des Jugendlichen zu betrachten. Fingerle schlägt daher vor, von *Bewältigungskapital* zu sprechen, da dem Kapitalbegriff soziale Faktoren inhärent sind (Fingerle 2010, S. 124 f.).

5 Erlernte Hilfslosigkeit vs. aggressives Verhalten

Ein erwartbares Entwicklungsrisiko für Kinder und Jugendliche, die mit einem niedrigen sozioökonomischen Status aufwachsen (müssen), lässt sich aus Ungleichheitsforschungen ableiten. Keim & Neef (2000, S. 259) arbeiteten heraus, welche Reaktionen Langzeitarbeitslose zeigen können. Ein dabei kategorisierter Typus wurde die »Apathischen« genannt und mit einem Verlust der alltäglichen Struktur und dem, was ihrem Leben Sinn verliehen hatte, beschrieben. Die darauffolgende Reaktion ist ein Selbstschutz vor Misserfolgserlebnissen in Form sozialen Rückzugs. Für Kinder und Jugendliche, die in diesen strukturellen Gegebenheiten aufwachsen, besteht das Entwicklungsrisiko, dass sie aufgrund von mangelnder finanzieller Versorgung und damit verbundenen Defiziten in der gesellschaftlichen Teilhabe ebenfalls mit Resignation, Rückzug, erlernter Hilflosigkeit und damit *passiv* reagieren. Das Resultat müsste in vielen Fällen eine Depression und

Selbstaufgabe bedeuten. Aggression könnte dabei insofern eine wichtige Rolle spielen, dass

> »das antisoziale Verhalten, das wir als negativ bewerten, [...] von den Betroffenen als positiv, als entspannend empfunden [wird], als (oft letztes) Mittel eben, Anerkennung, Selbstwirksamkeit und Selbstwert zu erlangen. Deshalb kann man es ihnen nicht einfach ausreden, muss ihnen Möglichkeiten anbieten, in denen sie mit der Zeit spüren können, dass sie nicht mehr auf dieses Verhalten angewiesen sind« (Böhnisch 2017, S. 24f.).

An dieser Stelle wird deutlich, dass aggressives Verhalten ermöglichen kann, *aktiv* etwas zu einer Situation beizutragen.

6 Funktionelle Aspekte aggressiven Verhaltens

Gerade in Gruppenkonstellationen mit Gleichaltrigen spielen Anerkennungsprozesse eine Rolle, besonders dort, wo diese im familiären oder gesellschaftlichen (z. B. schulischen) Kontext fehlen. Normkonforme Werte werden innerhalb der Peergroup weniger geachtet, mitunter sogar klar abgelehnt (Böhnisch 2017, S. 61), wohingegen antisoziales Verhalten von den anderen Gruppenmitgliedern hoch bewertet und mit Anerkennung sowie Gruppenzugehörigkeit beantwortet wird (ebd., S. 17). Solches Verhalten hat für das ausführende Subjekt Vorteile. Es bekommt Zuspruch und Anerkennung seitens der Menschen, die für es einen wesentlichen Bezugsrahmen darstellen. Die positive Rückmeldung der Gruppe trägt also zu einer Stärkung des Selbstwertes und damit zu einer Festigung des gezeigten Verhaltens bei (Cierpka et al. 2007, S. 94). Vor diesem Hintergrund der für die Kinder und Jugendlichen ›positiven‹ Lernerfahrung sowie der Steigerung ihres tendenziell niedrigen Selbstbewusstseins würde es aus der Perspektive der Kinder und Jugendlichen (zunächst) wenig Sinn ergeben, ihr Verhalten zu verändern und prosozial zu handeln.

Am banalsten tritt aggressives Verhalten als direkter Selbstschutz in Erscheinung. Kinder und Jugendliche, die Gewalt gegen sich selbst erleben, können, wenn sie sich wehren, die Erfahrung machen, dass aggressives Verhalten andere davon abhält, sie körperlich wie seelisch zu verletzen. Neben der direkten Gefahrenabwehr stellt sich dementsprechend ein Lernprozess ein, dass sich aggressives Verhalten in ihrer subjektiven Kosten-Nutzen-Bilanz auszahlt (Lösel & Bliesener 2003, S. 9). Des Weiteren kann es, gerade bei den Kindern und Jugendlichen, deren kognitive und vor allem sprachliche Fähigkeiten defizitär sind, als Problemlösestrategie verstanden werden (Wahl 2009, S. 85).

Die beschriebenen funktionalen Aspekte sind insofern relevant, als sie innerhalb der Resilienzforschung bereits als wichtige Bezugsgrößen bekannt sind.

7 Haltung und Umgang

Eine wertschätzende, anerkennende und verständnisvolle Haltung gegenüber aggressiven Kindern und Jugendlichen ist relevant, um ihr Handeln als Versuch zu interpretieren, in der eigenen Krise nach Bewältigungslösungen zu suchen (Kraimer 2012, S. 9). Statt in der Arbeit mit den Kindern und Jugendlichen sofort normative Erwartungen als Maßstab der Beurteilung heranzuziehen und Gewalt ohne weitere Auseinandersetzung mit ihnen als Fehlanpassung und maladaptive Bewältigungsstrategie anzusehen, sollte ihnen zugestanden werden, sich auf die u. U. einzige Weise zu verhalten, die ihren Lebensumständen und ihrem psychischen Zustand im Moment angemessen und sinnvoll erscheint – dementsprechend aus subjektiver Perspektive adaptiv ist. Denn es birgt

> »Probleme, Verhaltensstrategien a priori in adaptiv und nicht-adaptiv (maladaptiv) einzuteilen. [...] gerade in pädagogisch-therapeutischen Kontexten [kann es] nötig sein [...], zu erkennen, dass auch eine zunächst als maladaptiv einzustufende Regulation immerhin eine erfolgreiche Regulation darstellen kann, die eventuell in einem anderen, für das Kind bedeutsamen Lebensbereich, geradezu nötig ist« (Fingerle et al. 2019, S. 210).

Abweichendes Verhalten kann sinnvoll und als für einen Teilbereich der Lebensumwelt des Subjektes adaptive Lösungsstrategie angesehen werden. Schwierigkeiten, die dabei jedoch neu entstehen, sind häufig gesellschaftliche Ablehnung und Ausgrenzungsprozesse (Wüllenweber 2001, S. 98). Kinder und Jugendliche, die aggressives Verhalten zeigen, sind damit nicht automatisch nicht resilient. Vielmehr können diese Verhaltensweisen gerade Ausdruck ihrer psychischen Widerstandskraft gegenüber den unwürdigen, prekären Umständen sein, in denen sie aufwachsen und leben müssen.

8 Fazit

Begegnen wir Kindern und Jugendlichen in pädagogischer Praxis, müssen wir ihr Handeln im Kontext ihrer realen Lebenswirklichkeit betrachten und dies gerade dann, wenn Erfahrungen psychischer und physischer Vulnerabilität ihr Leben prägen (Brumlik 1995 nach Ecarius 2015, S. 155). »Professionelle pädagogische Praxis [...] versteht [...] ihr Gegenüber als Resultat, als Produkt seiner ganzen Lebensgeschichte bis zum Beginn ihrer Intervention« (Silkenbeumer 2011, S. 623).

Diese professionelle Praxis sollte auch im Kontext der Arbeit mit Kindern und Jugendlichen, die aggressives Verhalten zeigen, danach fragen, welchen Sinn das Festhalten an bestimmten Verhaltensweisen für ihr Leben hat und diesem subjektiven Sinn mit Respekt begegnen (ebd. S. 628f.), anstatt sie als krankhaft einzuordnen. Das den Überlegungen zugrundeliegende Resilienzverständnis muss zwingend die Perspektive der Subjekte (Liebel 2009, S. 54) und den gravierenden

Einfluss gesellschaftlicher Umstände berücksichtigen (Moldenhauer 2015, S. 119). Es gilt, die Funktion des *aktiven* (aggressiven) Verhaltens, den Nutzen-Faktor, zu erkennen und zu versuchen, dort zu intervenieren, wo die Anerkennungs- und Selbstwert/-wirksamkeitsproblematik der Kinder und Jugendlichen ihren Ursprung hat: »in der emotionalen Thematik von fehlender Bindung und erlittenem Selbstwertverlust« (Böhnisch 2017, S. 98).

Vor diesem Hintergrund kann das Konzept von Resilienz dazu beitragen, solches Verhalten anders, subjektiv positiv und verstehend einzuordnen und die Sinnhaftigkeit in krisenhaften Lebenskonstellationen anzuerkennen. So können letztlich auch adäquate Interventionen gefunden und den Kindern und Jugendlichen Wege aus ihrer Krise aufgezeigt werden. Kann aggressives Verhalten, aufgrund der sozialen Unverträglichkeit, nicht als »Vollbild« resilienter Entwicklung verstanden werden, so jedoch, aufgrund des aktiven Versuchs der Bewältigung von Widrigkeiten, als temporärer Schritt hin zur Resilienz.

Literatur

Böhnisch, L. (2017): Abweichendes Verhalten. Eine pädagogisch-soziologische Einführung. 5., überarbeitete Auflage. Weinheim: Beltz Juventa
Bröckling, U. (2017): Resilienz. Über einen Schlüsselbegriff des 21. Jahrhunderts. Freiburg. Online verfügbar unter: https://www.soziologie.uni-freiburg.de/personen/broeckling/broeckling-resilienz, Zugriff am 24.04.2023..
Cierpka, M., Lück, M., Strüber, D. & Roth, G. (2007): Zur Ontogenese aggressiven Verhaltens. *Psychotherapeut* 52 (2), S. 87–101.
Ecarius, J. (2015): Vulnerabilitätserfahrungen. In: S. Andresen, C. Koch & J. König (Hrsg.), Vulnerable Kinder (S. 155–172). Wiesbaden: Springer.
Fingerle, M. (2010): Risiko- und Resilienzfaktoren der kindlichen Entwicklung. In: B. Ahrbeck & M. Willmann (Hrsg.), Pädagogik bei Verhaltensstörungen. Ein Handbuch (S. 121–129). Stuttgart: Kohlhammer.
Fingerle, M., Röder, M. & Müller, A. (2019): Emotionsregulation im Grundschulalter. In: B. Kracke & P. Noack (Hrsg.), Handbuch Entwicklungs- und Erziehungspsychologie (S. 207–222). Berlin: Springer.
Hofer, P. (2014): Krisenbewältigung und Ressourcenentwicklung. Dissertation. Springer Fachmedien Wiesbaden GmbH.
Keim, R. & Neef, R. (2000): Ausgrenzung und Milieu: Über die Lebensbewältigung von Bewohnerinnen und Bewohnern städtischer Problemgebiete. In: A. Harth, G. Scheller & W. Tessin (Hrsg.), Stadt und soziale Ungleichheit (S. 248–273). Wiesbaden: VS Verlag für Sozialwissenschaften.
Kraimer, K. (2012): Devianz-Pädagogik. Kinder und Jugendliche in Krisen. Ibbenbüren: Münstermann.
Kury, H. (2014): Physische und psychische Gewalt. In: W. Melzer, D. Hermann, U. Sandfuchs, M. Schäfer, W. Schubarth & P. Daschner (Hrsg.), Handbuch Aggression, Gewalt und Kriminalität bei Kindern und Jugendlichen (S. 162–167). Bad Heilbrunn: Klinkhardt.
Liebel, M. (2009): Kinderrechte – aus Kindersicht. Wie Kinder weltweit zu ihrem Recht kommen. Berlin: LIT-Verl.
Lösel, F. & Bliesener, T. (2003): Aggression und Delinquenz unter Jugendlichen. Untersuchungen von kognitiven und sozialen Bedingungen. Neuwied: Luchterhand.

Moldenhauer, S. (2015): »Keine Gewalt trotz Risiko?«. In: B. Dollinger, A. Groenemeyer & D. Rzepka (Hrsg.), Devianz als Risiko. Neue Perspektiven des Umgangs mit abweichendem Verhalten, Delinquenz und sozialer Auffälligkeit (S.117–137). Weinheim: Beltz Juventa.

Ottomeyer, K. & Reddemann, L. (2017): Die Suche nach dem guten Leben. In: A. Jung (Hrsg.), Fit für die Katastrophe? Kritische Anmerkungen zum Resilienzdiskurs im aktuellen Krisenmanagement (S. 35–56). Gießen: Psychosozial-Verlag

Petermann, F. & Koglin, U. (2013): Aggression und Gewalt von Kindern und Jugendlichen. Berlin: Springer.

Peuckert, R. (2016): Abweichendes Verhalten und soziale Kontrolle. In: H. Korte & B. Schäfers (Hrsg.), Einführung in Hauptbegriffe der Soziologie. (S. 127–152). Wiesbaden: Springer.

Schäfer, M. (2014): Aggression. In: W. Melzer, D. Hermann, U. Sandfuchs, M. Schäfer, W. Schubarth & P. Daschner (Hrsg.), Handbuch Aggression, Gewalt und Kriminalität bei Kindern und Jugendlichen (S. 16–22). Bad Heilbrunn: Klinkhardt.

Silkenbeumer, M. (2011): Resilienz aufspüren – Biografiearbeit mit delinquenten Jugendlichen. In: M. Zander (Hrsg.), Handbuch Resilienzförderung (611–636) Wiesbaden: VS Verl. für Sozialwiss.

Ungar, M. (2008): Resilience across cultures. British Journal of Social Work, 38 (2), 218–235.

Ungar, M., Bottrell, D., Tian, G-X. & Wang, X. (2013): Resilienz: Stärken und Ressourcen im Jugendalter. In: C. Steinebach, K. Gharabaghi (Hrsg.), Resilienzförderung im Jugendalter. Praxis und Perspektiven (S. 1–20). Berlin: Springer.

Wahl, K. (2009): Aggression und Gewalt. Ein biologischer, psychologischer und sozialwissenschaftlicher Überblick. Heidelberg: Spektrum Akademischer Verlag.

Wüllenweber, E. (2001): Verhaltensprobleme als Bewältigungsstrategie. In: G. Theunissen (Hrsg.), Verhaltensauffälligkeiten – Ausdruck von Selbstbestimmung? [wegweisende Impulse für heilpädagogische, therapeutische und alltägliche Arbeit mit geistig behinderten Menschen] 2., erw. Aufl. Bad Heilbrunn/OBB: Klinkhardt.

Pädagogik außerhalb gesellschaftlicher Verhältnisse? Eine soziologische Hegemoniekritik an Resilienz am Beispiel eines sexualisierten Übergriffes in einer Schule

Monika Götsch & Sandro Bliemetsrieder

Abstract

Am Beispiel eines sexualisierten Übergriffs in der Schule verweisen wir aus einer soziologisch-diskursanalytischen Perspektive auf die normativen Anrufungen von Resilienzkonzepten. Im Sinne des »unternehmerischen Selbst« (Bröckling 2019) wird das souveräne, eigenverantwortlich handelnde und sich optimierende Subjekt (bspw. das sich wehrende Mädchen) fokussiert. Dabei werden tendenziell Machtstrukturen (wie patriarchale Verhältnisse) dethematisiert. Gewaltvolle Erfahrungen drohen in schicksalhafte Widerfahrnisse übersetzt zu werden, welche ‚resiliente' Kinder überwinden, während als weniger resilient konstruierte Kinder dadurch in soziale Abstiegsverlaufskurven hineingeraten würden. Mit dieser Deutung tritt der pädagogische, institutionelle und gesellschaftliche Verantwortungshorizont in den Hintergrund. Offen bleibt zugleich, wer definiert, ob jemand mit Belastungen (gut) zurechtkommt und ob diskriminierende Verhältnisse überhaupt ›bewältigt‹ werden müssen und können. Wir plädieren schließlich dafür, das Resilienzkonzept normativ zu erweitern und Machtverhältnisse mehr in den Blick zu nehmen.

Schlüsselwörter: machtkritische Perspektive auf Resilienz, Rekonstruktion von Normativitäten, sexualisierte Gewalt in der Schule

1 Einleitung

Resilienz ist ein Konzept, das in Mode gekommen ist, auf fast alle Lebensbereiche und Strukturen anwendbar scheint und wohl deshalb zu wenig hinterfragt wird. So werden inzwischen im öffentlichen Diskurs Ökosysteme, Gesellschaften und Finanzmärkte, insbesondere jedoch Individuen wie beispielsweise Kinder/Jugendliche nach ihrer Fähigkeit, mit Krisen unbeschadet umzugehen bzw. sich gegen jedes erdenkliche Risiko wappnen zu können, bewertet. Verstärkt wird dieser Fokus nicht zuletzt durch Resilienzdiskurse in der Sozialen Arbeit, Pädagogik und Psychologie (Bröckling 2017; Graefe 2019a). Aus einer kritischen, soziologischen Perspektive, die diese Diskurse um Resilienz und deren Normativitäten rekonstruiert – ohne jedoch das Konzept von Resilienz diskreditieren zu wollen –, lässt sich zeigen, dass damit tendenziell machtvolle bis gewaltvolle Strukturen (wie patriarchale und sexistische Verhältnisse) dethematisiert werden. Stattdessen drohen Kinder/Jugendliche als resilient oder weniger resilient unterschieden und eingeordnet zu werden, die ihr individuelles Schicksal – auch gewaltvoller Erfahrungen – besser oder schlechter ›bewältigen‹ können. Im Zuge dieser Umdeutung tritt der pädagogische, institutionelle und gesellschaftliche Verantwortungshorizont in den Hintergrund. Offen bleibt zudem, wer definiert, ob eine Person mit Belastungen (gut) zurechtkommt und ob diskriminierende Verhältnisse überhaupt ›bewältigt‹ werden müssen und können (Bliemetsrieder & Fischer 2020). Im Weiteren werden wir am Beispiel eines so in einer Schule stattgefundenen sexualisierten Übergriffs aus einer machtkritischen Perspektive die normativen Anrufungen von Resilienzkonzepten problematisieren.

2 Ein sexualisierter Übergriff und die Resilienz eines Mädchens

In der Schulpause wird ein 14-jähriges Mädchen öffentlich auf dem Schulhof von einem gleichaltrigen Mitschüler körperlich bedrängt. Niemand kommt ihr zur Hilfe, viele schauen zu. Sie wiederholt mehrmals, dass er damit aufhören soll. Dennoch werden seine sexualisierten Übergriffe immer massiver. Schließlich holt sie aus, schlägt ihm ins Gesicht und bricht ihm die Nase – sie hat den braunen Gürtel in Karate erworben. Von Mitschüler*innen, Lehrer*innen und ihren Eltern bekommt sie viel Anerkennung und Lob für ihre Fähigkeit, sich selbstbestimmt zur Wehr setzen zu können. Die Schule wertet die faktische Körperverletzung als Notwehr und sieht davon ab, diese zu sanktionieren. Der ›Vorfall‹ wird als erledigt erklärt, die Schule reagiert mit keinerlei Konsequenzen auf das übergriffige Verhalten des Jungen. Nach Auskunft des Mädchens und dessen Eltern (Gedächtnisprotokoll, Götsch 2022) wird nicht reflektiert, inwieweit die Bedingungen an der Schule oder gesellschaftliche Verhältnisse solche Übergriffe begünstigen.

Resilienz bedeutet, nach Norbert Wieland (2011, S.185), »wenn jemand eine extrem bedrohliche Situation unerwartet gut bewältigt«. Im Weiteren führt er aus, dass Resilienz u. a. »als gute und stabile Kontrollüberzeugung für andere Menschen lästig bzw. schädlich und sogar vor dem Hintergrund ethischer Normen fragwürdig sein kann« (Wieland 2011, S. 195). Fröhlich-Gildhoff und Rönnau-Böse (2022, S. 11) machen auf die Multidimensionalität von Resilienz aufmerksam, eine Leerstelle bleibt dabei die Frage nach gesellschaftlichen Verhältnissen und Normativitäten. Aus Sicht der Resilienzforschung befindet sich das Mädchen durch den sexualisierten Übergriff in einer bedrohlichen bzw. akuten Stresssituation und ist gleichzeitig belastenden Lebensumständen, nämlich Sexismus und patriarchalen Verhältnissen, ausgesetzt. Aus einer kritischen, soziologischen Perspektive lässt sich mit Bröckling (2017) rekonstruieren, dass das Mädchen durch ihre Kontrollüberzeugung sowie ihre Ressourcen, d.h. ihre Karate-Kenntnisse und ein positives Selbstkonzept körperlicher Integrität, *für sich* sowohl die akute Situation des sexualisierten Übergriffs wie auch scheinbar die dauerhaft problematischen Lebensumstände in patriarchalen Verhältnissen gelingend bewältigen kann. Das Mädchen verfügt demnach über die notwendigen »Resilienzfaktoren« (Fröhlich-Gildhoff & Rönnau-Böse 2022, S.41) und wird durch die Reaktionen der signifikanten erwachsenen Bezugspersonen zusätzlich gestärkt und bestärkt (Fröhlich-Gildhoff & Rönnau-Böse 2022; Spangler 2020; Wieland 2011; Uslucan 2011). In dieser Logik erscheint es dann auch nachvollziehbar, dass »Resilienz vor allem eigenschaftslogisch zu betrachten ist und zunächst aus der Perspektive des Subjekts (Ich-Perspektive)« (Wieland 2011, S.195) beurteilt werden soll, auch wenn in der Resilienzforschung die Mutidimensionalität relevant gemacht wird (Fröhlich-Gildhoff & Rönnau-Böse 2022, S. 11). Im Fokus steht also das Mädchen und dessen unmittelbaren Reaktionen auf den sexualisierten Übergriff, die dann im Anschluss positiv eingeordnet werden – mehr nicht. Aus einer solchen Perspektive scheint hier alles in guter (pädagogischer) Absicht gelungen und in bester Ordnung zu sein. Damit droht die pädagogische Dialektik, von Verhältnissen und Verhalten sich einseitig in Richtung Verhalten aufzulösen.

Mit Margherita Zander (2009, S. 15 ff) gesprochen, könnten im Resilienzkonzept auch Faktoren entdeckt werden, die einen Teil der Kinder mit deren Eigenschaften und/oder sozialen Netzwerken befähigen, Widerfahrnisse relativ unbeschadet zu überwinden. Dies lässt sich als ein »Ergebnis eines komplexen Interaktionsprozesses im subjektiven Verhalten von Personen und ihren Lebensmustern« (Bliemetsrieder & Dungs 2012, S. 284) deuten. Zanders mehrdimensionale Perspektiven auf Resilienz kann im folgenden Schaubild dargelegt werden (Tab. 1).

Nun wird mit Zander Resilienz als ein Konzept verstanden, das sich zwar komplex in Interaktionen zwischen Individuum und Verhältnisse vollzieht, aber gleichzeitig hegemoniale Normalitätsvorstellungen (wie ›hohes Bildungsniveau‹ und ›hoher‹ sozioökonomischer Status) fokussiert und zum Teil eigenschaftslogisch naturalisiert (z.B. durch Konstruktionen von Temperament und Geschlecht). Einerseits wird das gelingende Leben, wie es sich normativ in Resilienzdiskursen zeigt, in diesem Schaubild zu Recht als schwer auslotbar entworfen (unverfügbar), andererseits werden über das (bewältigungsbedürftige) Subjekt hinaus der soziale Nahraum ebenso eigenschaftslogisch und, teils individualisiert, als kompetent oder eben inkompetent adressiert. Dies erfordert, u.E. auch danach zu fragen, wer ›(in-)kompetent‹ definiert und wie (normativ) es definiert wird. Im Falle des sexualisierten Übergriffs wird ausschließlich auf reaktive kompetente Subjekte gesetzt (als sog. »Quellen der Resilienz«: »Ich habe; ich bin; ich kann« (Grotberg 2011, S. 54), institutionelle Verantwortlichkeiten sowie patriarchale und sexistische Strukturen bleiben weiterhin von Kritik unberührt, so hat es das Mädchen erlebt (Götsch 2022). Unserer Kenntnis entzieht sich allerdings, wie in verwaltungstechnischen Abläufen der Fall ggf. ›konstruiert‹ wurde.

Tab. 1: Mehrdimensionale Perspektiven auf Resilienz (Bliemetsrieder & Dungs 2012, S. 287; vgl. hierzu auch: Fröhlich-Gildhoff & Rönnau-Böse 2022, S. 21 ff)

Individuelle Faktoren	Sozialstrukturelle Faktoren
Eigenschaften	Innerhalb der Familie
• positive Temperamenteigenschaften • intellektuelle Fähigkeiten • weibliches Geschlecht	• wertschätzendes Erziehungsklima • mindestens eine stabile Bezugsperson • familiärer Zusammenhalt • autoritativ-demokratischer Erziehungsstil • hohes Bildungsniveau der Eltern • hoher sozio-ökonomischer Status
Erwerbbare Fähigkeiten	
• Problemlösefähigkeit • Selbstwirksamkeitsgefühl • positives Selbstkonzept • soziale Kompetenzen • sicheres Bindungsverhalten • gelingendes Bewältigungsverhalten • Kreativität • körperliche und gesundheitliche Ressourcen	In den Bildungsinstitutionen
	• wertschätzendes Erziehungsklima • Förderung von Basiskompetenzen
	Im weiteren sozialen Umfeld
	• kompetente und fürsorgliche Erwachsene im sozialen Nahraum • unterstützende soziale Netzwerke • Zugang zu sozialen Ressourcen im Stadtteil

3 (Macht-)Kritik der Resilienz

Mit dem für die Pädagogik scheinbar verheißungsvollen Fokus auf Resilienz werden die subjektiven Momente in den Vordergrund gerückt und machtvolle bis gewaltvolle Strukturen in den sozialen Verhältnissen tendenziell unterschätzt (Bliemetsrieder & Dungs 2012, S. 274). Macht- und gewaltvolle Strukturen, die auch in sozialen Praxen re-produziert werden, schlagen sich dann vor allem in Skandalisierungs- und Heilungsgeschichten *einzelner* Kinder nieder. *Gesellschaftliche* Verhältnisse werden dabei strukturell eher ausgeblendet. Der Umgang der Schule verweist auf Resilienzdiskurse, d. h. dem allgemeinen ›Sprechen‹ von Resilienz. Dieses ›Sprechen‹ von Resilienz liefert einen normativen Unterbau, welcher gleichzeitig einer aktivierenden Umgestaltung des (souveränen) Selbst in dessen Verhältnissen Vorschub leistet. Dies schließt unmittelbar an neoliberale Entwicklungen einer »Aktivgesellschaft« (Lessenich 2008, S. 85) an, wonach sozialstaatliche und, so lässt sich hinzufügen, ebenso pädagogische Maßnahmen mit dem Ziel der Resilienz auf die Aktivierung einer »sozial verantwortlichen Eigenaktivität der Individuen« (Lessenich 2008, S. 85) abzielen. Aus soziologischer Perspektive gewährt die neoliberale »Aktivgesellschaft« nur dem aktivierten und eigenverantwortlich aktiven Subjekt strukturelle Anerkennungsoptionen. Menschen, die dazu nicht in der Lage sind oder zu sein scheinen, bleiben tendenziell von dieser (nicht individuellen) Anerkennung ausgeschlossen (Götsch & Bliemetsrieder 2021).

In der Folge drohen gewaltvolle Erfahrungen wie sexualisierte Übergriffe in schicksalhafte, individuelle Widerfahrnisse übersetzt zu werden, welche resiliente Kinder/Jugendliche überwinden und sich Hilfe holen, während als weniger resilient konstruierte Kinder durch ihre Unfähigkeit, Eigenverantwortung zu übernehmen, in soziale Abstiegsverlaufskurven hineingeraten würden. Mit dieser kategorisch individualisierenden Umdeutung tritt ein pädagogischer, institutioneller und gesellschaftlicher Verantwortungshorizont in den Hintergrund. Aus diskursanalytischer Sicht lässt sich fragen:

> »Entlastet das Resilienzkonzept von der derzeit in allen Bereichen beobachtbaren Verantwortungsexpansion, indem es die individuelle Verantwortlichkeit für das eigene Wohl und Wehe in eine vom eigenen Handeln unbeeinflusste Black-Box hineinrückt?« (Bliemetsrieder & Dungs 2012, S. 276).

Resilienzkonzepte rücken in eine gewisse Nähe zum »unternehmerischen Selbst« (Bröckling 2019), d.h. sie laufen Gefahr, im Rahmen hegemonialer Diskurse der Selbstregierung und Selbstoptimierung (Götsch & Bliemetsrieder 2021) zu individualisierten Sozialtechnologien (z.B. Trainings gegen sexualisierte Gewalt) zu werden. Stefanie Graefe spricht entsprechend vom »homo resiliensis« (Graefe 2019b, S.113), die*der »effizient, eigenverantwortlich, lösungsorientiert und zugleich sensibel für die eigenen Bedürfnisse [ist] – eine Art ›unternehmerisches Selbst‹ mit eingebauter Selbstsorge- und Regenerationskompetenz« (Graefe 2019a, S. 26). Die Verantwortung für die Bewältigung von Krisenhaftem sowie von gesellschaftlichen Verhältnissen wird in die Individuen hineinverlagert als selbstverantwortete Resilienz – die, wenn notwendig, pädagogisch mit den entsprechenden ›tools‹ herstellbar erscheint (Bröckling 2017). Im neoliberalen Sinne werden dann Effizienz und Selbstoptimierung zu Normen für pädagogisches Handeln (Götsch & Bliemetsrieder 2021). Unter anderem können pädagogische Maßnahmen laut Ulrich Bröckling darauf abzielen, »Menschen an Risiken anzupassen. Statt Belastungen abzubauen, erhöht man die Belastbarkeit« (Bröckling 2017, S. 8). Vulnerabilität, Ambivalenzen und Abhängigkeiten werden in der Folge nicht mehr anerkannt. Vielmehr wird die ›Bewältigung‹ auch traumatischer Erfahrungen als nützlich für mehr Resilienz interpretiert (Graefe 2019a). »Die Verantwortung für die psychische Belastung des Subjekts wird in die Frage nach seiner Belastbarkeit übersetzt und auf diese Weise an das Subjekt zurückdelegiert« (Graefe 2019a, S.113). Kritisierbar sind dann nicht mehr die Folgen kapitalistischer Schieflagen, wie Ungleichheits- und Gewaltverhältnisse, sondern lediglich die gescheiterte Eigenverantwortung und Belastungsfähigkeit, folglich die gescheiterte Resilienz (Graefe 2019a). Dies zeigt sich u.E. insbesondere im Einsickern von Resilienzideen in alltägliches und politisches Sprechen.

4 Leerstellen der Resilienzforschung – ein Fazit

Der Fall des von sexualisierter Gewalt betroffenen Mädchens zeigt, dass mit dem Fokus auf Resilienz die Gefahr besteht, eine Auseinandersetzung mit gesellschaftlichen Macht-Verhältnissen und (struktureller) Diskriminierung auszuklammern. Der Übergriff und die patriarchalen Verhältnisse werden vielmehr normalisiert und reproduziert, wenn nur auf das Sich-Wehren-Können des Mädchens reagiert und nicht auf das grenzverletzende Verhalten des Jungen geblickt wird – wie dies in den Gesprächen über den Vorfall deutlich wurde (Götsch 2022). Nicht mehr bearbeitet werden dann Fragen wie: Wer schützt andere Mädchen vor sexualisierter Gewalt? Wie kann und muss sexualisierte Gewalt an Schulen grundsätzlich thematisiert werden?

Diese Aspekte verweisen auf Leerstellen in der Resilienzforschung: Wenn nur noch die individuelle Bewältigung und Reaktionen bezüglich Ungleichheiten und Gewalt von als kompetent erklärten Anderen und hilfreichen Institutionen auf unterschiedlichen Ebenen fokussiert wird, erscheinen gesellschaftliche Machtverhältnisse unveränderlich und ›naturgegeben‹. Die Lebensumstände, Notlagen und Belastungen werden in der Konsequenz zum persönlichen Schicksal und sind nicht durch gesellschaftliche Verhältnisse und/oder strukturelle Bedingungen bestimmt. Gewaltvolle Widerfahrnisse werden als individuell bewältigbar gedeutet, mit denen Einzelne ›gut‹ (resilient) oder ›schlecht‹ umgehen können. Dabei wird das Paradigma der Eigenverantwortung unkritisch übernommen. Die Bedeutung einer Adressierung von bspw. Mädchen (ausschließlich) als sich (jederzeit) wehren-könnende, eigenverantwortliche, unverletzliche Subjekte bleibt u.E. unbearbeitet. Und schließlich bleibt aus einer alteritätsethischen Perspektive weiter ungeklärt, wie verhindert werden kann, dass auf die (implizite) Anrufung des Mädchens – ›Hier passiert etwas vor den Augen aller, was nicht sein darf und allgemein aufhören muss!‹ – nicht von den signifikanten Anderen mit ›Werde oder bleibe resilient!‹ und ›Hole dir individuelle Hilfe!‹ geantwortet wird (Kerle & Bliemetsrieder 2019, S. 49).

Ohne das Konzept von Resilienz grundlegend diskreditieren zu wollen, sondern vielmehr um aus einer soziologisch-diskursanalytischen Perspektive produktive Kritikpunkte anzubieten, werfen wir resümierend die Frage auf, wie Resilienz als ein politisches und kritisches Konzept, welches Ungleichheiten, Chancen und Ressourcen als überindividuelle Phänomene begreift, verstehbar werden könnte (Kerle & Bliemetsrieder 2019, S. 47f.). Das Wissen um (mangelnde und gleichzeitig unverfügbare) ›Bewältigungsressourcen‹ – mit der Einsicht, dass keine Liste das ganze ›Gute‹ umfassen kann – könnte vorsichtig in politische Forderungen übersetzt werden, und zwar dann, wenn kritische wissenschaftliche Positionen zugleich gehört werden. Nämlich jene, die gesellschaftliche macht- und gewaltvolle Verwerfungen thematisieren und aus demokratischer und menschenrechtlicher (in diesem Falle insbesondere frauenrechtlicher) Perspektive das Zusammendenken von Sorge- und zugleich Selbstbestimmungsrechten auf struktureller Ebene formulieren. Wenn nicht nur gleiche Chancen und Handlungsfähigkeit (Zander 2020), sondern vielmehr Verletzlichkeit als Ausgangspunkt für soziale (institutionelle) Gerechtigkeit verstanden würde (Rüb 2017), ließe sich danach fragen, was (Bildungs-)Institutionen tun können, damit die steigenden und individualisierten Risiken für alle – auch hinsichtlich der Schwächergestellten – strukturell vermindert werden können. Nicht allgemein und reziprok rechtfertigbar im Sinne von Rainer Forst (2015) wäre dann ein allgemeines ›Abrufen‹ von Resilienz, wie es in unserem Beispiel durchscheint. Dies wäre vielmehr willkürlich und nicht verantwortbar gegenüber der sexualisiert gewaltvoll Adressierten und den so weiterhin potentiell Adressierbaren (Mädchen).

Literatur

Bliemetsrieder, S. & Dungs, S. (2012): Armut in der Kindheit. Sonderförderung, Capability oder doch Resilienz? In: S. Bliemetsrieder, S. & S. Dungs (Hrsg.), Kindheit in der Funktionale. Ambivalenzen ihres Wandels in disziplinären und professionellen Perspektiven (S. 273–298). Frankfurt/Main: Lang-Verlag.

Bliemetsrieder, S., Fischer, G. & Weese, J. (2020): Diskriminierung als Bewältigungsaufgabe? In: G. Stecklina & J. Wienforth (Hrsg.), Lebensbewältigung: Perspektiven für die Praxis der Sozialen Arbeit (S. 426–435). Weinheim und Basel: Beltz Juventa.

Bröckling, U. (2017): Resilienz: Über einen Schlüsselbegriff des 21. Jahrhunderts. Soziopolis: Gesellschaft beobachten. Online verfügbar unter: https://nbn-resolving.org/urn:nbn:de:0168-ssoar-80731-7, Zugriff am 25.02.2023.

Bröckling, U. (2019): Das unternehmerische Selbst. Soziologie einer Subjektivierungsform. Frankfurt/Main: Suhrkamp.

Forst, R. (2005): Die erste Frage der Gerechtigkeit. Bundeszentrale für politische Bildung: Aus Politik und Zeitgeschichte APuZ. Online verfügbar unter: https://www.bpb.de/shop/zeitschriften/apuz/28842/die-erste-frage-der-gerechtigkeit/, Zugriff am: 20.02.2023.

Fröhlich-Gildhoff, K. & Rönnau-Böse, M. (2022): Resilienz. (6. Aufl.). München: UTB Ernst Reinhardt Verlag.

Götsch, M. & Bliemetsrieder, S. (2021): »Systemsprenger*innen« als kapitalistisch durchdrungene Subjektivierungsweise – soziologische und sozialphilosophische Reflexionen der Kinder- und Jugendhilfe. In: D. Kieslinger, M. Dressel & R. Haar (Hrsg.), Systemsprenger*innen. Ressourcenorientierte Ansätze zu einer defizitären Begrifflichkeit (S. 21–42). Freiburg: Lambertus.

Graefe, S. (2019a): Resilienz im Krisenkapitalismus: Wider das Lob der Anpassungsfähigkeit. Bielefeld: transcript Verlag.

Graefe, S. (2019b): Erschöpfung, Resilienz und Nachhaltigkeit. Anmerkungen zur neuen Subjektivität der Arbeit. WSI Mitteilungen 2019,1 (1), 22–30.

Grotberg, E. H. (2011): Anleitung zur Förderung der Resilienz von Kindern – Stärkung des Charakters. Ein Manual für die Praxis der Resilienzförderung. In: M. Zander (Hrsg.), Handbuch Resilienzförderung (S. 51–101). Wiesbaden: VS.

Kerle, A. & Bliemetsrieder, S. (2019): Manage deine Krise selbst! Armut und Resilienz. Mitreden und gehört werden – Arbeitsalltag und Arbeitsbedingungen aktiv gestalten, 5 (1), 46–49.

Lessenich, S. (2008): Die Neuerfindung des Sozialen. Der Sozialstaat im flexiblen Kapitalismus. Bielefeld: transcript Verlag.

Rüb, F. W. (2017): Verletzlichkeit und soziale Gerechtigkeit. Überlegungen und (Neu-)Begründungen von moralischen Prämissen moderner Wohlfahrtsstaaten. In: A. Croissant, S. Kneip & A. Petring (Hrsg.), Demokratie, Diktatur, Gerechtigkeit (S. 647–671). Wiesbaden: Springer Fachmedien.

Sennett, R. (2006): Der flexible Mensch. Die Kultur des neuen Kapitalismus. Berlin/New York: Berlin Verlag.

Spangler, G. (2020): Bindungsorganisation und Resilienz: Aktueller Stand der Diskussion über Ursachen und Aussagekraft. In: G. Opp, M. Fingerle & G. Suess (Hrsg.), Was Kinder stärkt. Erziehung zwischen Risiko und Resilienz (4., neu bearbeitete Aufl.) (S. 30–40). München: Ernst Reinhardt Verlag.

Uslucan, H.-H. (2011): Resilienzpotenziale bei Jugendlichen mit Migrationshintergrund. In: M. Zander (Hrsg.), Handbuch Resilienzförderung (S. 555–574). Wiesbaden: VS.

Wieland, N. (2011): Resilienz und Resilienzförderung – eine begriffliche Systematisierung. In: M. Zander (Hrsg.), Handbuch Resilienzförderung (S.180–207). Wiesbaden: VS Verlag für Sozialwissenschaften.

Zander, M. (2009): Armes Kind – starkes Kind? Die Chance der Resilienz. Wiesbaden: VS.

Zander, M. (2020): Kinderarmut, Resilienz und Handlungsfähigkeit. In: P. Rahn & K. A. Chassé (Hrsg.), Handbuch Kinderarmut (S. 341–352). Opladen: utb.

3 Herausforderungen und Möglichkeiten der Förderung von Resilienz im pädagogischen Feld

Resilienz mit Introvision: Gelassenheit fördern zur Stärkung innerer Widerstandskräfte

Telse Iwers & Angela Rohde

> *Abstract*
>
> In diesem Beitrag soll die Methode der Introvision vorgestellt und ihre potenzielle Bedeutung für die Förderung von Resilienz diskutiert werden. Die Introvision stellt eine Methode der Innenschau dar, die konfliktinduzierende Wahrnehmungsprozesse fokussiert. In diesem Sinne ist sie eine Spezialform der Introspektion.
> Grundlegende Annahme der Introvision ist, dass innere, emotional aufgeladene Paradigmen (subjektive Imperative) Resultat einer konflikthaften Wahrnehmungsverarbeitung sind und diese zugleich iterativ bewirken. Mit Introvision wird mentale Selbstregulation möglich, um konflikthaftes Erleben zu erkennen und die damit verbundenen inneren Prozesse zu beenden. Durch die Auflösung der blockierenden subjektiven Imperative wird situationsangemessene und nicht konfliktinduzierende Wahrnehmung wieder ermöglicht und das Individuum in die Lage versetzt, auf stabile Selbstkonzeptanteile zuzugreifen. Es können kohärente Handlungsfähigkeit und individuelle Handlungsmacht entwickelt bzw. wiederhergestellt werden.
>
> *Schlüsselwörter:* Introvision, Gelassenheit, Selbstregulation, Resilienz, Konflikte

1 Resilienz und Introvision – eine Einordnung

In diesem Beitrag soll die Methode der Introvision vorgestellt und ihre potenzielle Bedeutung für die Förderung von Resilienz diskutiert werden. Dabei wird das im Kontext verschiedenster Achtsamkeitsdiskurse und -programme zentrale Konzept der Gelassenheit in den Fokus gerückt und das Ausmaß an Gelassenheit als ein potenzieller Schutzfaktor im Resilienzkonzept diskutiert (Rohde & Kosuch 2023; zur Diskussion des Verhältnisses von einschlägigen Achtsamkeitskonzepten und Introvision vgl. z. B. Wagner, Kosuch & Iwers 2020).

1.1 Erkenntnisse aus der Resilienzforschung

Die Resilienzforschung untersucht Entstehung, Bedingungen und begünstigende Faktoren für Widerstandskräfte des Menschen. Sie unterscheidet dabei Faktoren, welche die Entwicklung seelischer Widerstandskraft begünstigen (Schutzfaktoren), und Faktoren mit einer beeinträchtigenden Wirkung (Risikofaktoren).

Erste Forschungen zur Resilienz entstanden in den 1950er Jahren im Bereich der Entwicklungspsychologie bzw. -pathologie von Kindern und Jugendlichen (Werner & Smith 1997; Wustmann 2005). Inzwischen hat sich die Resilienzforschung auch auf Erwachsene u.a. im Kontext der arbeitsweltbezogenen Gesundheitsförderung ausgeweitet und wird in diversen Disziplinen mit unterschiedlichen Fragestellungen diskutiert (Bengel & Lyssenko 2012; Reich, Zautra & Hall 2010; Wink 2016). Mit Beginn der 2000er Jahre gewinnen die sozialen Faktoren in der Resilienzforschung an Bedeutung und die Kontext- und Kulturabhängigkeit von Resilienz wird fokussiert (Fingerle, Opp & Suess 2020, S. 7). Aufgrund des multidisziplinären Blicks (Wink 2016; Karidi, Schneider & Gutwald 2018) auf das Thema Resilienz sind die Perspektiven entsprechend vielfältig. Manche sprechen von Resilienz als »Zukunftskompetenz« (Moser & Häring 2023, S. 9), weisen ihr das Potenzial als Zeitgeistphänomen des 21. Jahrhunderts zu (Wink 2016, S. 2) oder sprechen von Resilienz als »›Shooting Star‹ unter den Bezugs- und Leitkonzepten psychologischer Forschung und Praxis« (Fooken 2016, S. 25). Der Eindruck großer Vielfalt wird noch verstärkt durch den unspezifischen, quasi inflationären Gebrauch des Resilienzbegriffs in populärwissenschaftlichen Veröffentlichungen sowie der Selbsthilfeliteratur (ebd., S. 26). Gemeinsam ist den unterschiedlichen Zugängen die Verwendung des Begriffs »in Bezug auf den erfolgreichen Umgang mit einer Störung (einem ›Schock‹, widrigen Umständen) insbesondere durch Anpassungsfähigkeiten oder Möglichkeiten der Verringerung der ›Verletzlichkeit‹« (Wink 2016, S. 1).

In der Resilienzforschung werden Resilienzfaktoren als Ressourcen auf unterschiedlichen Ebenen betrachtet – auf der Ebene von Individuen, Gruppen, Institutionen oder auch der Gesellschaft als Ganzes (Brunnemeyer 2021; Ostheimer 2018). Im Kontext dieses Beitrags wird die individuelle Ebene der Resilienz als Fähigkeit, »erfolgreich mit belastenden Lebensumständen und negativen Folgen von Stress umzugehen« (Wustmann 2020, S. 18), fokussiert. Im Zusammenhang mit Resilienz wird Vulnerabilität diskutiert – als eine Verwundbarkeit, die in äußeren Einflussfaktoren liegen kann (Wustmann 2005, S. 192), zugleich aber auch aufgrund der altersspezifischen Entwicklungsaufgaben mit Kindern verbunden wird. Hierbei ist die Verwundbarkeit allerdings immer auch in Bezug zu (un-)günstigen Umfeldbedingungen zu sehen. Wustmann unterscheidet im Kontext der kindlichen Entwicklung zunächst zwischen personalen und sozialen Ressourcen als Schutzfaktoren und innerhalb der o. g. personalen Ressourcen kindbezogene Faktoren sowie Resilienzfaktoren (ebd., S. 196). Für die in diesem Beitrag besonders relevanten personalen Faktoren wird auf die von Fröhlich-Gildhoff und Rönnau-Böse fokussierten sechs Resilienzfaktoren und deren »kumulative Wirkweise« verwiesen: Selbstwahrnehmung, Selbstwirksamkeit, Selbststeuerung, soziale Kompetenz, Umgang mit Stress sowie Problemlösefähigkeiten (S. 30). Hilfreich ist zudem die Unterscheidung von Schutzfaktoren und förderlichen Bedingungen. Schutzfaktoren können sich erst in Belastungssituationen als solche entfalten, wenn sie diese abpuffern oder zu beseitigen vermögen (ebd., S. 28).

Resilienz ist keine stabile Persönlichkeitseigenschaft, die – einmal erworben – dauerhaft als Ressource zur Verfügung stünde, sondern Resilienz wird aufgefasst als »adaptiver Prozess des Individuums, im Zusammenwirken von Schutz- und Risikofaktoren [...]. Dieser Prozess lässt sich durch Interventionen zumindest partiell positiv beeinflussen« (Höfler 2018, S. 7).

Hier setzt dieser Beitrag an und zeigt auf, inwieweit Introvision als Präventionsstrategie sowie Selbstregulationsmaßnahme im akuten Fall von Belastungen bzw. Konflikten zur Förderung von Resilienz beitragen kann, und zwar mit Fokus auf die individuelle Ebene und die Stärkung personaler Ressourcen nach Fröhlich-Gildhoff und Rönnau-Böse (2022).

1.2 Die Methode Introvision – ein kurzer Einblick

Introvision (= Innenschau bzw. Hineinschauen) – der Begriff wurde 2001 von Iwers eingeführt – ist ein klientenzentrierter kognitionspsychologischer Ansatz, der sich mit der Frage befasst, wie man mittels mentaler Selbstregulation mit belastenden Situationen und deren Weiterverarbeitung umgehen kann (Wagner 2021; Wagner; Kosuch & Iwers 2020, S. 15). Die Introvisionsforschung beschäftigt sich mit dem Umgang mit Konflikten in pädagogischen, therapeutischen und arbeitsweltlichen Kontexten. Untersucht wird seit nunmehr 45 Jahren, wie innere Konflikte und mentale Blockaden entstehen, welche Auswirkungen sie auf kognitiver, emotionaler und physiologischer Ebene haben und wie sie aufgelöst werden können. »Ausgangspunkt für die Entwicklung der Introvision war die Frage, was sich tun lässt, wenn innere Konflikte, Emotionen und Blockaden trotz rationaler Einsicht weiter anhalten« (Wagner 2015, S. 104).

Die Introvisionsforschung zielt auf die individuelle Sensibilisierung für mentale Prozesse in nicht-gelassenen Situationen ab und liefert als Werkzeug eine neue Form der Wahrnehmung: das Konstatierende Aufmerksame Wahrnehmen (KAW). Mit dieser Wahrnehmungsweise können Gelassenheit und Handlungsfähigkeit erhalten bzw. wiederhergestellt (Iwers-Stelljes 2008) und die individuelle Resilienz gestärkt werden.

Für zahlreiche Anwendungsfelder – u. a. in den Bereichen Gesundheit, Pädagogik, Wirtschaft oder Sport – liegen inzwischen Befunde aus über 60 empirischen Untersuchungen zur Struktur von Konflikten und zur Wirksamkeit des KAW sowie der Introvision vor. Dazu gehören Untersuchungen zur Verringerung von Lern- und Schreibblockaden (Iwers-Stelljes & Müller 2013; Möller 2008), zum Abbau von Rede- und Prüfungsangst (Berckhan, Krause & Röder 1993), im Leistungssport (Benthien 2011), in der Lehrerbildung (Iwers-Stelljes 2012) oder zur Gestaltung von Veränderungsprozessen in Gruppen und Organisationen (Kosuch 2009). Die Ergebnisse zeigen, dass die Anwendung von Introvision als Beratungs- und Coachingansatz sowie als Selbsthilfemethode zu signifikanten Veränderungen im Konflikterleben und -verhalten führt (Wagner 2021, S. 45 f.; 2012, S. 316).

Wie Gelassenheit als zentrales Konzept der Introvision und Resilienz zusammenhängen und welchen Beitrag Introvision dazu leistet, wird nachfolgend näher erläutert.

2 Zwischen Gelassenheit und Panik

Zentrales Anliegen der Introvision ist die Förderung einer gelassenen Haltung, die auch starken Belastungssituationen standhalten kann. Dazu ist es zunächst wichtig zu verstehen, was Gelassenheit aus der Perspektive der Introvision überhaupt ist und wie man sie operationalisieren bzw. messen kann.

2.1 Die Bedeutung von Gelassenheit

Die Erforschung der Gelassenheit hat eine lange religiöse und philosophische Tradition. Inzwischen wird darunter eine persönliche Innerlichkeit verstanden, die verbunden ist mit Begriffen wie z. B. Gemütsruhe und inneres Gleichgewicht (Wagner, Kosuch & Iwers 2020; S. 23, Wagner 2019, S. 69–70). Gelassenheit hat unterschiedliche Ausprägungen im Alltag. Wagner (2021) unterscheidet dies anhand der folgenden drei Beispiele für Gelassenheit, denen »das Erleben innerer Ruhe, verbunden mit einem Gefühl der Mühelosigkeit und des Wohlbefindens« (S. 24), gemeinsam ist:

1. Gelassenheit inmitten von Hektik,
2. Gelassenheit und Flow-Erleben: Versunken sein im eigenen Tun sowie
3. Gelassenheit als außergewöhnlicher Bewusstseinszustand, also nicht nur als wohlvertraute Form der inneren Ruhe, sondern als tiefere Form – beispielsweise in der Meditation erfahrbar (Wagner 2015, S. 67; 2019, S. 76–78).

»Gelassenheit bezeichnet eine annehmende und besonnene Haltung, mit der es möglich ist, die Gegenwart zu erfassen, wie sie ist, ohne von emotionaler oder gedanklicher Abwehr überschwemmt zu werden« (Wagner, Kosuch & Iwers 2020, S. 26). Im Zustand der Gelassenheit ist man frei von innerer Unruhe, Widersprüchen oder Konflikten. Gelassenheit ist nicht gleichzusetzen mit Gleichgültigkeit oder Fühllosigkeit. Eher werden diese Reaktionen in der Introvision als mögliche Stressantworten angesehen, die aktiviert werden, um ein Problem nicht mehr wahrnehmen zu müssen. Mit großem psychischem Aufwand wird dann versucht, Unangenehmes beiseitezuschieben, während der ursprüngliche Konflikt noch da ist.

Gelassenheit kann man fördern. Gelassenheit in Zeiten von Unruhe bzw. in einer akuten Belastungssituation heißt, »etwas innerlich nicht mehr zu tun. Dieses Verständnis von Selbstberuhigung und Selbstregulation durch Unterlassung ist die Grundlage der Introvision« (Wagner, Kosuch & Iwers 2020, S. 22).

2.2 Ausmaß von Gelassenheit: die Psychotonusskala

Um die den verschiedenen Gelassenheits- bzw. Nicht-Gelassenheitszuständen zugrundeliegenden unterschiedlichen Bewusstseinszustände besser differenzieren zu können, wurde die Psychotonusskala entwickelt. Die Psychotonusskala dient der Selbsteinschätzung in bestimmten Situationen und wird auch in Introvisionsberatungsgesprächen eingesetzt, um die Anwendung von KAW und Introvision situativ zu reflektieren. Dazu wird der oder die Ratsuchende in Bezug auf eine bestimmte Situation um die subjektive Selbsteinschätzung gebeten, wie hoch die Anspannung ist. So können auch Vorher-Nachher-Abfragen erfolgen.

Dabei werden in sieben Stufen unterschiedliche Grade von Gelassenheit (bzw. Anspannung) betrachtet (Tab. 1). Ausgehend von Stufe 4 steigt die Anspannung mit jeder Stufe nach oben weiter an (Stufen 5 bis 7), mit jeder Stufe nach unten (Stufen 3 bis 1) sinkt die Anspannung bzw. steigt der Grad der Gelassenheit (Wagner 2021, S. 29).

Tab. 1: Die Psychotonusskala (in Anlehnung an Wagner, Kosuch & Iwers 2020, S. 27; Wagner 2021, S. 29)

PT-Stufe	Psychotonusstand	Beispiele psychischer An- bzw. Entspannung
7	eskalierender akuter Konflikt	Panik, Verzweiflung, Blackout
6	akuter Konflikt	Angst, Entscheidungsdilemma
5	Anstrengung, Volition (Wille), Affekte	Selbstbeherrschung, Impulsivität
4	Alltagswachbewusstsein	wach, handlungs- und funktionsfähig
3	beginnende Entspannung, Versenkung	abnehmende Erregung
2	Versunkenheit, Flow-Erleben	große innere Klarheit, Trance
1	absolute innere Ruhe	tiefes Wohlgefühl, Zeitlosigkeit

2.3 Wie Stress und Unruhe entstehen: Introferenz durch Überschreiben

Die Analyse innerer Konflikte setzt bei irritierenden kognitiven Prozessen an, die aus einem Zustand von Gelassenheit herausgeführt haben. Der Bewusstseinszustand innerer Ruhe und Gelassenheit ist vergleichbar mit einer glatten Meeresoberfläche. Es gibt keine Beeinträchtigung oder Störung von Wahrnehmungen und inneren Bewegungen kognitiver oder emotionaler Art durch hemmende, blockierende, verzerrende Eingriffe. Dieser Zustand hört auf, wenn die Informationsverarbeitung sprichwörtlich hängenbleibt. Dafür wurden vier Ausgangspunkte, sogenannte Defaults, ausgemacht (Wagner 2021, S. 77–79; Wagner, Kosuch & Iwers 2020, S. 71):

1. *Widerspruch* – z. B. zwischen zwei Handlungsoptionen, die (nahezu) gleichwertig relevant oder bedeutsam für das Individuum erscheinen; z. B.: »Ich muss mich aktuell um meine Arbeit kümmern! Ich muss mich aktuell aber zugleich auch um eine private Angelegenheit kümmern!« Beides ist in dem Moment hochbedeutsam, aber es kann nur einem Anspruch Folge geleistet werden.
2. Ein Widerspruch kann aber auch zwischen zwei inhaltlich einander diametral gegenüberstehenden Handlungsoptionen bestehen: »Ich muss mich auf die bevorstehende Prüfung intensiv vorbereiten! Ich darf die Prüfung nicht zu ernst nehmen, um nicht zu nervös zu werden!«
3. *Inkongruenz* – z. B. wahrgenommen als Diskrepanzen zwischen Selbst- und Fremdeinschätzungen (»Das stimmt nicht.«).
4. *Leerstelle* – Man weiß etwas nicht, was gebraucht wird, um den Handlungsprozess weiterzuführen (»Ich habe keine Ahnung«).
5. *Diskrepanz* – zwischen Ist und Soll (»Es läuft nicht so, wie es soll«).

In der Folge wird der Informationsverarbeitungsprozess dadurch aufrechterhalten, dass die Defaults überschrieben werden. Dabei nutzt das Bewusstsein unterschiedliche verfügbare kognitive Strategien:

Um einen *Widerspruch* zu überschreiben, wird eine Entscheidung zugunsten einer Handlungsoption getroffen, der gefolgt werden muss, d. h. die nicht mehr in Abwägung mit der jeweils gegenüberliegenden Option steht.

Um eine *Inkongruenz* zu überschreiben, wird auf einen Teil der Irritation fokussiert, der in die zentrale Aufmerksamkeit rückt. Im Falle einer Inkongruenz zwischen wahrgenommenem Selbst- und Fremdbild entscheidet das Bewusstsein für eines dieser beiden Bilder.

Um eine *Leerstelle* zu überschreiben, werden diejenigen Kognitionen aktiviert, die der Wahrnehmung des Nicht-Weiter-Könnens ausweichen und auf mögliche Prozessfortsetzungen fokussieren.

Um eine *Diskrepanz* zu überschreiben, geht das Bewusstsein im Kern genauso vor. Es läuft zwar nicht so, wie es soll, die Wahrnehmung fokussiert nun aber z. B. die Aspekte des jeweiligen Prozesses, die auf das Gelingende fokussieren.

Diese vier Überschreibungsprozesse können zusammengefasst folgendermaßen beschrieben werden: Mit einer Wahrnehmung gehen Irritationen, Diskrepanzen, Leerstellen oder Inkongruenzen einher. Die Wahrnehmung wird auf diese Unterbrechung gelenkt und der Informationsverarbeitungsprozess wird unterbrochen. Um den Prozess fortsetzen zu können, erfolgt eine Überschreibung der wahrgenommenen Irritation, indem eine der aktivierten Kognitionen in das Zentrum der Wahrnehmung gerückt wird und andere Kognitionen als Subkognitionen aus dem Wahrnehmungszentrum rücken. Sie werden quasi überschrieben. Dadurch werden Entscheidungen zugunsten eines Teils der Möglichkeiten getroffen, und zwar, so die Kernannahme der Introvision, durch das Aufladen der jeweiligen Zentralkognitionen mit emotionaler Energie. Diese so entstehenden aufgeladenen Kognitionen bezeichnen wir als subjektive Imperative (z. B. »Ich darf mich auf keinen Fall verhaspeln!«, »Ich muss das Spiel gewinnen!«, Ich darf keine schlechte Chefin sein!«).

3 Strategien zur Bewältigung von Konflikten

Im angespannten, alarmierten Zustand laufen unterschiedliche Strategien zur Bewältigung und zum Abbau von Anspannung ab. Dieser Prozess wird im Folgenden näher beschrieben.

3.1 Konfliktumgehungsstrategien (KUS)

Um innere Konflikte zu beenden, werden im Bewusstsein unterschiedliche Umgehungsstrategien angewendet, wie z. B. einen Konflikt ignorieren oder sich selbst beruhigen (siehe Abb. 1). Diese können im akuten Fall sinnvoll sein, um eine Belastung oder ein akutes Unwohlsein situativ zu beenden. Meist tragen sie aber nicht zielführend zur Reduktion konflikthafter Wahrnehmungen bei, sondern überdecken diese nur.

Tab. 2: Konfliktumgehungsstrategien (KUS), eigene Darstellung in Anlehnung an Wagner (2021, S. 184 f.)

KUS 1: ignorieren des Konflikts	KUS 2: Konflikt abwerten, bagatellisieren	KUS 3: sich hineinsteigern
KUS 4: Gefühle imperativisch ausdrücken, klagen	KUS 5: sich selbst beruhigen	KUS 6: rationalisieren, theoretisieren
KUS 7: sich etwas einbilden, sich selbst täuschen	KUS 8: sich eine andere Realität wünschen	KUS 9: sich eine neue Sollvorstellung vornehmen
KUS 19: hierarchisieren von mehreren Sollvorstellungen	Kuss 11: die Realität durch Handeln ändern	KUS 12: resignieren
KUS 13: negative Erwartungen hegen (katastrophisieren)	KUS 14: positive Erwartungen hegen (sich Mut machen)	KUS 15: weitere Imperative

Der (willentliche) Eingriff in mentale Prozesse mittels einer Konfliktumgehungsstrategie ist in der Regel mit einem erhöhten Energieaufwand verbunden. Diese Energie steht für alternative Denk- bzw. Handlungsoptionen dann nicht zur Verfügung. Demgegenüber steht die konstatierende Haltung, die im folgenden Kapitel im Mittelpunkt steht.

3.2 Konflikte erkennen und auflösen: das Konstatierende Aufmerksame Wahrnehmen

Das Konstatierende Aufmerksame Wahrnehmen (kurz: KAW) als Methode der Selbstregulation und als Modus imperativfreier gelassener Wahrnehmung stellt im Kern die gegenteilige Wahrnehmung zu konflikthaften, verengenden, ausschließenden, wertenden, spannungserzeugenden Fixierungen der Wahrnehmung dar. Eben diese konflikthafte Wahrnehmung gilt es aufzulösen und konstatierende, wertfreie, weitgestellte Wahrnehmungsprozesse im Hier und Jetzt zu ermöglichen. Ausgangspunkt dieses Wechsels der Wahrnehmungsmodalität von der angespannten Engführung hin zu gelassener Weitstellung ist das Trainieren dieser weiten Wahrnehmungsfähigkeit, dem KAW selbst.

Das KAW-Übungsprogramm

Das KAW besteht aus den folgenden Merkmalen:

- Konstatieren,
- Weit- und Engstellen,
- weitgestellte Wahrnehmung mit konstantem Focus,
- Wahrnehmung des Zentrums des Angenehmen oder Unangenehmen.

Diese Merkmale werden hier in Kombination mit ersten Übungsschritten zum Erlernen des jeweiligen Wahrnehmungsaspektes präsentiert:

Tab. 3: Das KAW-Übungsprogramm (Wagner 2015, 2021; Wagner, Kosuch & Iwers 2020)

Nr.	KAW-Übung	Vorgehensweise	Lernziel
I	Konstatieren	sehen, hören, spüren, was ist; die wahrgenommene Kognition nicht bewerten, kategorisieren etc.	Wahrnehmung in einer »So-ist-es«-Haltung
II	Weit- und Engstellen	Wechsel zwischen weitgestellter und enggestellter konstatierender Wahrnehmung durch Fokus auf eine Kognition bzw. alle im Bewusstsein verfügbaren Kognitionen	Sensibilisierung für den Unterschied zwischen enggestellter (›Tunnelblick‹) und weitgestellter Wahrnehmung
III	weitgestellt mit konstantem Fokus	die Aufmerksamkeit auf eine Kognition (auditiv, visuell etc.) richten, zugleich weitgestellt, indem Eindrücke außerhalb des Fokus' nicht gezielt ausgeblendet werden	in allen Sinnesmodalitäten die gerichtete Wahrnehmung mit der Weitstellung verbinden; später Ausweitung auf Gedanken/Gefühle

Tab. 3: Das KAW-Übungsprogramm (Wagner 2015, 2021; Wagner, Kosuch & Iwers 2020) – Fortsetzung

Nr.	KAW-Übung	Vorgehensweise	Lernziel
IV-1	das Zentrum des Angenehmen	die Wahrnehmung auf das richten, was in der Erinnerung an eine als angenehm empfundene Situation die Essenz ist, konstatierend, zugleich weitgestellt	Vorübung zur Introvision: die Essenz einer angenehmen Situation konstatierend wahrnehmen
IV-2	das Zentrum des Unangenehmen	wie IV-1 mit der Wahrnehmung des Unangenehmen einer Situation (Vorübung: die Essenz eines kalten Wintertages); wahrnehmen, was gefühlsmäßig nicht sein soll	etwas Unangenehmes konstatierend, weitgestellt anschauen, dem Schlimmen ins Gesicht schauen

Zentral für die in der Wissenschaft erforschte Wirksamkeit der Introvision ist die professionelle Durchführung des KAW. Dies ist besonders bedeutsam, wenn man sich der konkreten Auflösung von Konflikten in der Introvisionsberatung widmet, »um dabei nicht erneut in Konflikte hineinzugeraten« (Iwers 2021a, S. 200). Deshalb wird das KAW zunächst im Selbstmanagement oder unter professioneller Anleitung im Rahmen eines dafür konzipierten Übungsprogramms erlernt (Iwers 2021b; Rohde & Kosuch 2023, S. 366ff.; Wagner 2021, S. 97ff.; Wagner, Kosuch & Iwers, 2020, S. 90ff.).

Es gibt Menschen, die das KAW quasi intuitiv anwenden. Die meisten jedoch benötigen – je nach Vorerfahrungen – Übungszeit, bis das Konstatieren verinnerlicht ist. Während des Übens kann man sich bereits mit eigenen Themen beschäftigen, denn es handelt sich um eine Wahrnehmungsform, »die im Alltag quasi ›an den kleinen Dingen des Alltags‹ erprobt und entwickelt werden kann« (Iwers 2021a, S. 200).

Was es heißt zu konstatieren, wird u. a. deutlich in Abgrenzung zum Gegenteil, dem Imperieren – wie in der nachfolgenden Gegenüberstellung veranschaulicht wird. *Kursiv* gedruckt sind die sprachlichen Indikatoren für die jeweilige Haltung.

Tab. 4: Konstatieren versus Imperieren; eigene Darstellung

Imperieren	Konstatieren
Ich *muss* unbedingt mehr Literatur recherchieren!	*Es ist so,* ich brauche noch mehr Literatur.
Ich *darf* die Frist *nicht* versäumen!	*Es kann sein,* dass ich die Frist versäume.
Wir *müssen* den Auftrag *unbedingt* bekommen!	*Möglicherweise* bekommen wir den Auftrag nicht.
Ich *darf* auf keinen Fall scheitern!	*Es kann sein,* dass ich scheitere.

In der konstatierenden Haltung bleibt man gelassen und handlungsfähig – in einer aufmerksamen, nicht-wertenden, wachsamen Weise, auch wenn die Wellen hochschlagen. Die Dinge werden wahrgenommen, wie sie sind, nicht, wie sie sein sollten.

Selbstregulation zur Förderung der Widerstandskraft

In imperativische Vorstellungen kann selbstregulativ eingegriffen werden. Ziel ist die Löschung der emotionalen Aufladung von imperativischen Kognitionen. Diese Kognitionen werden in einer konstatierenden Reflexion analysiert, und es wird die emotionale Aufladung durch das KAW abgekoppelt. Dieser Prozess findet in der Introvision unter professioneller Anleitung oder in Selbstanwendung statt. Dabei folgt die Introvision stets folgendem festgelegten Ablauf, der im Rahmen eines Introvisionssettings mehrfach ablaufen und in die folgenden groben Schritte eingeteilt werden kann (ausführlicher in Wagner 2021, S. 198–211):

Tab. 5: Schritte in der Introvision, eigene Darstellung

Nr.	Schritte in der Introvision
1.	Analyse imperativischer Vorstellungen
2.	Subkognitionen konstatieren: »Es kann sein, dass ...« Imperativkette (d. h. mehrere, aufeinander folgende Imperative) bis zum Anfangspunkt zurückverfolgen: »Was daran ist unangenehm/schlimm, wenn ...?«
3.	Konfliktumgehungsstrategie(n) (KUS) abschneiden
4.	Introferenz beenden durch KAW auf die Subkognition

Das Ergebnis des Introvisionsprozesses ist es, den Kernimperativ zu finden, d. h. den tieferliegenden inneren Konflikt, z. B. die Angst, nicht geliebt zu werden, zu scheitern oder zu versagen: »Dann versage ich!« In der Introvision wird die damit verbundene Befürchtung, die auf keinen Fall eintreten darf, als *Subkognition*, d. h. unterliegende Kognition, formuliert: »Es kann sein, dass alles umsonst war.« Anschließend wird KAW auf das Zentrum des Unangenehmen angewendet, d. h. es wird dem Schlimmen »ein Weilchen aufmerksam konstatierend« (Wagner 2021, S. 208) ins Auge geschaut, anstatt es zu vermeiden bzw. wegzuschieben. Auf diese Weise tritt in der Regel kurzfristig Erleichterung ein. Diese unmittelbar befreiende Wirkung ist die Stärke der Introvision. Der Konflikt verringert sich und löst sich – ggf. auch erst nach wiederholter Anwendung – schließlich auf (Wagner, Kosuch & Iwers 2020, S. 175).

Resilienzförderung durch Introvision

Resilienz als Widerstandsfähigkeit und Selbstregulationsstärke in schwierigen Situationen verlangt eine imperativfreie Wahrnehmung, um nicht in innere Konflikte zu geraten, welche die Bearbeitung schwieriger Situationen verhindern.

Nur im Zustand alltäglicher Handlungs- und weitgestellter Wahrnehmungsfähigkeit bleiben Handlungsoptionen erkennbar, die durch verengte Konfliktorientierungen nicht erfassbar wären. Sofern das Individuum in der Lage ist, Wahrnehmungsverengungen zu erkennen, sie also selbst zu reflektieren und das Konflikthafte an der eigenen Wahrnehmung durch das KAW zu regulieren, wird Gelassenheit wiederhergestellt. KAW kann im (beruflichen) Alltag nicht nur zur Bearbeitung von größeren, tiefliegenden Konflikten eingesetzt werden, sondern auch als Kreativitätstechnik, zur Vorbereitung auf schwierige Gespräche oder allgemein als Entspannungsmethode, um gelassen zu bleiben, auch wenn die Wogen hochgehen. Gelassenheit kann damit zu einem Kernstück der Entwicklung und Förderung von Resilienz werden.

Zum Erlernen und Anwenden von Introvision stehen unterschiedliche Zugänge bzw. Vermittlungskonzepte zur Verfügung. Introvision erfolgt in der Praxis im Selbstmanagement oder als Intervention für Einzelpersonen oder Gruppen (nähere Informationen liefert der Internetauftritt des Bundesverbands Introvision e.V.: www.introvision.de). Eine kompakte, praxisnahe Einführung in die Methode bieten Wagner, Kosuch und Iwers (2020), eine vertiefende Darstellung und ausführliche theoretische Fundierung mit vielen praktischen Anwendungsbeispielen liefert Wagner (2021, erstmals 2007) in ihrem Grundlagenwerk.

4 Fazit und Ausblick

In diesem Beitrag wurde Introvision als Methode zur Förderung von Gelassenheit vorgestellt und der Zusammenhang zwischen Resilienz und KAW diskutiert.

Dabei konnte herausgestellt werden, dass Gelassenheit in der hier vorgestellten Weise der Praxis des Konstatierenden Aufmerksamen Wahrnehmens als neue Wahrnehmungsform aus Sicht der Introvision ein wesentlicher Faktor zur Entwicklung von Resilienz sein kann.

KAW als Haltung kann gezielt in den Arbeitsalltag einfließen. Introvision eignet sich besonders auf der individuellen Ebene im Selbstmanagement in den beiden Modalitäten der Selbstreflexion und der Selbstregulation. Sie sollte insbesondere zu Beginn der KAW-Praxis und im Zusammenhang mit umfassenden Konflikten mit professioneller Begleitung von Introvisionsberaterinnen und -beratern gefördert werden, zumal die Arbeit an inneren Konflikten häufig sehr tiefgehend sein kann und entsprechend diskret behandelt werden sollte.

Hier wurde der Fokus auf die individuell-psychische Ebene gelegt. Eine gelassene Haltung ist jedoch auch auf der interaktionalen Ebene wirksam, sowohl präventiv als auch regulierend bzw. deeskalierend im akuten Konfliktfall. Zudem können gelassener arbeitende Teams wiederum positiv in eine Organisation als Ganzes hineinwirken, was sich entsprechend positiv in der Unternehmenskultur widerspiegeln kann. Forschungsergebnisse aus dem arbeitsweltlichen Kontext haben ergeben, dass KAW und Introvision als individuell eingesetzte Selbstmanagementmethode sowie integriert in die betriebliche Gesundheitsförderung »zur Reduzierung von Leistungseinschränkungen oder krankheitsbedingten Ausfällen« (Buth & Pereira Gaedes 2012, S. 355) beitragen kann. Mit Blick auf das Potenzial, das dadurch auf der organisationalen Ebene hinsichtlich des Wunsches nach mehr Resilienz in Organisationen erwartet werden darf, wären weitere Forschungen zum Einfluss von mehr Gelassenheit sowie der Anwendung von KAW und Introvision im arbeitsweltlichen Umfeld lohnenswert, zumal bereits umfassendes Forschungsmaterial aus diversen empirischen Studien in 45 Jahren Introvisionsforschung zur Verfügung steht.

Literatur

Bengel, J. & Lyssenko, L. (2012): Resilienz und psychologische Schutzfaktoren im Erwachsenenalter. Forschung und Praxis der Gesundheitsförderung, Band 43. Köln: BZgA. doi:10.4126/38 m-005111600

Benthien, O. (2011): Der Einsatz der Introvision als Stressinterventionsverfahren im Leistungssegelsport. Eine theoretische und empirische Untersuchung. Universität Hamburg: Unveröffentlichte Dissertation. Online verfügbar unter: https://ediss.sub.uni-hamburg.de/bitstream/ediss/4089/1/Dissertation_Benthien.pdf, Zugriff am: 23.10.2023.

Berckhan, B., Krause, C. & Röder, U. (1993): Was Frauen gegen Redeangst und Lampenfieber tun können. München: Kösel.

Brunnemeyer, M. K. (2021): Die resiliente Gesellschaft: Wie wir künftige Krisen besser meistern können. Berlin: Aufbau-Verlag.

Buth, B. & Pereira Guedes, N. (2012): Nachhaltige Stressreduktion durch Introvision; theoretische Grundlagen und empirische Ergebnisse. Gruppendynamik und Organisationsberatung, 43 (4), 339–356.

Fooken, I. (2016): Psychologische Perspektiven der Resilienzforschung. In: R. Wink (Hrsg.), Multidisziplinäre Perspektiven der Resilienzforschung (S. 13–45). Wiesbaden: Springer. doi: 10.1007/978-3-658-09623-6_2

Fröhlich-Gildhoff, K. & Rönnau-Böse, M. (2022): Resilienz (6. Aufl.). München: Reinhardt.

Höfler, M. (2018): Resilienzförderung. Ein kurzer Überblick zum aktuellen Stand der Resilienzforschung. Prävention und Gesundheitsförderung, 13 (7–11). 10.1007/s11553–017–0608-z

Iwers-Stelljes, T. (2008): Entwicklung pädagogisch professionalisierender Selbst- und Sozialkompetenz mit Introvisionsberatung. Gruppendynamik und Organisationsberatung, 39 (2),168–183.

Iwers-Stelljes, T. (2012): Perspektivwechsel und introvisionsorientierte Fallanalysen als gesundheitsförderliches Element der Lehrerbildung. Gruppendynamik und Organisationsberatung, 43 (1), 371–387.

Iwers-Stelljes, T. & Müller, A.-C. (2013): Introvision zur Auflösung von Lernblockaden und zur Förderung von Gelassenheit. Fachzeitschrift für integrative Lerntherapie, 1 (1), 3–17.

Iwers, T. (2021a): Gelassenheit und Achtsamkeit mit Introvision. In: T. Iwers & C. Roloff (Hrsg.), Achtsamkeit in Bildungsprozessen. Wiesbaden: Springer.

Iwers, T. (2021b): Einige Übungen zum Konstatierenden Aufmerksamen Wahrnehmen (KAW). In: T. Iwers & C. Roloff (Hrsg.), Achtsamkeit in Bildungsprozessen (S. 199–205). Wiesbaden: Springer.

Karidi, M., Schneider, M. & Gutwald, R. (2018): Einleitung. Vom multidisziplinären Vergleich von Resilienzkonzepten zu interdisziplinären Lernprozessen. In: M. Karidi, M. Schneider &

R. Gutwald (Hrsg.), Resilienz. Interdisziplinäre Perspektiven zu Wandel und Transformation (S. 1–12). Wiesbaden: Springer.

Kosuch, R. (2009): Die Bedeutung von Introvision für die Gestaltung von Veränderungsprozessen in Gruppen und Organisationen. In: T. Iwers-Stelljes (Hrsg.), Prävention, Interaktion, Konfliktlösung. Pädagogisch-psychologische Förderung und Evaluation (S. 183–202). Wiesbaden: VS-Verlag.

Moeller, A. (2008): Die Auflösung von Schreibblockaden durch Introvision: Ergebnisse einer Pilotstudie. Gruppendynamik und Organisationsentwicklung, 39 (2), 199–211.

Moser, M. & Häring, K. (2023): Einleitung: Resilienz – eine notwendige Zukunftskompetenz. In: M. Moser & K. Häring (Hrsg.), Gesund bleiben in kranken Unternehmen. Stressfaktoren erkennen und Resilienzkompetenz aufbauen (S. 1–18). Wiesbaden: Springer.

Opp, G., Fingerle, M. & Suess, G. (Hrsg.) (2020): Was Kinder stärkt. Erziehung zischen Risiko und Resilienz. Einleitung (4., aktualisierte Aufl., S. 7–9). Ernst Reinhardt Verlag.

Ostheimer, J. (2018): Die resiliente Gesellschaft. Überlegungen zu einer Kulturaufgabe im Zeitalter des Menschen. In: M.Karidi, M. Schneider & R. Gutwald (Hrsg.), Resilienz. Interdisziplinäre Perspektiven zu Wandel und Transformation (S. 327–346). Wiesbaden: Springer.

Reich, J. W., Zautra, A. J. & J. S. Hall (Hrsg.) (2010): Handbook of adult resilience. New York: The Guilford.

Rohde, A. & Kosuch, K. (2023): Gelassen und handlungsfähig im Berufsalltag – Impulse aus der Introvision zur Förderung von Resilienz. In: M. Moser & K. Häring (Hrsg.), Gesund bleiben in kranken Unternehmen (S. 355–378). Wiesbaden: Springer.

Wagner, A. C. (2015): Introvision als Methode der Selbstregulation im Kontext von Spiritualität und Heilung. In: E. Möde (Hrsg.), Spiritualität – Introvision – Heilung (S. 95–122). Regensburg: Friedrich Puster.

Wagner, A. C. (2019): Gelassenheit durch Auflösung innerer Konflikte: Die Theorie der mentalen Introferenz als Grundlage der Introvision. In: S. Rietmann & P. Deing (Hrsg.), Psychologie der Selbststeuerung (S. 63–89). Köln: Springer VS.

Wagner, A. C. (2021): Gelassenheit durch Auflösung innerer Konflikte (3. überarbeitete Aufl.). Stuttgart: Kohlhammer.

Wagner, A. C., Kosuch, R. & Iwers, T. (2020): Introvision – Problemen gelassen ins Auge schauen. Eine Einführung (2. Aufl.). Stuttgart: Kohlhammer.

Werner, E. E. & Smith, R. S. (1997): Kauai's children come of age. University of Hawai: Press.

Wieland, N. (2017): Resilienzforschung: Gegenstände, Fragestellungen und Strategien. In: K. Böllert (Hrsg.), Kompendium Kinder- und Jugendhilfe (S. 1549–1562). Wiesbaden: Springer VS.

Wink, R. (2016): Resilienzperspektive als wissenschaftliche Chance. Eine Einstimmung zu diesem Sammelband. In: R. Wink (Hrsg.), Multidisziplinäre Perspektiven der Resilienzforschung (S. 1–11). Wiesbaden: Springer. doi: 10.1007/978-3-658-09623-6_2

Wustmann, C. (2005): Die Blickrichtung der neueren Resilienzforschung. Wie Kinder Lebensbelastungen bewältigen, Zeitschrift für Pädagogik, 51 (2), 192–206. doi: 10.25656/01:4748

Wustmann, C. (2020): Resilienz: Widerstandsfähigkeit von Kindern in Tageseinrichtungen fördern (8. Aufl.). Mühlheim an der Ruhr: Cornelsen Verlag.

Familiale Resilienz bei chronischer Erkrankung als Thema von Lernen und Bildung

Birgit Behrisch[41]

Abstract

Resilienz thematisiert Fähigkeiten und Ressourcen eines Individuums oder Systems, Krisen im Lebensverlauf zu handhaben und diese »als Anlass für Entwicklung zu nutzen« (Welter-Enderlin 2006, 13). Familiale Resilienz nimmt dabei insbesondere die Wechselwirkungen zwischen Familienmitgliedern und der Familiendynamik in ihrer Gesamtheit in den Blick. In diesem Artikel wird die Thematik familiale Resilienz – bezogen auf die Gestaltungen von Alltag und Carebeziehungen von Familien mit chronisch erkranktem Elternteil – in Beziehung gesetzt zu erziehungs- und bildungswissenschaftlichen Diskussionen um familiale Lern- und Bildungsprozesse. Ein Einblick in die empirische Bearbeitung der Thematik im bürgerwissenschaftlichen Projekt FamGesund[42] rundet den Beitrag ab.

Schlüsselwörter: Familienresilienz, chronische Erkrankung, familiale Bildungsprozesse, Care, partizipative Forschung

1 (Familiale) Resilienz zwischen Bewältigung und Anpassung

Schwerwiegende chronische Erkrankungen stellen für betroffene Personen und ihre Familien zumeist eine Transformation ihres bisherigen Lebens dar (Hildenbrand 2009). Die Bearbeitung der Erkrankung erfordert ein damit einhergehendes Krankheits- (und auch Gesundheits-)management sowie eine Neukonzeption des

---

41 Ein herzlicher Dank der Autorin geht an die Mitglieder der Familienforschungsgruppe des FamGesund-Projekts: Yvonne Adam, Alexandra Bohlig, Antje Klatt, Jana Librentz, Katrin Vohland, Mago Bleckmann und Tuja Pagels sowie an Laurette Rasch vom Kompetenzzentrum für Familiengesundheit der Katholischen Hochschule für Sozialwesen Berlin/KHSB.

42 FamGesund – Familiale Gesundheitskompetenz als Bildungsherausforderung bei schwerer Erkrankung (BMBF, Förderlinie Bürgerforschung, Laufzeit: 15.01.2021 bis 31.12.2024)

Alltags in dem Sinne, »dass Akteure mit ›Ereignissen‹ konfrontiert sind, die eine Herausforderung darstellen und die ihnen zur Gestaltung aufgegeben sind« (ebd., S. 137). Aufgrund des spezifischen Kooperations- und Solidaritätsverhältnisses, das das System Familie auszeichnet (Jurczyk & Thiessen 2020), erfasst diese Betroffenheit mehr oder minder das gesamte Familiensystem mit allen Familienmitgliedern.

Im wissenschaftlichen Kanon ist die (familiale) Bearbeitung chronischer Erkrankung (und Behinderung) vorrangig ein Thema von Medizin, Psychologie und Therapie. Stresstheoretische Ansätze fokussieren auf Copingstrategien sowie Ressourcenmobilisierung der erkrankten Person und ihres Umfeldes. Eine Adaption an anhaltende Belastungen – und damit eine Bewältigung der eingetretenen Krise – wird dort gesehen, wo es Familien gelingt, einen neuen Zustand der Balance zu erreichen. Dabei geraten vielfach dysfunktionale Bewältigungsmuster und familiale Defizite in den Blick, während Ressourcenpotenziale und Stärken der Familie aus sich selbst heraus weniger wahrgenommen werden. Das Konzept der Familien-Resilienz als ressourcenorientierter Ansatz betrachtet chronische Erkrankung und Behinderungen weniger als kritische Ausnahmen, denn als »ubiquitäre Bestandteile des Lebens« (Retzlaff 2010, 93) und steht im Zusammenhang mit Betrachtungsweisen von Salutogenese und Kohärenz.

Familiale Resilienz schließt an das Verständnis von Resilienz als »Vermögen eines dynamischen Systems, sich erfolgreich an Störungen anzupassen, die seine Funktion, Lebensfähigkeit oder Entwicklung bedrohen«, an (Masten 2016, 27), wobei häufig die Resilienz einzelner Personen im Blick ist. Resilienz ist dabei ein multidimensionales Konstrukt, das nicht einfach als individuelle Eigenschaft betrachtet werden kann, denn Resilienz entsteht aus einem komplexen Zusammenspiel von individuellen Faktoren (wie kognitiven und emotionalen Fähigkeiten) sowie Umweltfaktoren (wie Familie, Gemeinschaft und Kultur). Zudem ist Resilienz keine feste Eigenschaft, sondern ein Prozess, der in der Bewältigung belastender Ereignisse sichtbar und veränderbar wird. Weiterhin stellt Resilienz eine variable Größe mit situationsspezifischer Ausformung dar und ist damit nicht notwendigerweise über den gesamten Lebenslauf noch in allen Lebensbereichen gleich ausgeprägt (Thun-Hohenstein et al. 2020).

Bereits im Blick auf die Resilienz von Personen wird Familie und das nähere Umfeld als Mikrosystem hinsichtlich möglicher Risiko- und Schutzfaktoren für die Ausbildung von Resilienz thematisiert. Kinder und Jugendliche, die in Umgebungen aufwachsen, in denen sie Unterstützung, Schutz und Fürsorge durch ihre Bezugspersonen in ihrer jeweiligen Umgebung erfahren, haben tendenziell eine höhere Resilienz und sind besser in der Lage, mit Herausforderungen und Stress umzugehen (Fröhlich-Gildhoff & Rönnau-Böse 2022).

2 Familiale Resilienz als systemische Betrachtung

Konzepte familialer Resilienz gehen jedoch über die Inblicknahme ‚gegenseitiger Resilienzförderung' von Familienmitgliedern untereinander hinaus und fokussieren auf die Bearbeitungsleistungen des familialen Systems:

> »Familiäre Resilienz beinhaltet nicht nur den Blick auf einzelne Familienmitglieder als potenzielle Schutzfaktoren für die Resilienz des Individuums, sondern richtet die Aufmerksamkeit auch auf das Wechselspiel zwischen Risiko und Resilienz in der Familie als Funktionseinheit« (Lenz 2010, S. 9).

Familienresilienz bezieht sich auf die Fähigkeit und den (Entwicklungs-)Prozess einer Familie, Herausforderungen und Veränderungen zu bewältigen, indem sie ihre Ressourcen und Stärken mobilisiert und eine positive familiäre Dynamik aufrechterhält. Familienmitglieder unterstützen sich gegenseitig und schaffen gemeinsam Lösungen für Probleme und Herausforderungen. Als Faktoren, die dazu beitragen, dass Familien widerstandsfähiger werden, werden z.B. soziale Unterstützung, Kommunikation, Flexibilität, Kooperation und geteilte Überzeugungen benannt (Walsh 2016b). Speziell Im Zusammenhang mit chronischer Erkrankung definieren Chesla und Leonard (2017):

> »Resilience, as we define it, is a pattern of family response to chronic illness that allows family members to maintain their values and concerns and find meaning in their caregiving, while at the same time responding effectively to the demands of the illness. It is best understood as a continuum, and as being changeable over time depending upon the situation« (S. 8).

Konzeptionell wird Familienresilienz als gemeinsamer Regulationsprozess aufgefasst, unter verschiedenen Kern- bzw. Schlüsselprozessen betrachtet oder als Prozessgeschehen in den Blick genommen (Fröhlich-Gildhoff & Rönnau-Böse 2021). Besondere Aufmerksamkeit im deutschsprachigen Raum erfährt dabei das Family Resilience Framework von Froma Walsh (2016), zum einen durch die Arbeiten zur Weiterentwicklung der systemischen Therapie durch Rosmarie Welter-Enderlin und zum anderen, weil das Konzept im Walsh Family Resilience Questionnaire (WFRQ) in ein Instrument für Diagnostik, Therapie und Forschung transformiert wurde. Das Konzept nimmt einen strikten ressourcenorientierten Blickwinkel ein, denn »die Einschätzung einer Familie und die Intervention folgen nicht mehr der Überlegung, wodurch die Probleme verursacht worden sind, sondern orientieren sich an der Frage, wie man Schwierigkeiten so angehen kann, dass vorhandene und potenzielle Kompetenzen der Familie identifiziert und erweitert werden« (Walsh 2016, S. 50). Die benannten Schlüsselprozesse familialer Resilienz umfassen die Bereiche Überzeugungen der Familie (in widrigen Lebensumständen einen Sinn finden, optimistische Einstellung, Transzendenz und Spiritualität), strukturelle und organisatorische Muster (Flexibilität, Verbundenheit, soziale und ökonomische Ressourcen) sowie Kommunikation und Lösung von Problemen (Klarheit schaffen, Gefühle zum Ausdruck bringen, gemeinsam Probleme lösen) (ebd., S. 62 ff.).

Da Resilienz »Voraussetzung und Resultat eines Konfrontationsprozesses mit einem (oder mehreren) belastenden Ereignis« (Fröhlich-Gildhoff & Rönnau-Böse

2021, S. 15) ist, kann diese auch nur für jede Familie je spezifisch für ihre Situation, ihre Ressourcen und ihre Familiendynamik beschrieben werden, denn es gibt nicht »*das* richtige Bewältigungsmuster oder *die* richtige Form, wie eine Familie mit den [...] Belastungen umzugehen hat« (Retzlaff 2016, S. 173). Zudem darf der ressourcenorientierte Beratungsansatz nicht überstrapaziert werden, denn »hinter der Idee, Berater könnten Familien Ressourcen zuführen, um diese ›fitter‹ für das Leben zu machen, steht latent ein Defizitmodell« (ebd., S. 174). Retzlaff (2016) plädiert eher für die »Idee des *empowerment*, Familien in ihren eigenen Stärken zu unterstützen und Rahmenbedingungen zu schaffen, in denen sich Kompetenzen entfalten können, statt über sie hinweg zu entscheiden« (ebd., S. 174). Resilienz als Konzept thematisiert dabei sowohl die Dimension der Veränderungsprozesse, die das schmerzhafte Durchleben von Stress und Widrigkeiten sichtbar machen, als auch die Möglichkeiten zu gelingender Bewältigung und Entwicklung. Welter-Enderlin (2016) betont diesen Aspekt, Krisen als »Anlass für Entwicklung zu nutzen« (ebd., S. 15). Dahingehend kann Resilienz als Impuls für und als Resultat von Lern- und Bildungserfahrungen verstanden werden. Für die Betrachtung von familialen Bewältigungsprozessen liegt es damit nahe, sich genauer mit Familie als Bildungsraum eigener Art zu beschäftigen.

3 Familie als Ort von Bildungs- und Carebeziehungen

Der Forschungsstand zum Thema Familie und Bildung kann als facettenreich und sehr unübersichtlich eingeschätzt werden (Xyländer 2014). Für die hier zu erörternden Zusammenhänge wird auf Ansätze rekurriert, die »Familie als ein sich selbst bildendes Lern- und Bildungsmilieu« (Euteneuer & Uhlendorff 2020, 19) fassen. Bildung in einer weiten Begriffsfassung meint dabei ein individuelles, praktisches Handeln für die Ausbildung eines Selbst-und Weltbezugs im Sinne Marotzkis (1990). Die Familie gilt dabei als zentraler Ort für diese informelle Alltagsbildung, in der über Selbstbildungsprozesse erforderliche Kompetenzen zur alltäglichen Lebensführung erlernt (und immer weiter) gelernt werden (Xyländer 2014).

Lernen und Bildung sind dabei konstitutiv in die Praktiken und Prozesse des Doing und UnDoing Family (Jurczyk 2020) eingebunden. Die Konstituierung von Familie ist eine aktive soziale Praxis aller Familienmitglieder, womit Familie als Herstellungsleistung verstanden werden kann. UnDoing Family bezeichnet in diesem praxeologischen Ansatz sämtliche Familienpraxen, sowohl jene der Herstellung als auch jene der Neutralisierung und Auflösung von Familie. Die Orientierung an Care (Sorge) kann dabei als Handlungskern für Familien herausgearbeitet werden. Die Familie ist durch auf Verbindlichkeit angelegte Sorgebeziehungen zwischen Generationen im privaten Kontext bestimmt (Jurczyk & Thiessen 2020). Dabei ist familiales Care von verschieden gelagerten Ambivalenzen geprägt, die sich vorrangig aus dem Privatcharakter von Familie, aus der Spannung zwischen Autonomie und Angewiesenheit, Solidarität und Eigeninteresse sowie zwischen Nähe und Distanz der an Familie Beteiligten und den prekären Rahmenbedingungen wie Armut, Zeitnot sowie fehlenden Care-Kompetenzen ergeben (ebd., S. 134 ff.). So suggeriert Care als familiales Organisationsprinzip eine besondere Qualität und ein (verpflichtendes) Kooperations- und Solidaritätsverhältnis. Sie kann und sollte »aber nicht als selbstverständliche und selbstverständlich ›erfolgreiche‹ Praxis« (ebd., S. 141) angesehen werden.

In Bezug auf den Themenbereich chronische Erkrankung steht eine genauere und ausführliche Thematisierung der Lern- und Bildungsarrangements in Verbindung zu Careaspekten in Familien noch aus. Gesundheitskompetenz (Schönberger 2020) wie auch Pflegetätigkeiten als haushaltsbezogene Kompetenz (Smolka & Rupp 2007) werden in der Familien vermittelt. In den Erziehungs- und Bildungs- wie in den Gesundheitswissenschaften gibt es bisher jedoch nur geringe Erkenntnisse darüber, wie sich diese Prozesse des Erwerbs und Nicht-Erwerbs von Kompetenzen generell und in familialer Wechselwirkung gestalten. Dies ist erstaunlich, weil Familie als ›hidden health care system‹ angesehen werden kann. Denn es sind vor allem Familienmitglieder, die eine »stabile, verlässliche und lebenslang solidarische Ressource« (Schönberger 2020, S. 2) in Unterstützungslagen, wie z. B. chronische Erkrankung, stellen.

Insbesondere familiale Übergänge (z. B. zur Elternschaft) gelten »als besonders herausfordernde Phasen im Hinblick auf Lern- und Bildungsprozesse« (Euteneuer & Uhlendorff 2020, S. 20), da die Neuorganisation des Familienalltags mit der Auseinandersetzung mit Familienkonzepten einhergeht. Wie bereits eingangs beschrieben, sind Routinen, Rituale und alltägliche Lebensführung in Familien durch den Eintritt einer chronischen Erkrankung herausgefordert, sodass auch für diesen familialen Übergang Lern- und Bildungsprozesse vermutet werden können. Zu beachten ist, dass das Auftreten einer schwerwiegenden chronischen Erkrankung als non-normatives Lebensereignis eingestuft wird, ein Ereignis, das nicht in den erwartbaren Bahnen des Lebenslaufes antizipiert und gewünscht wird (Hildenbrand 2009). Eine dauerhafte Erkrankung mit ihren vielfältigen Herausforderungen bedingt einen »abgetrotzten Lernprozess« (Schaeffer & Moers 2009, S. 129) und (er-)fordert ein eher unfreiwilliges Lernen aller Familienmitglieder. Dabei kann es sich um bewusstes Lernen mit dem Ziel, Handlungssicherheit zu erlangen, handeln oder um unbemerkte Lernprozesse als ›Nebenprodukt‹ des Umgangs mit der Erkrankung selbst (Konopik & Franke 2018, S. 692). Chronische Krankheit wird jedoch kaum als Lernanlass betrachtet und in den Erziehungs- und Bildungswissenschaften wenig untersucht (Nittel & Seltrecht 2013).

4 Lernen und Resilienz im Bürgerforschungsprojekt FamGesund

An diese theoretischen Rahmenüberlegungen schließt mit Blick auf die bestehenden Forschungsdesiderate das Forschungsprojekt FamGesund, ein Verbundprojekt des Kompetenzzentrums für Familiengesundheit der Katholischen Hochschule für Sozialwesen Berlin mit dem Alexianer Krankenhaus Hedwigshöhe Berlin an.

Familie als System wird bisher wenig als Bildungsgemeinschaft in Fragen von chronischen Erkrankungen konzipiert und befragt. Daher wird im Projekt FamGesund die familiale Bearbeitung einer chronischen Erkrankung bei einem Elternteil als Bildungsherausforderung konzipiert und darauf bezogen genauer untersucht, welche Lernprozesse diesbezüglich in Familien stattfinden, wie in der Familie über die Erkrankung kommuniziert oder auch geschwiegen wird und wie dies im Zusammenhang zu inner- und außerfamilialer Unterstützung gesehen werden kann. Im Fokus stehen die Familiensituation und der Familienalltag von Familien mit Kindern bis 21 Jahren, in denen ein Elternteil mit einer schwerwiegenden körperlichen chronischen Erkrankung (Krebs-, Herz-, Nerven-, Gelenk- oder Atemwegserkrankungen und Stoffwechselstörungen) lebt. FamGesund ist ein partizipatives Bürgerforschungsprojekt: In einer Familienforschungsgruppe arbeiten sechs Mütter mit unterschiedlichen schwerwiegenden körperlich chronischen Erkrankungen mit zwei Wissenschaftlerinnen und einer Praktikerin zusammen. Gemeinsam wurde ein Forschungsdesign entwickelt, gemeinsam werden Daten in Form von Familieninterviews erhoben und in der Tradition der Grounded Theory (im Speziellen der Reflexiven Grounded Theory, Breuer et al. 2019) ausgewertet. Der Interview-Leitfaden steht unter der Frage, was es aus Sicht der betroffenen Familien und Familienmitglieder braucht, damit es Familien mit einem Elternteil mit schwerwiegender chronischer Erkrankung gut geht. Dabei erfolgt eine genauere Betrachtung der Lern- und Bildungsprozesse, der Unterstützung und Initiative sowie der Kommunikation. Auf der Basis der empirischen Forschungsergebnisse werden in einer späteren Projektphase entsprechende Angebote für die Familienbildung entwickelt. Dieser Transfergedanke steht im Zusammenhang mit dem Aufbau eines Familienwissenschaftsladens (FamWiLa) am Krankenhaus Hedwigshöhe in Berlin Treptow-Köpenick, der weiterführend einen nachhaltigen Dialog zwischen Wissenschaft, Praxis und Bürgerinnen und Bürgern zum Thema Familien und chronische Erkrankung ermöglichen soll.

Derzeit ist es noch zu früh für die Ableitung konsistenter Aussagen aus dem Material in seiner Gesamtheit zu Fragen des Lernens von Familien im Zusammenhang mit dem Auftreten einer chronischen Erkrankung. Erste gemeinsame Interpretationen verweisen auf die gesteigerte Wertschätzung qualitativer Familienzeit als hohes Gut unter den Bedingungen der Erkrankung, die die Selbstverständlichkeit des Familie-Seins fragil machen kann. Dabei zeichnen sich verschiedene Lernphänomene in der Kommunikation von Verdecken bis Preisgeben zwischen den Familienmitgliedern untereinander oder zu Außenstehenden ab. Chronische Erkrankung als familiale Bildungsherausforderung ist für die einzelnen

Familienmitglieder aufgrund deren unterschiedlicher ‚Betroffenheit' durch die Erkrankung (Behrisch 2014) differenziert zu beschreiben.

Die Themen Lernen und Bildung betreffen aber nicht allein die zu interviewenden Familien, sondern spielen eine entscheidende Rolle in den Prozessen des partizipativen Forschungsprojektes an sich. So fanden in den ersten Monaten der gemeinsamen Arbeit in der Familienforschungsgruppe verschiedene Aushandlungsprozesse zwischen wissenschaftlicher und eigengeschichtlicher Expertise statt – u. a. auch dahingehend, Krankheitsbewältigung mit Lernen in Verbindung zu bringen.

Eine der Co-Forschenden beschreibt dies bei einer gemeinsamen Reflexion:

»Also zum Beispiel habe ich chronische Erkrankung nicht mit einem neuen Lernfeld für alle Beteiligten in Verbindung gesetzt oder sowas. Also das war für mich etwas ganz Wichtiges. (…) Jeden Tag lernt man tatsächlich irgendetwas Neues und das betrifft ja nicht nur einen selber, sondern eben auch sein Umfeld. Im Zusammenhang mit Erkrankung so« (LS100225: 5).

Lernprozesse werden von allen Beteiligten in der Familienforschungsgruppe beschrieben und berühren dabei auch die jeweils eigenen familiären Erfahrungen und Wissensbestände von Erkrankungen. Auch hier formuliert es eine Co-Forschende, »dass jeder da nochmal … für sich die Krankheit und die Erlebnisse drum herum nochmal ganz anders beobachten konnte« (LS100225: 27). Auch Impulse für kommunale familienzentrierte Unterstützungs- und Beratungskontexte haben sich aus den Diskussionen in der Koordinierungsrunde des FamWiLa ergeben. Insofern ist durchaus in einer weiteren Perspektive über das Forschungshandeln hinaus zu fragen, inwieweit FamGesund als partizipatives Forschungsprojekt gemeinsamen Lernens eine eigene Form von individueller Resilienzförderung darstellt oder zur Thematisierung von Community-Resilienz-Strategien beitragen kann.

Literatur

Behrisch, B. (2014): Ein Stück normale Beziehung. Zum Alltag mit Körperbehinderung in Paarbeziehungen. Bielefeld: transcript.

Breuer, F., Muckel, P. & Dieris, B. (2019): Reflexive Grounded Theory. Eine Einführung für die Forschungspraxis (4. Aufl.). Wiesbaden: Springer: VS.

Chesla, C. A. & Leonard, V. (2017): Using a Life-World Approach to Understand Family Resilience. In: G. Welch & A. Harrist (Hrsg.), Family Resilience and Chronic Illness (S. 1–18). Cham: Springer.

Euteneuer, M. & Uhlendorff, U. (2020): Familie und Familienalltag als Bildungsherausforderung. Weinheim, Basel: Beltz Juventa.

Fröhlich-Gildhoff, K. & Rönnau-Böse, M. (2022): Resilienz (6. Aufl.). München: UTB.

Fröhlich-Gildhoff, K. & Rönnau-Böse, M. (2021): Resilienz in Familien. In: J. Eccarius & A. Schierbaum (Hrsg.), Handbuch Familie. Wiesbaden: Springer VS. doi: 10.1007/978-3-658-19416-1_40–2

Hildenbrand, B. (2009): Die »Bewältigung« chronischer Krankheit in der Familie – Resilienz und professionelles Handeln. In: D. Schaeffer (Hrsg.), Bewältigung chronischer Krankheit im Lebenslauf (S. 133–155). Bern: Verlag Hans Huber.
Jurczyk, K. (2020): Doing und Undoing Familiy. Weinheim, Basel: Beltz
Jurczyk, K. & Thiessen, B. (2020): Familie als Care – die Entzauberung der ›Normalfamilie‹. In: K. Jurczyk (Hrsg.), Doing und Undoing Familiy (S. 116–140). Weinheim, Basel: Beltz.
Konopik, N. & Franke, A. (2018): Gesundheit und informelles Lernen. In: M. Harring, M. D. Witte & T. Burger (Hrsg.), Handbuch informelles Lernen (2. überarb. Aufl.) (S. 689–709). Weinheim; Basel: Beltz Juventa.
Lenz, A. (2010): Ressourcen fördern. Göttingen u. a.: Hogrefe.
Marotzki, W. (1990): Entwurf einer strukturalen Bildungstheorie. Biographietheoretische Auslegung von Bildungsprozessen in hochkomplexen Gesellschaften. Weinheim: Dt. Studien-Verlag.
Masten, A. S. (2016): Resilienz: Modelle, Fakten und Neurobiologie. Das normale Wunder entschlüsselt. Aus dem Engl. von C. Camisi. Paderborn: Junfermann.
Nittel, D. & Seltrecht, A. (Hrsg.) (2013): Krankheit: Lernen im Ausnahmezustand? Berlin, Heidelberg: Springer.
Retzlaff, R. (2016): Familien-Stärken. Behinderung, Resilienz und systemische Therapie (3. Aufl.). Stuttgart: Klett-Cotta.
Schaeffer, D. & Moers, M. (2009): Abschied von der Patientenrolle? Bewältigungshandeln im Verlauf chronischer Krankheit. In: D. Schaeffer, D. (Hrsg.), Bewältigung chronischer Krankheit im Lebenslauf (S. 91–110). Bern: Verlag Hans Huber.
Schönberger, C. (2020): Gesundheit und Familie. In: J. Ecarius, & A. Schierbaum (Hrsg.), Handbuch Familie. Wiesbaden: Springer VS. doi: 10.1007/978-3-658-19416-1_53-1
Smolka, A. & Rupp, M. (2007): Die Familie als Ort der vermittlung von Alltags- und Daseinskompetenzen. In: M. Harring, C. Rohlfs & C. Palentien (Hrsg.), Perspektiven der Bildung (S. 219–236). Wiesbaden: VS.
Thun-Hohenstein, L., Lampert, K. & Altendorfer-Kling, U. (2020): Resilienz – Geschichte, Modelle und Anwendung. Zeitschrift für Psychodrama und Soziometrie, 19 (1), 7–20.
Walsh, F. (2016a): Strengthening family resilience. New York: Guilford Press.
Walsh, F. (2016b): Ein Modell familialer Resilienz und seine klinische Bedeutung. In: R. Welter-Enderlin & B. Hildenbrand (Hrsg.), Resilienz – Gedeihen trotz widriger Umstände (5. Aufl.) (S. 45–81). Heidelberg: Carl Auer Verlag.
Welter-Enderlin, R. (2016): Einleitung. In: R. Welter-Enderlin & B. Hildenbrand (Hrsg.), Resilienz – Gedeihen trotz widriger Umstände (5. Aufl.) (S. 9–21). Heidelberg: Carl Auer Verlag.
Xyländer, M. (2014): Die Familie als Bildungsgemeinschaft. Abendrituale in rekonstruktiver Analyse. Opladen u. a.: Budrich.

Darf das vulnerable Subjekt sein? Resilienz und Vulnerabilität als Leitkategorien für pädagogisches Handeln

Ramona Thümmler & Janieta Bartz

Abstract

Dieser Beitrag befasst sich mit dem Verhältnis von Resilienz und Vulnerabilität in Bezug auf Kinder aus benachteiligten Lebenslagen. Von einer analytischen Position aus soll aufgezeigt werden, dass Vulnerabilität als Merkmal menschlicher Existenz bedeutsam ist, zugleich aber durch bestimmte benachteiligende Strukturen und gesellschaftliche Entwicklungen verstärkt wird. Dabei geraten Tendenzen der Selbstoptimierung in das Spannungsverhältnis von Resilienzförderung und Akzeptanz von Vulnerabilitäten in der Kindheit. Ziel des Beitrages ist, das Verhältnis von Resilienz und Vulnerabilität näher zu bestimmen und Handlungsspielräume für Pädagog*innen, beispielsweise durch Ausbau von Habitussensibilität, aufzuzeigen.

Schlüsselwörter: Resilienz, Vulnerabilität, Kindheit, Selbstoptimierung, Benachteiligung

1 Einführung

Die Vorstellungen von Resilienz reihen sich in eine gesellschaftliche Logik der Selbstoptimierung ein. Eine Flut von sogenannten Trainingsprogrammen verspricht die passende Förderung für unterschiedliche kindliche Problemlagen. Betrachten wir die Phase der Kindheit genauer, birgt sie in der Relation zur Phase des Erwachsenseins Vulnerabilität in sich: Ungleiche Positionen in Bezug auf Macht und Handlungsmöglichkeiten kennzeichnen diese spezifische vulnerable Phase (Andresen et al. 2015). Zugleich gilt Vulnerabilität aber auch als »konstitutives Merkmal menschlicher Existenz« (Weiß 2020, S. 319) und lenkt den Blick auf die verschiedenen Gefährdungen und unterschiedlichen Lebensbedingungen der Subjekte.

Der Beitrag nimmt zum einen die Personengruppe der besonders vulnerablen Kinder in den Blick; Kinder, die unter sozioökonomisch benachteiligenden Strukturen aufwachsen. Zum anderen betrachten wir gesellschaftliche Tendenzen der Selbstoptimierung. Dabei gehen wir der Frage nach, ob in wissenschaftlichen Diskursen und der pädagogischen Praxis diese vulnerable Seite eines Subjekts von den beteiligten Personen wahrgenommen und anerkannt wird (Müller 2019). Von dieser Frage ausgehend definiert der vorliegende Beitrag die Beziehung zwischen Resilienz und Vulnerabilität (2), führt Aspekte zum Verhältnis von Vulnerabilität und Selbstoptimierung aus (3) und liefert pädagogische Implikationen für einen konstruktiven und anerkennenden Umgang mit menschlicher Vulnerabilität (4). Ziel des Artikels ist es, für Vulnerabilität als Teil des menschlichen Daseins zu plädieren, um diskriminierungsfreie und subjektorientierte Handlungsspielräume jenseits von Selbstoptimierungen aufzuzeigen. Der Habitus der Lehrperson spielt dabei vor dem Hintergrund von anerkennungstheoretischen Bezügen eine wichtige Rolle.

2 Resilienz als Antwort

Das als Resilienz beschriebene Phänomen der Widerstandsfähigkeit von Personen, die sich trotz widriger Bedingungen im Leben gut entwickeln, wurde in den vergangenen Jahren vielfach aufgegriffen und in Wissenschaft und Praxis bearbeitet. Die Ergebnisse der Resilienzforschung, wie sie in verschiedenen Studien aufgezeigt werden konnten, sind beeindruckend und vielversprechend. Mitunter erscheint Resilienz und deren Förderung dabei allerdings zur universalen Antwort auf viele (kindliche) Problemlagen aufgestiegen zu sein. Im Sinne der Selbstoptimierung werden unterschiedliche Interventionen und Programme angeboten, um den Schwierigkeiten, die Kinder in ihrer Entwicklung zu bewältigen haben, zu begegnen. Die Fokussierung auf Resilienzförderung läuft dabei Gefahr, strukturelle, diskriminierende Umstände wie Armut, Flucht oder Marginalisierung zu relativieren (Weiß 2020, 2017; Göppel & Zander 2017). Zugleich werden gesellschaftliche und persönliche Machtstrukturen zu wenig beachtet (Leitner & Thümmler 2022). Die Angebote zur Resilienzförderung folgen zuweilen einem Verständnis, das zwischen scheinbar resilienten und eher vulnerablen Personengruppen unterscheidet. Ein Zitat von Kormann (2007, S. 48) zeigt dies gut auf: »Manche Menschen besitzen gute Voraussetzungen zur Resilienz. Die schützende Ausstattung, die Kinder besitzen, zeigt sich bereits schon bei der Geburt.« Er führt dann weiter aus: »Wie die Untersuchungen zeigen, spielen die personalen Ressourcen wie z.B. positive Temperamentseigenschaften oder auch die Intelligenz des Kindes eine wichtige Rolle« (ebd.). Der Autor fokussiert in diesem Absatz vor allem die individuelle Dimension der Resilienz. Problematisch ist hierbei, dass eine solche Perspektive suggeriert, es gäbe bestimmte Kinder, die unkompliziert trotz aller Widrigkeiten durchs Leben kommen, und andere, denen dies nicht gelingt. Die grundsätzliche Verletzlichkeit von Kindern, die im Zitat in Form einer Abgrenzung von scheinbar resilienten Kindern nur implizit beachtet wird, bedarf hingegen in Theorie und Praxis einer stärkeren Fokussierung. Die Möglichkeiten der Resilienzförderung sollten im Spiegel der Akzeptanz von Vulnerabilität identifiziert werden.

3 Vulnerabilität und Vulnerantialität

Die in den Erziehungswissenschaften dominierenden Strömungen haben ihr Interesse tendenziell auf Stärken, Resilienz, Kompetenzen und Ressourcen der Individuen konzentriert (Burghardt et al. 2017, S. 7). Historisch gesehen wurden Themen wie Verletzbarkeit und Leiden eher als Ausdruck eines Mangels gesehen und so wurde und wird vor allem dessen Überwindung fokussiert (ebd. 7 ff.).

Vulnerabilität – oft verstanden als relationales Pendant zu Resilienz – definiert sich als Eigenschaft eines jeden Menschen, verletzlich zu sein (Burghardt et al. 2017). Die jeweilige Verletzbarkeit setzt sich aus nachteilig wirkenden Faktoren und vorteilhaften Anteilen zusammen. Neben einer (potentiellen oder tatsächlichen) Anfälligkeit beinhaltet das Konzept der Vulnerabilität zugleich stets verfügbare Bewältigungs- und/oder Anpassungsstrategien: Risiken und Ressourcen bilden den Rahmen von Vulnerabilität.

Die Genese und die Transformation der Vulnerabilität »lässt sich nur in spezifischen Zusammenhängen, die mit Leiblichkeit, Sozialität und Kulturalität verknüpft sind, wahrnehmen und begreifen« (ebd., S. 13). Die Auseinandersetzung mit vulnerablen Merkmalen, beispielsweise einer chronischen Krankheit oder einer körperlichen Beeinträchtigung, ist also durch diese Faktoren, die körperlichen und psychischen Voraussetzungen einer Person, ihr soziales Umfeld und die kulturellen Normen im Umgang mit diesen Faktoren bedingt. Zugleich wird verdeutlicht, dass Vulnerabilität ein sich veränderndes Ergebnis sozialer und kultureller Prozesse darstellt (Bartz 2019). Somit werden im Kontext von erhöhter Vulnerabilität auch interindividuelle Merkmale, wie die Kategorien Behinderung, Sexualität, Migration oder Klasse, unterschieden. Gerade mit Blick auf die interindividuellen Unterschiede besonders vulnerabler Personen lässt sich in Theorie und Praxis ein Spannungsfeld zwischen Akzeptanz von Vulnerabilität und dem Streben nach ihrer Überwindung beobachten. Dabei gilt es nicht, die einem jeden Menschen eigene Verletzlichkeit zu überwinden, sondern Faktoren einer erhöhten Vulnerabilität, wie z. B. das Aufwachsen in Armut oder mit chronischer Krankheit, zu verändern und somit zu überwinden. Vulnerabilitäten, die nicht überwunden werden können, erfordern – auch im Rahmen (sonder-)pädagogischer Aufgaben – eine Auseinandersetzung hin zu deren Akzeptanz, um eine Integration in das Leben zu erreichen.

Bedeutsam ist, dass das Bemühen um Bewältigung von Vulnerabilität neue Vulnerabilitäten und Vulnerantialitäten erzeugen kann. Vulnerantialität »bezeichnet komplementär zum Begriff der Vulnerabilität, der die Möglichkeiten des Verletzt-Werdens umfasst, die Möglichkeiten des Verletzens, Beschädigens, Diskriminierens« (Burghart et al. 2017, S. 12). Wird einem Kind, das in belasteten Verhältnissen aufwächst, eine Hilfe zuteil, wird es durch dieses Hilfsangebot als förderbedürftig markiert und somit in seiner Umgebung als ‚besonders' ausgewiesen. Dies dient zwar der Überwindung der besonderen Vulnerabilität, erzeugt zugleich aber eine neue Verletzlichkeit durch die Sichtbarmachung der Bedürftigkeit. Zugleich kann diese Markierung, die im momentanen (Schul-)System eine notwendige Voraussetzung für das Zuteilwerden einer (sonderpädagogischen) Hilfe ist, auch als Etikettierungs-Ressourcen-Dilemma bezeichnet (Neumann & Lütje-Klose 2020), für das betroffene Kind verletzend, also als Vulnerantialität wahrgenommen werden. Vulnerabilität ist insofern mit Vulnerantialität verschränkt (ebd.).

Die Betrachtung von Vulnerabilitäten und Vulnerantialitäten kann auf der individuellen Ebene betrachtet werden, bei der Kinder und Jugendliche per se beim Durchlaufen verschiedener Entwicklungsphasen als vulnerabel gelesen werden. Auf der objektiven Ebene sind sie möglichen Verletzungen von außen, innerhalb ihrer Lebenswelt und der Gesellschaft ausgesetzt. Auf der Ebene der unzureichenden Zugänglichkeit von Potentialität wird die Unmöglichkeit des Möglichen fokussiert (Burghardt et al. 2017, S. 14): Auch wenn die Person will, sind bestimmte Aspekte dennoch nicht überwindbar, nicht erreichbar und erfordern in diesem Sinne eine Annahme der Vulnerabilität. Eine etwaige, bspw. erworbene physische Beeinträchtigung kann nur zu einem bestimmten Teil überwindbar sein und wäre daher, zumindest in bestimmter Ausprägung, anzunehmen. Die Überwindung einer erhöhten Vulnerabilität, wie sie beispielsweise in bestimmten Bereichen durch das Aufwachsen in Armut vorkommen kann, zeigt Möglichkeiten auf. Die Förderung der Ressourcen und Kompetenzen der betroffenen Kinder und Jugendlichen im Sinne eines Copings kann dabei dienlich sein – mitunter kann die Ausgangslage allerdings wenig veränderbar sein. Vulnerabilität kann somit als komplexes Gefüge von vorhandenen Aspekten eines Individuums auf verschiedenen Ebenen innerhalb gesellschaftlicher Strukturen verstanden werden. Hans Weiß schlägt hierfür die Unterscheidung in die Bereiche physische, psychische und soziale Vulnerabilität vor (Weiß 2023).

4 Vulnerable Subjekte oder diskriminierende Strukturen?

Der Fokus liegt in diesem Text auf Kindern und Jugendlichen mit erhöhter Vulnerabilität, die von sozioökonomisch benachteiligenden Strukturen betroffen sind. Diese Gruppe von Kindern steht häufig nicht im Fokus der öffentlichen Betrachtungen. Ein Merkmal von Kindheit ist die Angewiesenheit auf Erwachsene und die damit verbundene erhöhte Verletzlichkeit des Kindes. Aufwachsen in sozioökonomisch benachteiligenden Strukturen stellt eine deprivierende Umgebung für die gesundheitliche, emotionale und soziale Entwicklung von Kindern dar (Bolster et al. 2020). Einige Kinder wachsen zudem unter solch gravierend schlechten Bedingungen auf, dass sie besonders häufig seelische und körperliche Verletzungen aufgrund vermehrter Erfahrung von Gewalt, Missbrauch, emotionaler Vernachlässigung oder Verwahrlosung erfahren und »solche Ohnmachtserfahrungen [haben], dass ihre Handlungsfähigkeit zum Erliegen gekommen ist« (Müller 2019, S. 292). Die Verheißungen einiger populärwissenschaftlicher Veröffentlichungen im Sinne von Resilienzratgebern (Kubitschek 2021; Kurt 2017; Selig 2021), jedes Kind könne bei nur genügend Förderung der Resilienz sein Leben gelingend leben, greifen hier zu kurz und muten mitunter wie eine unerreichbare Vision auf ein besseres Leben an.

Eine vorhandene Widerstandskraft bei hoch belasteten Kindern zeigt sich dann mitunter in einer gewissen Widerständigkeit, die in pädagogischen Kontexten häufig unerwünscht ist und dazu führt, dass das Kind als Täter*in, also als vulnerant, wahrgenommen und markiert wird. Die vulnerable Seite solcher Interaktionen wird seltener antizipiert, entsprechend weniger oft wahrgenommen und akzeptiert. Eine differenzierte Sichtweise auf diese Geschehnisse kann pädagogischen Fachkräften, die mit solch verletzlichen und verletzenden Kindern interagieren, die Möglichkeit eröffnen, weniger emotional involviert zu werden und stattdessen die verletzliche Seite hinter dem verletzenden Verhalten des Kindes zu suchen. Daraufhin könnten schwierige Interaktionen zwischen pädagogischen Fachkräften und hoch belasteten Kindern und Jugendlichen entschärft werden. Dabei geht ein Mangel an Befriedigung der Grundbedürfnisse mit einem Mangel an entwicklungsgerechten Erfahrungen einher (Müller 2019). Herausfordernd für die pädagogische Praxis ist, dass Kinder mit auffälligen Verhaltensweisen eher als vulnerant denn als vulnerabel wahrgenommen werden. Kinder verletzen mitunter, weil sie vorher verletzt wurden. Der innere Schmerz ist so groß, dass er sich seinen Weg nach außen bahnt. Dahinter stehen gewisse Interaktionsspiralen: Kinder, die verletzt wurden, fassen schwerer wieder Vertrauen. Jemandem Vertrauen entgegenzubringen, birgt Verletzlichkeit. Verletzbarkeit stellt unvermeidlich einen Nebeneffekt von Vertrauen dar (ebd. 2019). Aufgabe von zugewandten Lehrkräften und Fachkräften ist, hinter aufmerksamkeitssuchendem vulneranten Verhalten auch die vulnerable Seite zu sehen und das Kind mit seiner erhöhten Vulnerabilität anzunehmen.

Es gibt Familien, die trotz geregelter Erwerbsarbeit sehr am Limit leben und mit großem Aufwand versuchen, am gesellschaftlichen Leben teilzuhaben, dies aber kaum schaffen. Lutz (2014) hat diese Konstellation als »Soziale Erschöpfung« mit seinem gleichnamigen Buch in die wissenschaftliche Diskussion eingebracht. Oliver Nachtwey beschreibt zwei Jahre später im Buch »Die Abstiegsgesellschaft« (2016), wie »Formen der Optimierung […] in besonderer Weise auf die Lebenswirklichkeit zurück[schlagen]«, und bringt das Bild der abwärts fahrenden Rolltreppe ein, »auf der sich besonders bemühen muss, wer nicht absteigen will« (Zirfas 2022, S. 173). Die Gruppe der working poor ist in Deutschland stärker angestiegen als in allen anderen EU-Staaten (ebd.). Der Arbeitsmarkt ist unsicherer geworden: Es gibt mehr befristete Beschäftigungen, und fast ein Drittel der Menschen arbeitet in atypischen Beschäftigungsverhältnissen, also zu Konditionen, die vom klassischen Normalarbeitsverhältnis abweichen (Nachtwey 2016, S. 139), was mit einer gewissen Statusinkonsistenz einhergeht (ebd., S. 140). Der Aufstieg in eine höhere Statusgruppe ist weniger einfach möglich, stattdessen gibt es vermehrt Abstiege in untere Statusgruppen, auch unabhängig von der Qualifikation. Weniger qualifizierte Menschen sind stärker von diesen Entwicklungen betroffen. Dies führt bei den von Abstieg bedrohten oder betroffenen Menschen zu Ängsten und Unsicherheiten.

Die Bedingungen der letzten Jahre – Pandemie, wirtschaftliche Krisen und Krieg in Europa – haben zu einer Verschärfung dieser Thematik beigetragen. Gerade Kinder aus sozioökonomisch benachteiligende Lebenslagen spürten die Auswirkungen der Pandemie besonders: beengte Wohnverhältnisse, fehlende technische

Ausstattung, um am digitalen Lernen teilzunehmen, sowie Erhöhung häuslicher Gewalt (Thümmler 2021).

Zugleich gibt es im Sinne des aktuellen Zeitgeistes eine Entwicklung, bereits im Kindes- und Jugendalter eine Kultur der Selbstoptimierung zu etablieren. Drei Beispiele von Methoden und Techniken zur Verhaltenssteuerung, des Selbstmanagements und zur Förderung der Metareflexion aus Schulen mögen dies exemplarisch aufzeigen, wobei im Folgenden zunächst die Problemzonen der Methoden angesprochen werden.

Erstes Beispiel: Schüler*innen werden früh Zeitmanagementtechniken vermittelt. So dient etwa die Pomodoro-Technik – eine Aufteilung der zu erledigenden Arbeit in kleine Portionen – dazu, möglichst effizient und konzentriert arbeiten zu können, um Leistung zu erbringen. In vielen weiterführenden Schulen wird diese Technik des Zeitmanagements vermittelt. Hierbei wird die Verantwortung für das (Nicht-)Gelingen bzw. das erfolgreiche Bewältigen eines vorgegebenen Arbeitspensums an die Schüler*innen übertragen – was zu weiterem Leistungsdruck führen kann: Viele Schüler*innen sind anfangs nicht in der Lage, ein eigenes Zeitmanagement durchzuführen, und sind sich dessen bewusst.

Zweites Beispiel: Im Unterricht werden regelmäßig Selbstbeurteilungsbögen eingesetzt, damit Kinder ihr Potential erkennen und danach streben können, dieses zu erreichen. Die Selbstbeurteilungsbögen sind Teil der Klassenarbeit; im Anschluss an die Klassenarbeit sollen die Schüler*innen ihr Lernverhalten der letzten Wochen anhand einer vorgegebenen Liste beurteilen. Unbestritten werden hier die Möglichkeiten der Selbst- und Fremdwahrnehmung gefördert und Kinder angeleitet, ihr Können und ihr Lernverhalten in Beziehung zu setzen und zu reflektieren. Gerade Kinder mit negativem Selbstwert tendieren dazu, sich selbst schlechter als ihre tatsächlichen Leistungen einzuschätzen, und verstärken dadurch ihr bestehendes Selbstbild.

Drittes Beispiel: In Schulen, vor allem in Förderschulen mit dem Förderschwerpunkt soziale und emotionale Entwicklung, sind Zettel mit Zielsätzen verbreitet, die bei einzelnen Kindern auf dem Tisch kleben. Dies bedeutet für die Kinder eine ständige Erinnerung und Ermahnung, sich daran zu orientieren, »wie sie sein sollten«. Diese Methode macht zugleich den individuellen Mangel für jede*n im Raum sichtbar, auch für fremde Personen. Ziel jeden pädagogischen Wirkens ist, auf (Weiter-)Entwicklung hinzuwirken und Kinder bei der Entfaltung ihres Potentials zu unterstützen. Basis hierfür ist die Vermittlung von Akzeptanz für das Gegenüber. Dabei stellt sich die Frage, ob die vulnerable Seite des Subjekts akzeptiert wird, um dann gemeinsam mit ihm die Potentialität zu entdecken und zu entfalten.

Neben aller Notwendigkeit, Kinder anzuleiten und auf dem Weg zu einem selbstständigen Leben zu begleiten, besteht die Gefahr, dass hier die Botschaft mitlaufen könnte: »Du genügst nicht.« Damit die Kinder mit kritischen (Selbst-)Beurteilungen nicht allein bleiben, ist es bedeutsam, Wege der Entwicklungsförderung zugewandt zu begleiten.

5 Pädagogische Implikationen

Auch wenn in den letzten Jahren die Bedeutung der Resilienzförderung erkannt wurde, werden Kinder und Jugendliche aus benachteiligenden Lebenslagen tendenziell zu wenig erreicht. Auf politischer Seite wird das Potential von Maßnahmen zur Resilienzförderung wenig erkannt und somit unzureichend gefördert. Dieser Effekt wird verstärkt durch die seit Jahren stetig wachsende soziale Ungleichheit und der damit verbundenen Armut in Deutschland (Der Paritätische Gesamtverband 2020).

In der Interaktion zwischen Pädagog*in und Kind korrespondieren Möglichkeiten der Resilienzförderung mit der Auslotung von zu akzeptierender Vulnerabilität. Fachkräfte bewegen sich hier in einem antinomischen Spannungsverhältnis, indem sie zum einen zu einer Akzeptanz der jeweiligen Vulnerabilität gelangen sollten, um den ihnen anvertrauten Kindern und Jugendlichen Anerkennung und Vertrauen entgegenbringen zu können. Zum anderen ist es die Aufgabe von Pädagog*innen, Optionen der Resilienzförderung zu erkunden, um Kindern weitere Entwicklungschancen zu eröffnen.

Bedeutsam erscheint uns zudem, Schulstrukturen und -konzepte ins Visier zu nehmen, um Einschränkungen und Barrieren aufzudecken. Welche Einschränkungen und Behinderungen produziert die jeweilige Schule durch ihre Strukturen, Regeln und ihr Handeln? Reflexionsfragen zum Umgang mit Vulnerabilität könnten sein: Wie können Barrieren wahrgenommen und als solche erkannt werden? Wie können eingeschränkte Potentialitäten aufgebrochen oder zumindest thematisiert werden?

Neben strukturellen Barrieren kommt dem jeweiligen Habitus der einzelnen Lehrkraft ebenfalls eine bedeutende Rolle zu. Lange-Vester (2015) konnte verschiedene Habitusmuster von Lehrkräften identifizieren und zeigen, dass diese in Abhängigkeit von ihrem eigenen Habitus unterschiedliche Leistungen der Schüler*innen erwarten. Es ist denkbar, dass Lehrkräfte aufgrund ihrer Weltsicht und ihrer eigenen Herkunft das Potential eines Kindes eingeschränkt wahrnehmen und somit Entwicklungschancen ungewollt verstreichen lassen oder mit zu forcierten Förderambitionen überfordern.

Ein gewinnbringender Ansatz kann hier der Ausbau von Habitussensibilität sein. Habitussensibilität meint ein »ausgeprägtes Gespür für das Gegenüber« zu entwickeln. Dabei »sind die Fähigkeit und Bereitschaft [gemeint], sich gedanklich an den Ort zu versetzen, den ein Schüler oder eine Schülerin im sozialen Raum einnimmt« (Lange-Vester 2014, S. 177). Pädagog*innen können sich mithilfe eines habitussensiblen Verhaltens (Thümmler 2022) der Lebenswelt und der Wahrnehmung von Schüler*innen nähern, ihren eigenen Handlungsspielraum ausloten und so zu einem veränderten Handlungsspielraum der Schüler*innen beitragen.

Dabei geht es darum, dass Lehrkräfte den Blick für die Stärken und Potentiale eines Kindes entfalten können, gerade wenn dessen Lebenskontext nicht dem der Lehrkraft entspricht und von deren biographischen Bezügen oder der aktuellen Lebenswelt abweicht. Ein bestimmtes Verhalten kann für ein Kind eine Stärke darstellen, aus der Sicht der Lehrkraft mit ihrem eigenen biographischen und lebensweltlichen Hintergrund jedoch nicht als solche erkennbar sein. Gelingt es der Lehrkraft, die Perspektive des »Anderen« einzunehmen, könnte sie dem Kind vermutlich eher gerecht werden, seine Potentiale besser erkennen und es bei der Entfaltung von Resilienz unterstützen. Als theoretischer Bezugspunkt kann die Theorie der Anerkennung von Axel Honneth (1994) dienen, die mittlerweile auch für pädagogische Kontexte einen wichtigen Stellenwert einnimmt (Prengel 2019, Thümmler 2023).

Literatur

Bartz, J. (2019): Behindern ist heilbar. Die Mitarbeiterin, 6, 4–6.
Bolster, M., Rattay, P., Hölling, H., & Lampert, T. (2020): Zusammenhang zwischen elterlichen Belastungen und der psychischen Gesundheit von Kindern und Jugendlichen. Kindheit und Entwicklung, 29 (1), 30–39. https://doi.org/10.1026/0942-5403/a000298.
Burghardt, D., Dederich, M., Dziabel, N., Höhne, T., Lohwasser, D., Stöhr, R. & Zirfas, J. (2017): Vulnerabilität. Pädagogische Herausforderungen. Stuttgart: Kohlhammer.
Der Paritätische Gesamtverband (2020): Gegen Armut hilft Geld. Der Paritätische Armutsbericht 2020. Berlin.
Kormann, G. (2007): Resilienz – Was Kinder stärkt und in ihrer Entwicklung unterstützt. In: M. Plieninger & E. Schumacher (Hrsg.), Auf den Anfang kommt es an – Bildung und Erziehung im Kindergarten und im Übergang zur Grundschule (S. 37–56). Gmünder Hochschulreihe Nr. 27.
Kubitschek, G. (2021): Resilienz im Alltag fördern: Mutmachgeschichten und Praxisideen für starke Kinder. München: Don Bosco.
Kurt, A. (2017): Resilienz entwickeln und stärken in der Grundschule: Praktische Materialien, die Kinder widerstandsfähiger machen. Mühlheim an der Ruhr: Verlag an der Ruhr.
Lange-Vester, A. & Teiwes-Kügler, C. (2014): Habitussensibilität im schulischen Alltag als Beitrag zur Integration ungleicher sozialer Gruppen. In: T. Sander (Hrsg.), Habitussensibilität. Eine neue Anforderung an professionelles Handeln (S. 177–207). Wiesbaden: Springer VS.
Lange-Vester, A. (2015): Habitusmuster von Lehrpersonen – auf Distanz zur Kultur der unteren sozialen Klassen. ZSE/Zeitschrift für Soziologie der Erziehung und Sozialisation, 35 (4) S. 360–376.
Leitner, S. & Thümmler, R. (2022): Die Macht der Ordnung. Perspektiven auf Veranderung in der Pädagogik. Weinheim: Beltz Juventa.
Lutz, R. (2014): Soziale Erschöpfung. Kulturelle Kontexte soziale Ungleichheit. Beltz.
Müller, T. (2019): Akzeptierte Verletzbarkeit? Zum Verhältnis von Vulnerabilität und Vertrauen im Kontext verhaltensauffälliger Kinder und Jugendlicher. VHN, 88 (4), 291–303. https://doi. org/10.2378/vhn2019.art42d
Nachtwey, O. (2016): Die Abstiegsgesellschaft. Über das Aufbegehren in der regressiven Moderne. Edition Suhrkamp.
Neumann, P. & Lütje-Klose, B. (2020): Diagnostik in inklusiven Schulen – zwischen Stigmatisierung, Etikettierungs-Ressourcen-Dilemma und förderorientierter Handlungsplanung. In: C., Gresch, P. Kuhl, M. Grosche, D. Sälzer, & P. Stanat, (Hrsg.), Schüler*innen mit sonderpädagogischem Förderbedarf in Schulleistungserhebungen. Einblicke und Entwicklungen (S. 3–28). Wiesbaden: Springer VS.
Prengel, A. (2019): Pädagogische Beziehungen zwischen Anerkennung, Verletzung und Ambivalenz. Opladen: Verlag Barbara Budrich.

Selig, F. (2021): Resilienz für Kinder: Der große Erziehungsratgeber – Wie Sie Ihrem Kind zu innerer Stärke und psychischer Widerstandsfähigkeit verhelfen. Independently published.

Thümmler, R. (2021): Lernen unter Distanzbedingungen – Auswirkungen der Corona-Pandemie auf jugendliche Entwicklungsaufgaben. In: S. Gingelmaier, M. Hoanzl, & H. Weiß (Hrsg.), Lernen mit Kopf – ohne Herz und Hand? Impulse für leibhaftige Begegnungen, emotionsbasiertes Lernen und eine ästhetische Praxis mit Kindern und Jugendlichen (S. 58–69). Weinheim, Basel: Beltz Juventa.

Thümmler, R. (2022): Habitussensibilität und Subjektive Theorien im Kontext (sonder-)pädagogischer Interaktionen. In: S. Leitner & R. Thümmler (Hrsg.), Die Macht der Ordnung. Perspektiven auf Veranderung in der Pädagogik (S. 218–231). Weinheim: Beltz Juventa.

Thümmler, R. (2023): Zwischen Anerkennung und Marginalisierung. Perspektiven von Lehrkräften der Förderschule auf die Zusammenarbeit mit Eltern aus benachteiligten Lebenslagen. In: M. Hoffmann, T. Hoffmann, L. Pfahl, M. Rasell, H. Richter, R. Seebo, M. Sonntag & J. Wagner, (Hrsg.), Raum. Macht. Inklusion. Inklusive Räume erforschen und entwickeln (S. 237–244). Bad Heilbrunn: Verlag Julius Klinkhardt 2023.

Weiß, H. (2020): Vulnerabilität – ein exkludierender Begriff? Sonderpädagogische Förderung heute, 65 (3), 319–320.

Weiß, H. (2023): Verletzlich bleiben – auch wenn's wehtut. Vulnerabilität als Chance für ein gutes Leben. Manuskript des Vortrags vom 21. März 2023 in Augsburg.

Zirfas, J. (2022): Erschöpfung. In: M. Dederich & J. Zirfas (Hrsg.), Glossar der Vulnerabilität (S. 169–179). Wiesbaden: Springer VS.

Kinder aus bildungsfernen Milieus in der Corona-Pandemie – Einstellungen und Resilienz

Britta Klopsch & Carsten Rohlfs

Abstract

Distanzlernen im Lockdown benachteiligt, darin besteht weitgehend Konsens, insbesondere Kinder und Jugendliche aus bildungsfernen Milieus, und die in Deutschland ohnehin großen sozioökonomisch bedingten Disparitäten im Bildungserfolg haben sich in der COVID-19-Pandemie noch stärker gezeigt. Empirische Belege für diesen pandemiebedingten Wirkzusammenhang sind allerdings noch wenig belastbar, und selten werden in den entsprechenden Untersuchungen Lernende selbst befragt, noch weniger solche, die an Schulen in herausfordernder Lage unterrichtet werden. Der vorliegende Beitrag stellt eine quantitative Studie an Grundschulen in besonders benachteiligter Umgebung während des Lockdowns im Frühjahr 2021 vor, fragt nach individuellen Einstellungen und Lernerfahrungen der Schülerinnen und Schüler während des Homeschoolings und verortet diese im Kontext des Resilienzdiskurses.

Schlüsselwörter: Homeschooling, Lockdown, Resilienz, Einstellungen, soziale Benachteiligung

1 Einleitung

Wie ein Brennglas deckte die Corona-Pandemie Schwachstellen des deutschen Bildungssystems auf, die bereits zuvor in unterschiedlichen empirischen Befunden expliziert wurden, bislang aber weitgehend unbearbeitet blieben (Sliwka & Klopsch 2020). So zeigten u. a. die PISA-Studien, dass gerade in Deutschland die Differenz zwischen erreichten Kompetenzen von Kindern aus sozioökonomisch stärkeren und schwächeren Elternhäusern äußerst groß ist (OECD 2019). Dabei fällt auf, dass 30 % der Lernenden, die bezüglich ihres sozialen, kulturellen und wirtschaftlichen Status' im untersten Quartil liegen, bei der Leistungsverteilung im Ländervergleich dennoch im obersten Quartil zu verorten sind. Sie schöpfen ihr Potenzial trotz ungünstiger Voraussetzungen besser aus (Schleicher 2018, S. 51). Im fachöffentlichen Diskurs um die Leistungsdefizite Lernender an deutschen Schulen im internationalen Vergleich und die Koppelung an soziale Herkunft wird dieser Befund gerne mit Resilienz erklärt und damit die Suche nach den Ursachen für eben dieses Phänomen mit Verweis auf ein scheinbar multipel verwendbares Konzept beendet. Aber ist dies überhaupt ein Hinweis auf Resilienz? Und welche Erklärungen hierfür lassen sich finden? Rohlfs (2011, 2013) zeigte in diesem Kontext, dass auch an Schulen in benachteiligter Lage vorwiegend günstige schulische und lernbezogene Einstellungen vorliegen. Ein guter Schulabschluss ist fast allen Lernenden wichtig. Interessanterweise ist diese Zielorientierung bei Mädchen und bei Jugendlichen mit Migrationshintergrund oftmals mit einer bemerkenswerten Lernfreude gekoppelt. Dennoch können letztere diese zunächst günstigen Voraussetzungen seltener in Leistung und Schulerfolg umsetzen (Einstellungs-Leistungs-Paradox). Die vorliegende Studie nimmt vor diesem Hintergrund die Einstellungen und Lernerfahrungen von Lernenden an Schulen in herausfordernden Lagen während des Lockdowns in den Blick und stellt Bezüge zum Resilienzdiskurs her.

2 Theoretische Rahmung und Stand der Forschung: Lernen in bildungsfernen Familien vor und während der Pandemie

Distanzlernen und Homeschooling sind im deutschen Schulsystem ein vergleichsweise junges Forschungsfeld, das erst zu Beginn der Pandemie an Bedeutung gewann. Viele empirische Studien nutzen deshalb Modelle, die entweder Lernprozesse im häuslichen Umfeld aus Perspektive der Hausaufgabenforschung betrachten (Huber & Helm 2020) oder das Angebots-Nutzungsmodell adaptieren (Züchner & Jäckel 2021). Helmkes (2015) Grundidee, dass Unterricht stets nur ein Angebot der Lehrenden an die Lernenden sein kann und es von vielfältigen Faktoren abhängt, inwiefern dieses Angebot tatsächlich angenommen wird, findet auch für das Distanzlernen seine Bestätigung – jedoch im Kontext veränderter Modi. Schulisches Lernen ist sozial konstituiert und basiert in der Regel auf Kommunikation und Kooperation in direkter Interaktion. Die Lernsituation während der Pandemie veränderte dies grundlegend. Während des Lockdowns fand Lernen auf Distanz statt. Lernende und Lehrende waren herausgefordert, neue Wege zu etablieren, um Lernprozesse anzuregen und zu unterstützen bzw. Unterstützung zu erhalten. Um die stattfindenden Lernprozesse zum Erfolg zu führen, war es erforderlich, entsprechende Prozesse zunächst so zu organisieren, dass innerhalb der Familien sichergestellt werden konnte, dass allen Lernenden überhaupt die Möglichkeit zu lernen eröffnet wurde. Schule und Familie mussten sich dabei stärker als zuvor aufeinander einlassen (Buhl & Bonanati 2020).

Der Einfluss sozialer Herkunft auf Lernprozesse wie Lernerfolge ist vielfach empirisch belegt (Huber & Helm 2020). Zentral bleibt die Frage nach den Wirkmechanismen. Ein Erklärungsmodell sind fehlende Fähigkeiten der Selbststeuerung und Selbstorganisation (ebd.) und damit schwach ausgeprägte Lernstrategien. Solch eingeschränkte Schlüsselkompetenzen werden bei sozial benachteiligten Lernenden auch im Bereich des Selbstmanagements angenommen (Artelt et al. 2010).

Die eigenständige Organisation der Lernprozesse hängt neben Einstellungen und Motivation, auch von Emotionen ab, die in Lernsituationen auftreten, bspw. von der Stimmung im Elternhaus. Anschließend an Forschung zu häuslichen Lernprozessen ist davon auszugehen, dass für Lernende die Ansprechbarkeit, Strukturierung und Kontrolle durch Eltern (Dumont et al. 2014) – und im Distanzlernen auch durch Lehrkräfte – wichtig sind, wenn sie selbstverantwortlich arbeiten. Dies gilt insbesondere für Lernende, denen das vergleichsweise offene häusliche Lernszenario weniger entspricht (Fischer et al. 2020). Selbstreguliertes Lernen wird so zum Ziel individueller Förderung (Klieme & Warwas 2011, S. 813), da gerade im Distanzlernen nur dann individuelle Fördermaßnahmen erfolgreich sein können, wenn der Lernprozess zumindest grundständig selbst organisiert wird (Hattie & Zierer 2018).

Die hier beschriebene Studie bettet die Fähigkeit, eigenes Lernen zu steuern, in das theoretische Konstrukt der Student Agency ein. Student Agency impliziert, dass sich Lernende als aktive Personen im Lernprozess wahrnehmen. Sie handeln selbstbestimmt und selbstwirksam, gestalten ihre eigene (Lern-)Umwelt und entscheiden verantwortungsvoll (OECD 2020). Die Agency ist damit eng verbunden mit Resilienz als »*capacity* to adapt to changes or disruptions that may threaten their stability and well-being« (Armstrong 2021, S. 2, Hevorh. im Original).

3 Methoden und Ergebnisse

Die empirische Studie besteht aus einem Mixed-Methods-Design, das qualitative und quantitative Elemente in einer schriftlichen Befragung kombiniert. Vorliegender Beitrag referiert die Befunde des quantitativen Teils. Die zugrundeliegende Forschungsfrage lautet: *Welche schulbezogenen Einstellungen zeigen Kinder aus bildungsfernen Milieus im Lockdown während der Corona-Pandemie?* Zur Beantwortung der Frage wurde ein Instrumentarium konstruiert, das u. a. die Lernbedingungen im Lockdown, die persönliche Bedeutung der Pandemie, einen Ausblick auf die Zeit nach der Pandemie und die Student Agency in den Fokus rückt.

Befragt wurden insgesamt N=207 Kinder (Klasse 3–6) an vier Grundschulen im Land Berlin. Die Stichprobenziehung erfolgte über eine Auswahl sämtlicher Grundschulen in »benachteiligter Lage«. Die Befragung fand während des pandemiebedingten Lockdowns im Frühjahr 2021 statt. 28 % der Lernenden besuchten zum Zeitpunkt der Erhebungen die dritte, 24 % die vierte, 21 % die fünfte und 27 % die sechste Klasse. 45 % Prozent waren weiblichen und 55 % männlichen Geschlechts.

Die Daten wurden zunächst uni- und bivariat ausgewertet und im Anschluss einer multivariaten Faktoren- und Clusteranalyse unterzogen, die zu vier stabilen Clustern führte.

Die Datenanalysen ergeben, dass die Befragten insgesamt eine positive Einstellung zum individuellen Lernen zeigten (76% Zustimmung). Die Stimmung im Elternhaus wurde als gut bezeichnet (82%), wenngleich ihnen die Schule als Lernort im Lockdown fehlte (73%).

Statistisch signifikante Unterschiede ergeben sich, wenn man die jüngsten befragten Lernenden (3. Klasse) mit den Ältesten (6. Klasse) kontrastiert. Jüngeren bereitet das Lernen in der Schule mehr Freude (M=3,25 vs. M=2,91). Sie nehmen sich mehr Zeit für Hausaufgaben (M=3,40 vs. M=2,89) und machen die Schulaufgaben eher, um neue Dinge zu lernen (M=3,19 vs. M=2,78). Ältere Lernende berichten häufiger von Problemen, einen ruhigen Lernplatz zu Hause zu finden (M=3,25 vs. M=2,67), und davon, beim Lernen zu Hause häufiger gestört zu werden (M=3,05 vs. M=2,59). Die älteren Lernenden erhalten mehr Unterstützung durch die Lehrkräfte (M=3,13 vs. M=2,60), allerdings ist es für sie komplizierter, die Aufgaben von der Schule zu bekommen (M=3,02 vs. M=2,65). Dennoch geben sie eher an, zu Hause besser lernen zu können als in der Schule (M=2,13 vs. M=1,88).

Interessant erschien in diesem Zusammenhang die Frage, inwiefern die Lernenden ihre eigene Handlungsfähigkeit und die damit verbundene Möglichkeit, Lernprozesse positiv beeinflussen zu können, wahrnehmen. In der vorliegenden Studie umfasst die Student Agency vier über eine Faktorenanalyse empirisch abgesicherte Konstrukte, die theoretisch an bereits vorhandene Skalen anknüpften (z. B. Zeiser et al. 2018). Die Konstrukte sind (a) die Selbstwirksamkeit, (b) das dynamische Selbstkonzept, (c) die Lernfreude sowie (d) das Durchhaltevermögen bei Lernprozessen. Für die befragten Lernenden lassen sich bezüglich der vier Konstrukte vier Cluster ausmachen, die sich statistisch signifikant voneinander unterscheiden:

- Cluster 1: ausgeprägtes Durchhaltevermögen
- Cluster 2: statisches Selbstkonzept
- Cluster 3: dynamisches Selbstkonzept
- Cluster 4: geringe Lernfreude.

Das erste Cluster (37% aller Befragten) umfasst in allen Klassenstufen die meisten Lernenden. Jungen und Mädchen sind ca. hälftig aufgeteilt. Inhaltlich ergab sich ein überaus stark ausgeprägtes Durchhaltevermögen. Dieses zeigt sich bspw. darin, dass sich die Lernenden als sehr fleißig wahrnehmen und berichten, Lernaufgaben zu beenden, die sie begonnen haben. Zusätzlich kennzeichnet diese Subgruppe eine deutliche Lernfreude. Das dynamische Selbstkonzept ist eher gering und die Selbstwirksamkeit schwächer vorhanden – allerdings nur vergleichsweise, denn insgesamt sind sie immer noch bemerkenswert stark ausgeprägt, was bereits einen relevanten Befund indiziert. Mit Blick auf das zentrale Merkmal dieser Gruppe wird Cluster 1 als *ausgeprägtes Durchhaltevermögen* bezeichnet.

In Cluster 2 (24% aller Befragten) sind etwas mehr Kinder männlich als weiblich, und es umfasst mehr Jüngere als Ältere. Inhaltlich zeigt sich, dass die Selbstwirksamkeit, die Lernfreude und das Durchhaltevermögen zwar stark ausgeprägt sind, das dynamische Selbstkonzept hingegen fast nicht vorhanden ist. Dies bedeutet, dass die Lernenden ein eher statisches Konzept ihrer individuellen Fähigkeiten aufweisen. So verknüpfen sie Lernerfolg mit notwendiger Begabung und gehen davon aus, dass es Dinge gibt, die sie selbst nicht lernen können. Cluster 2 umfasst somit die Gruppe mit *statischem Selbstkonzept.*

Das dritte Cluster (18% aller Befragten) ist das einzige Cluster mit mehr Mädchen als Jungen. Die Lernenden weisen hier ausnahmslos ein dynamisches Selbstkonzept auf. Im Gegensatz zum statischen Selbstkonzept herrscht die Annahme vor, sich auch ohne spezielle Begabungen (über-)fachliche Kompetenzen aneignen zu können. Zusätzlich sind Durchhaltevermögen und Selbstwirksamkeitserwartung stark ausgeprägt. Lediglich die Lernfreude zeigt sich etwas schwächer. Die Lernenden aus Cluster 3 werden somit – wieder mit Blick auf das herausragende Merkmal – als Gruppe mit *dynamischem Selbstkonzept* beschrieben.

Im vierten Cluster (21% aller Befragten) befinden sich am wenigsten Kinder der unteren Klassenstufen, zudem umfasst es am wenigsten Mädchen. Obgleich auch in diesem Cluster Durchhaltevermögen und Selbstwirksamkeit vorhanden sind, ist das dynamische Selbstkonzept eher gering. Herausragendes Merkmal ist hier die eingeschränkte Lernfreude bzw. wenig ausgeprägte Begeisterung bzgl. schulbezogener Aspekte. Die Subgruppe erhält somit die Bezeichnung *geringe Lernfreude.*

Die unterschiedlichen Cluster weisen nicht nur inhaltlich differente Schwerpunkte im Bereich der Student Agency, sondern auch bezüglich der entwickelten Skalen im Bereich der Lernschwierigkeiten, der Angst vor Noten und Abschlüssen, der Angst um die Gesundheit, der Lernorganisation, dem Vermissen der Schule sowie der Stimmung zu Hause auf. Insgesamt wird die Stimmung zu Hause sehr positiv eingeschätzt. Lernende mit *dynamischem Selbstkonzept* erleben überhaupt keine schlechte Stimmung – weder zwischen den Eltern und Kindern noch zwischen den Eltern oder zwischen Geschwistern –, und auch bei der Subgruppe mit *statischem Selbstkonzept* oder den Lernenden mit *ausgeprägtem Durchhaltevermögen* liegt der Prozentsatz der schlechten Stimmung bei nur 13%. Lediglich die Befragten im Cluster mit *geringer Lernfreude* schildern zu knapp 40% (eher) schlechte Stimmung im Elternhaus (vgl. Abb.1). Probleme, wie etwa morgens nicht mit den Schulaufgaben zu beginnen, sich leicht ablenken zu lassen oder keinen ruhigen Platz zu finden, schildern am häufigsten Schülerinnen und Schüler mit *geringer Lernfreude* (69%). Das Cluster mit *dynamischem Selbstkonzept* (45%) zeigt sich hier am positivsten.

Die Gruppe mit *geringer Lernfreude* vermisst die Schule mit Abstand am wenigsten (30%), während Lernende mit *ausgeprägtem Durchhaltevermögen* und *dynamischem Selbstkonzept* dies am häufigsten berichten (über 70%). Angst um Noten und Abschlüsse sowie Angst um die eigene Gesundheit bzw. die von Freunden und Familie sind – mit Ausnahme der Subgruppe mit *dynamischem Selbstkonzept* – in allen Clustern stärker als alle anderen Bereiche ausgeprägt. Das Cluster *dynamisches Selbstkonzept* kennzeichnet dagegen eine positive Lernorganisation zu Hause, die auch Elemente der Freude darüber, zu Hause arbeiten zu können, mit einschließt (75% Zustimmung). Ein Aspekt, der von allen anderen Clustern deutlich weniger betont wird (vgl. Abb. 1).

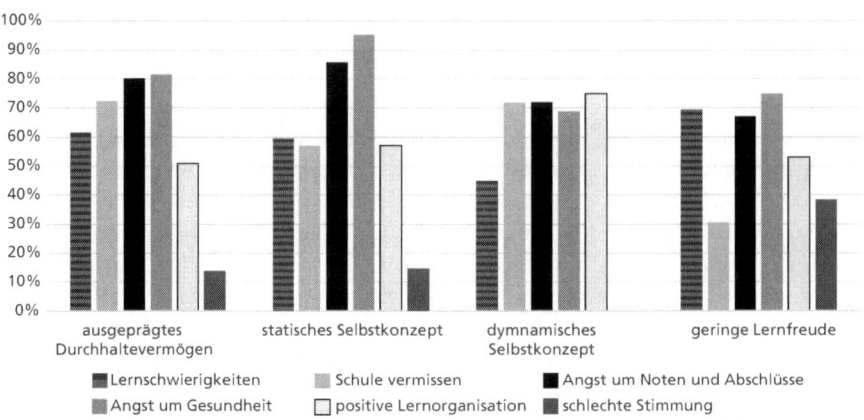

Abb. 1: Lernsituation während der COVID-19-Pandemie nach Clustern

4 Diskussion

Auffällig ist, dass die positive Lernorganisation einherzugehen scheint mit einem geringeren Maß an Lernschwierigkeiten – beides trifft in den Clustern mit fleißigen Lernenden zu. Diejenigen, die kaum Störungen beim häuslichen Lernen erleben, berichten vermehrt, ihr Lernpensum selbst gut einteilen zu können und dabei Freude zu empfinden. Cluster mit höher eingeschätzten Problemen im Distanzlernen zeigen die Lernorganisation weniger positiv ausgeprägt. Für schulische Lernprozesse könnte dies bedeuten, Lernende darin zu unterstützen, ihr Lernen in der häuslichen Umgebung selbständig organisieren zu können – womöglich auch, um die Freude am Lernen zu steigern.

Von grundlegender Relevanz für die erfolgreiche Gestaltung von Lernprozessen scheint dabei das dynamische Selbstkonzept. Lernende mit einer schwachen Ausprägung zeigen deutlich mehr Ängste in unterschiedlichen Bereichen. Die Wahrnehmung, Situationen ausgeliefert zu sein und diese nicht aktiv handelnd steuern zu können, scheint über die Lernprozesse hinausgehend das tägliche Leben deutlich zu beeinträchtigen. Unter Berücksichtigung der positiven Lerneinstellung und der individuellen Lernausgangslage, auch im Zusammenspiel mit Lernorganisation und Lernfreude, erscheint es pädagogisch sinnvoll, gemeinsam am dynamischen Selbstkonzept der Lernenden zu arbeiten – auch oder gerade unter der Prämisse, Ängste verringern zu können, was Lernprozesse wiederum erleichtert.

Dabei könnten Lehrkräfte beispielsweise die individuelle Bezugsnorm stärken (Dickhäuser & Rheinberg 2003), dialogisches Feedback vermehrt als Kommunikationsform im Klassenzimmer (Sliwka & Klopsch 2022) nutzen oder den Lernenden durch den Ansatz ›Voice und Choice‹ (Bray & McClaskey 2015) aktive Partizipations- und Handlungsmöglichkeiten im Unterricht eröffnen.

Eine Unterstützung der schulischen Lernprozesse an Schulen in benachteiligter Lage könnte besonders im Sinne des kompensatorischen Ansatzes (van Ackeren 2008) erfolgversprechend sein, dem zufolge eine Priorisierung sozial-emotionaler Arbeit vor akademischer Leistungsförderung und ein zusätzliches Engagement in der Beziehungsarbeit Wirksamkeit entfalten können, was allerdings gerade im Distanzunterricht eine besondere Herausforderung darstellt. Dies stützt auch die Resilienzforschung, die als stabilsten Prädiktor für eine resiliente Entwicklung eine unterstützende und zugewandte Beziehung identifiziert (Luthar 2006; Fröhlich-Gildhoff & Roennau-Boese 2017).

5 Fazit

Lernende an Schulen in herausfordernder Lage sind nicht pauschalisierend ›Bildungsverlierer/innen‹, die eigene Lernprozesse neutral bis negativ betrachten. Sie finden sich primär in einem der vier Cluster der hier präsentierten Untersuchung. Die Lernausgangslage, bspw. Einstellungen gegenüber Lernprozessen, zeigt sich im vorliegenden Sample positiver, als dies vielfach vermutet wird. Die deutliche Mehrheit der Befragten weist günstige schulbezogene Einstellungen auf, lediglich ein Fünftel der Befragten zeigt *geringe Lernfreude*. So ergeben sich potenziell ideale Voraussetzungen für schulisches Lernen. Dennoch scheint es eine Herausforderung für das deutsche Schulsystem zu sein, vorhandenes Potenzial für erfolgreiche schulische Lernprozesse zu nutzen. Sollten im Anschluss an die COVID-19-Pandemie die in Deutschland ohnehin großen sozioökonomisch bedingten Disparitäten im Bildungserfolg noch deutlicher werden, legt die vorliegende Studie nahe, dass dies nicht zwangsläufig auf die schulbezogenen Einstellungen zurückzuführen ist. Auch die Atmosphäre in den Familien im Lockdown erscheint weniger negativ, als es vor dem Hintergrund des fachöffentlichen Diskurses zu erwarten war. Dies nun im Umkehrschluss so zu interpretieren, dass es hier weder Benachteiligungen noch Probleme gibt, wäre freilich verkürzt und riskant. Vielmehr gilt es, dezidiert die Mechanismen zu untersuchen, die die Wirkung günstiger Einstellungen vielfach einschränken, und entsprechende Handlungsmöglichkeiten zu entwickeln. Die Ergebnisse zur Student Agency scheinen hier relevant und lenken den Blick auf die Frage, wie stark sich die Lernenden als aktiv und selbstbestimmt handelnd sowie selbständig entscheidend in der Organisation ihrer Lernprozesse und Gestaltung ihrer eigenen (Lern-)Umwelt erleben. Als Ansatzpunkte scheint das dynamische Selbstkonzept lohnend – auch aus der Perspektive der Resilienz als »Bewältigungskapital« (Fingerle 2011, S. 208) –, das dazu beiträgt, positive Lern- und Lebensverläufe zu entwickeln.

Literatur

Andresen, S., Lips, A., Möller, R., Rusack, T., Schröer, W., Thomas, S. & Wilmes, J. (2020): Kinder, Eltern und ihre Erfahrungen während der Corona-Pandemie. Erste Ergebnisse der bundesweiten Studie KiCo. Online verfügbar unter: https://www.bkj.de/news/kico-studie-soziale-folgen-der-corona-krise-buendeln-sich-in-den-familien/, Zugriff am: 01.11.2021.

Armstrong, C. (2021): Agency and Resilience – foundational elements of adolescent wellbeing. Online verfügbar unter: https://pmnch.who.int/resources/publications/m/item/agency-and-resilience---foundational-elements-of-adolescent-well-being, Zugriff am: 26.04.2023.

Artelt, C., Naumann, J. & Schneider, W. (2010): Lesemotivation und Lernstrategien. In: E. Klieme, C. Artelt, J. Hartig, N. Jude, O. Köller, M. Prenzel, … W. Schneider (Hrsg.), PISA 2009. Bilanz nach einem Jahrzehnt (S. 73–112). Münster: Waxmann.

Bray, B. & McClaskey, K. (2015): Make Learning Personal. The What, Who, WOW, Where, and Why. Thousand Oaks: Sage.

Buhl, H. M. & Bonanati, S. (2020): Interview: Mediennutzung zu Hause und in der Freizeit. In: S. Aufenanger, B. Eickelmann, A. Feindt & A.-M. Kamin (Hrsg.), Digitale Bildung. Friedrich Jahresheft #schuleDIGITAL (S. 28–31). Hannover: Friedrich Verlag.

Dickhäuser, O. & Rheinberg, F. (2003): Bezugsnormorientierung: Erfassung, Probleme, Perspektiven. In: J. Stiensmeyer-Pelster & F. Rheinberg (Hrsg.), Diagnostik von Selbstkonzept, Lernmotivation und Selbstregulation (S. 41–55). Göttingen: Hogrefe.

Dumont, H., Trautwein, U., Nagy, G. & Nagengast, B. (2014): Quality of Parental Homework Involvement: Predictors and Reciprocal Relations with Academic Functioning in the Reading Domain. Journal of Educational Psychology, 106 (1), 144–161.

Fingerle, M. (2011): Resilienz deuten – Schlussfolgerungen für die Prävention. In: M. Zander (Hrsg.), Handbuch Resilienzförderung (S. 208–218). Wiesbaden: VS.

Fischer, C., Fischer-Ontrup, C. & Schuster, C. (2020): Individuelle Förderung und selbstreguliertes Lernen. DDS – Die Deutsche Schule, 16 (1), 136–152.

Fröhlich-Gildhoff, K. & Roennau-Boese, M. (2017): Die Verbindung von Resilienzperspektive und (personzentrierter) Kinderpsychotherapie. Psychotherapie Forum, 22 (1), 63–75.

Hattie, J. & Zierer, K. (2018): Visible Learning. Auf den Punkt gebracht. Baltmannsweiler: Schneider Verlag Hohengehren.

Helmke, A. (2015): Unterrichtsqualität und Lehrerprofessionalität (7. Aufl.). Seelze: Klett Kallmeyer.

Huber, S. & Helm, C. (2020): Lernen in Zeiten der Corona-Pandemie. DDS – Die Deutsche Schule Beiheft, 16 (1), 37–60.

Klieme, E. & Warwas, J. (2011): Konzepte der individuellen Förderung. Zeitschrift für Pädagogik, 6 (1), 805–818.

Luthar, S. (2006): Resilience in development: a synthesis of research across five decades. In: D. Cicchetti & D. J. Cohen (Hrsg.), Developmental psychopathology: risk, disorder, and adaptation (S. 739–795). New York: Wiley.

OECD (2019): PISA 2018. Results. Paris: OECD Publishing.

OECD (2020): Learning Compass 2030. OECD: Paris

Rohlfs, C. (2011): Bildungseinstellungen: Schule und formale Bildung aus der Perspektive von Schülerinnen und Schülern. Wiesbaden: VS.

Rohlfs, C. (2013): Die subjektive Bedeutung von Schule und formaler Bildung aus der Perspektive von Schülerinnen und Schülern an Brennpunktschulen. Zeitschrift für Bildungsforschung, 3 (3), 195–218.

Schleicher, A. (2018): Weltklasse. Paris: OECD.

Sliwka, A. & Klopsch, B. (2020): Disruptive Innovation. Wie die Pandemie die »Grammatik der Schule« herausfordert und welche Chancen sich jetzt für eine »Schule ohne Wände« in der digitalen Wissensgesellschaft bieten. DDS – Die Deutsche Schule, 16 (1), 216–229.

Sliwka, A. & Klopsch, B. (2022): Deeper Learning. Pädagogik des digitalen Zeitalters. Weinheim: Beltz.

Van Ackeren, I. (2008): Schulentwicklung in benachteiligten Regionen. Eine exemplarische Bestandsaufnahme von Forschungsbefunden und Steuerungsstrategien. In: W. Lohfeld (Hrsg.), Gute Schule in schlechter Gesellschaft. (S. 47–58). Wiesbaden: VS Verlag.

Walter, O. & Taskinen, P. (2007): Kompetenzen und bildungsrelevante Einstellungen von Jugendlichen mit Migrationshintergrund in Deutschland: Ein Vergleich mit ausgewählten OECD-Staaten. In: E. Klieme, C. Artelt, J. Harting, N. Jude, O. Köller, M. Prenzel, ... W. Schneider (Hrsg.), PISA 2006. Die Ergebnisse der dritten internationalen Vergleichsstudie. (S. 337–366). Münster: Waxmann.

Zeiser, K., Scholtz, C. & Cirks, V. (2018): Maximizing Student Agency. Implementing and Measuring Student-Centered Learning Practices. Washington: American Institute for Research.

Züchner, I. & Jäckel, H. (2021): Fernbeschulung während der COVID-19 bedingten Schulschließungen weiterführender Schulen: Analysen zum Gelingen aus Sicht von Schülerinnen und Schülern. Zeitschrift für Erziehungswissenschaft, 24 (1), 479–502.

Wenn Widrigkeiten nicht zur Sprache kommen. Weiße Flecken auf der kognitiv-evaluativen Landkarte und Resilienz

Jörg Kohlscheen & Ronja Struck

Abstract

Im folgenden Beitrag wird über ein Zwischenergebnis eines qualitativen Forschungsprojektes zu Resilienz im Kontext von Kinderarmut und sozialer Teilhabe berichtet, dessen Befund die Wirkungsweise von etwas zeigen soll, das nicht da ist. An dieser Stelle sprechen wir von weißen Flecken auf der kognitiv-evaluativen Landkarte. Diese weißen Flecken werden aber nur in einer Konstellation sichtbar, die einen Unterschied markieren. Damit ist bereits angedeutet, dass wir uns mitten in ein Geflecht von Paradoxien begeben, das insgesamt die Diskussion um Resilienz begleitet. Weiße Flecken könnten einen Beitrag leisten, das Selbst zu schützen, ohne dass dadurch Kosten entstehen. Zudem ließe sich auf diesem Wege die Autogenese von klassischen Resilienzfaktoren wie etwa Vertrauen, Optimismus und Selbstwirksamkeitserwartungen begründen.

Schlüsselwörter: Resilienz, Konstellation, weiße Flecken, kognitiv-evaluative Landkarten, soziale Teilhabe

1 Einleitung

Im Folgenden wird ein Zwischenergebnis des vom Bundesministerium für Forschung und Bildung geförderten qualitativen Forschungsprojektes »Konstellationen der Resilienz von Kindern« (KoReKi) in der Förderlinie »Abbau von Bildungsbarrieren: Lernumwelten, Bildungserfolg und soziale Teilhabe«[43] vorgestellt. Wir forschen im Verbund an der Technischen Hochschule Köln und dem Institut für soziale Arbeit e.V. zu Resilienz im Kontext sozialer Teilhabe im Bildungsbereich. Konkret sprechen wir in der ersten Erhebungswelle mit Grundschullehrerinnen und -lehrern im Gruppendiskussionsverfahren. Die Gruppendiskussionen werden mittels dokumentarischer Methode (Bohnsack 1999) ausgewertet, um resilienzrelevante Orientierungsmuster vorwiegend der Lehrkräfte zu rekonstruieren. Des Weiteren führen

---

43 Das Förderkennzeichen lautet 01JB2111 A. Die Verantwortung für den Inhalt dieser Veröffentlichung liegt bei den Autor*innen.

wir leitfadengestützte Interviews sowohl mit Eltern als auch mit Kindern, die uns von den Lehrkräften als ›resilient‹ empfohlen wurden. Dabei gibt es keine strengen Vorgaben, sondern wir richten uns nach dem Alltagsverständnis der Lehrer*innen, auch um die Frage zu beantworten, was Resilienz in diesem Alltagsverständnis ausmacht. Diese Interviews werden mittels Situationsanalyse (Clarke, Friese & Washburn 2018) ausgewertet. Eine zweite Erhebungswelle erfolgt nach dem Übergang auf die weiterführende Schule. Insgesamt haben wir bislang Interviews an vier Grundschulen geführt, deren Einzugsgebiet bis auf eine Ausnahme in sogenannten benachteiligten Quartieren liegt. Pro Standort sollen je drei Interviews mit Eltern und deren Kindern geführt werden. Nach Möglichkeit werden Kinder und Eltern getrennt befragt, was aber nicht immer gewährleistet werden kann. Als qualitatives Forschungsprojekt geht es uns um Gegenstandsexploration und Theoriegenese. Deshalb sind die Konzepte, mit denen wir arbeiten, eher provisorischer Natur, da es diese im Forschungsprozess selbst in Form von Geistesblitzen[44] zu entdecken gilt. Auch wenn wir Daten erheben und die spontanen Narrative der Befragten diesen Prozess unterstützen, sind die folgenden Ausführungen eher konzeptionellen Charakters.

Einerseits forschen wir mit einer gewissen Skepsis über Resilienz als Lösungsmuster gesellschaftlicher Probleme (Bröckling 2017), andererseits knüpfen wir an frühe Resilienzforschung (Werner 2011) an, indem wir nach Möglichkeiten ›gelingenden Aufwachsens‹ unter ›widrigen Umständen‹ fragen. Die Idee der ›Konstellationen‹ soll dabei vor popularisierten und individualisierenden Lesarten der Resilienz schützen und dazu beitragen, gelingendes Aufwachsen bzw. soziale Teilhabemöglichkeiten von Kindern als Aufgabe zu verstehen, an der verschiedene Akteur*innen als Verantwortungsgemeinschaft beteiligt sind.

Auf unserer qualitativen Forschungsreise diskutierten wir verschiedenste Zugangsweisen (z. B. Gunderson & Holling 2001; Latour 2010), um Konstellationen auf den Begriff zu bringen. Wir betrachten vor allem Narrative der Befragten und keine Netzwerke aus Akteur*innen und Aktant*innen bzw. keine sozial-ökologischen Systeme, auch wenn beides in den Erzählungen relevant gemacht wird. Konstelliert werden zunächst Konzepte im weitesten Sinne, die in den Narrativen zur Sprache kommen. Dazu zählen abstrakte Begriffe ebenso wie konkrete Dinge und Personen. Hierbei legen wir das Augenmerk auf Konzepte, die in den Interviews mit starken Wertungen verbunden sind, und auf die Nichterfüllung von Verpflichtungen, die den lebensweltlichen Fluss von Routinen stören. Im Rahmen der Interpretationstreffen flammten immer wieder Kontroversen[45] auf, die viel damit zu tun hatten, dass Goldstandards für Begriffe wie ›Widrigkeit‹ oder ›gelingendes Aufwachsen‹ in einer kontingenten Welt fehlen und somit selbst Gegenstand von Aushandlungen sind. Besonders heikel zu interpretieren sind Stellen in den Transkripten, wo vermeintliche Widrigkeiten unthematisiert bleiben, die sich zumindest in der Außenperspektive eigentlich aufdrängen. Zum Beispiel bleibt die soziale Position der meist armutsnahen Familien in den Kinderinterviews in der

---

44 Wir bewegen uns an dieser Stelle im Rahmen der Tradition der klassischen Grounded Theory (Strauss & Corbin 1996, S. 13).
45 Ausführlicher Kohlscheen (2022).

Regel unthematisiert, wobei unklar ist, warum das passiert. Da auch qualitative Interviewforschung nicht in die Köpfe der Befragten schauen kann, bleibt nur, Hypothesen zu bilden. Es kann sein, dass solche mit Stigmatisierung verbundenen Themen eben aus diesem Grund nicht zur Sprache kommen. Es kann aber auch sein, dass die Befragten von bestimmten Weltausschnitten mit einer gewissen Glaubwürdigkeit nicht berührt werden. Diese Stellen werden im Folgenden weiße Flecken genannt und hinsichtlich ihrer Bedeutung für Resilienz untersucht. Hierbei greifen wir das Thema Draußenspielen zur Veranschaulichung auf, weil es viele Aspekte verdeutlicht, die mit dem Phänomen der weißen Flecken zusammenhängen.

2 Kognitiv-evaluative Landkarten

Ausgehend von der Annahme, »*dass Menschen selbstinterpretierende Wesen sind*« (Rosa 2016, S. 215), aber ihre Interpretationsleistungen in Relation zu der vorgefundenen Welt stehen, führt Hartmut Rosa den Begriff der kognitiv-evaluativen Landkarte ein. Kognitive Landkarten »*verzeichnen, was es gibt in der Welt und wie die Welt beschaffen ist, aber auch: worauf es dabei (für die Subjekte) jeweils ankommt, welche Haltung die jeweils richtige ist*« (Rosa 2016, S. 216). Die Welt-Interpretations-Beziehung wird in der Metapher der kognitiv-evaluativen Landkarte stärker zum Ausdruck gebracht als etwa im Begriff des Relevanzsystems. Landkarten stellen Konzepte dar, die sich praktisch bewähren müssen; sie dienen der Orientierung, können ggf. angepasst und kollektiv ausgehandelt werden.

Uns geht es um eine Integration von Perspektiven bzw. der Handhabung von Unterscheidungen, die jedweder Beobachtung und Selbstbeobachtung (Luhmann, 1987, S. 62) zugrunde liegt. Verschiedene Landkarten lassen sich zueinander in Bezug setzen bzw. sich kontrastieren, ohne die Gültigkeit einer Landkarte gegen eine andere auszuspielen. Legt man zugrunde, dass Menschen selbstinterpretative Wesen sind, so entfalten diese Interpretationen eine Wirkung und müssen bereits aus diesem Grunde ernst genommen werden. Es geht also darum, unterschiedliche Wissenssorten (z. B. wissenschaftliches vs. Alltagswissen) und Perspektiven zu konstellieren, ihre Eigenlogik zu rekonstruieren und damit ihre Funktionalitäten, aber auch etwaigen Dysfunktionalitäten.

Rosa (2016, S. 225 f.) betont die Bedeutung starker Wertungen hinsichtlich der kognitiv-evaluativen Landkarten und führt das Begriffspaar Angst und Begehren ein. Das Begriffspaar bezeichnet eine elementare Beziehungsweise von »Attraktion und Repulsion von Weltausschnitten« (Rosa 2016, S. 188 f.). Weltausschnitt ist nicht nur räumlich zu verstehen, sondern umfassend, also etwa objektbezogen (jemanden oder etwas haben wollen) oder auch ideell bzw. religiös. Welche Weltausschnitte wirken abstoßend, welche Weltausschnitte sollen in Reichweite gebracht werden? Und auch: Welchen Weltausschnitten tritt das Subjekt indifferent gegenüber? Angst und Begehren weisen in ihrer Bedingtheit gewisse Parallelen zum Begriffspaar Vulnerabilität und Resilienz auf. »Natürlich können wir etwas begehren, obwohl wir auch Angst vor ihm haben; ja die Angst kann sogar Teilursache des Begehrens sein« (Rosa 2016, S. 188). In diesem Begriffspaar ist also eine Paradoxie angelegt, die sich auch in Resilienzdefinitionen entdecken lässt, die eine gewisse Erwartungswidrigkeit (Bodi-Fernandez & Fernandez 2020, S. 267 f.) betonen. Wenn sich etwa Kinder trotz widriger Umstände günstiger entwickeln als andere, so kann das darauf verweisen, dass das Begehren im Vergleich zur Angst stärker war. Angst kann aber auch Vulnerabilität zur Folge haben, wenn sie übergroß wird. Zudem kann es sich als eine reichweitenvergrößernde Möglichkeit erweisen, wenn (repulsive) Weltausschnitte stumm geschaltet sind, um sie weniger zu fürchten, ähnlich der »inneren Distanzierung von familialen Problemen« (Fingerle & Graf, 2017, S. 266), wie sie Fingerle und Graf beschreiben.

Rückt man Angst in den Mittelpunkt der Betrachtung, wird auch einsichtig, weshalb Resilienzfaktoren wie Optimismus, Vertrauen, Selbstwirksamkeitserwartungen usw. ein geeignetes Mittel zur Angstbewältigung darstellen. Wie entstehen diese Gegenmittel? Als Kategorien, die sich auf die kontingente Zukunft beziehen, müssen sie zunächst vorgeschossen werden, auch wenn sich im Laufe der Biografie Zonen des Optimismus, des Vertrauens[46] und der Selbstwirksamkeitserwartungen als akkumulierte Erfahrung festigen und entwickeln können. Mittels weißer Flecken lassen sich diese Kategorien also begründen, ohne dass dahinter ein von außen evozierter Mechanismus stecken muss bzw. ein angeborenes Talent oder dergleichen. Die Idee lautet: Weiße Flecken auf der kognitiv-evaluativen Landkarte können insbesondere bei Kindern dazu führen, dass Umstände, die von außen als Widrigkeit erscheinen, in der Subjektperspektive nicht als solche gedeutet werden und so einen Beitrag zur Resilienz leisten, indem eine potenzielle oder vermeidliche Widrigkeit auf Distanz gehalten wird, ohne dass dadurch Kosten entstehen. Was also von außen als mutig oder gar besonders stark angerufen (Althusser 2019) wird, kann sich aus der Subjektperspektive als nichts Besonderes oder gar als irrige Annahme erweisen. Zumindest können weiße Flecken eine Schutzfunktion übernehmen, wobei das Selbst geschützt wird, indem Widrigkeiten auf Distanz bleiben. Das ist ambivalent. Zwar mögen keine Zonen der Angst entstehen, aber auch keine Zonen expliziten Begehrens.

3 Über weiße Flecken sollte man nicht schweigen

Während der Analyse narrativen Interviewmaterials kommt unweigerlich der Punkt, an dem interessante Aspekte unthematisiert bleiben, die sich eigentlich aufdrängen. Man kann mit Bezug auf Spencer Brown (Schönwälder-Kuntze, Wille, Hölscher & Spencer-Brown 2009) davon ausgehen, dass im Rahmen der Interviewforschung mit jedem Sprechakt Hinweise (Calls) auf das Relevanzsystem der

---
46 Für Vertrauen vgl. Luhmann (1987, S. 181).

Befragten gesammelt werden, wobei mit jedem Call die Operation der Unterscheidung vollzogen wird, indem bestimmte Aspekte erwähnt und andere damit nicht erwähnt werden. Hiermit wird die Grenze zwischen dem markierten und unmarkierten Bereich (Space) markiert. Letzterer ist zu bedeutsam, als dass zu ihm geschwiegen werden sollte. Denn unter bestimmten Umständen kann etwas zu dem manchmal beredsamen Schweigen gesagt werden, wenngleich aus Forschungsperspektive stets eine gewisse Restunsicherheit bleibt, da der unmarked Space von hoher Ambiguität geprägt ist. Es gehört also immer ein wenig Mut zur Abduktion im Sinne einer riskanten Schlussfolgerung dazu, wenn man plausibilisieren möchte, auf welche Art und Weise etwas nicht thematisiert wird.

Wie kann es also dazu kommen, dass ein Aspekt bzw. spezifischer eine Widrigkeit in einer Interviewsituation aufgrund eines weißen Fleckes nicht thematisiert wird? Wir unterscheiden zwei prinzipielle Möglichkeiten, die den weißen Flecken eine gewisse Glaubwürdigkeit verleihen:

- kognitiver weißer Fleck: eine Widrigkeit, die kognitiv nicht zugänglich ist bzw. für die sprachliche Repräsentationen fehlen; das gilt mit hoher Plausibilität für Kinder, deren kognitive Landkarten notgedrungen mehr weiße Flecken enthalten als die Landkarten der Erwachsenen;
- affektiver weißer Fleck: Ein Weltausschnitt ist zwar sprachlich repräsentiert, es fehlt aber eine eigne starke Bewertung bzw. ein Aspekt ist weder erkennbar mit Angst noch mit Begehren verbunden. Man steht dem Aspekt recht indifferent gegenüber, auch wenn er bekannt ist.

Potenziell bedrohliche Entitäten, die auf der kognitiv-evaluativen Landkarte einen weißen Fleck darstellen, werden nicht aktiv gemieden, während die Abwesenheit eines Begehrens keinerlei Wunsch der Erfüllung nach sich zieht, sodass es nicht zu der Situation eines unerfüllten Wunsches und dem damit verbundenen Leid kommt. Aus der Perspektive des Subjekts kann in diesen Fällen von einer Widrigkeit keine Rede sein. Was aus der Perspektive akademisch geprägter Forscherinnen und Forschern als Widrigkeit erscheint, kann aus Beteiligtenperspektive als recht üblich ins Relevanzsystem integriert sein und umgekehrt. Gegenstand der Kontroverse ist dann jedoch nicht die Perspektivität, sondern die Definitionsmacht der Subjekte ihrer eigenen Situation. Diese bleibt erhalten, aber eben um eine andere Perspektive bzw. Wissenssorte ergänzt, ohne die die weißen Flecken nicht sichtbar würden. Denn diese werden nur sichtbar, wenn etwas einen Unterschied macht. Ein gemeinsamer unmarked Space ist kein weißer Fleck, sondern im kantschen Sinne leer.

4   Konstellationen kognitiv-evaluativer Landkarten: Draußenspielen

Die Bedeutung des Sozialraums für gelingendes Aufwachsen wird von verschiedenen Seiten betont (Kessl, Reutlinger & Deinet 2010). Um den Raumbezug der Kinder zu erheben, forderten wir sie dazu auf, Landkarten mit Orten und anderen Elementen (z. B. Freunden) zu zeichnen, die für die Kinder bedeutsam sind, und diese mündlich zu erläutern. Bereits bei den ersten Zeichnungen fiel auf, dass die Wohnungen der Kinder überdimensional groß gezeichnet wurden. Andere kindertypische Orte wie zum Beispiel Spielplätze und Schulhöfe kamen eher nicht vor. Kann es also sein, dass sich Kindheit vor allem in häuslicher Umgebung abspielt?

Die Quartiere werden von den Lehrkräften als »soziale Brennpunkte« (z. B. Transkript IL 3) gelabelt, zum Teil auch sozialstatistisch über den Schulsozialindex untermauert. Vor allem aus der Perspektive der interviewten Erwachsenen werden diese Wohngebiete nicht als selbstständig erschließbare Spielorte für Kinder angesehen, etwa aufgrund des Straßenverkehrs und anderer Erwachsener, die z. B. im öffentlichen Raum Alkohol konsumieren. Dies kann dazu führen, dass ein Vater seine Tochter stets begleitet oder das Draußenaufhalten lediglich im institutionalisierten Rahmen zugelassen wird (Jugendzentrum, Sportverein, etc.). Inwiefern tatsächliche Gefahren durch Verkehr, Kriminalität und dergleichen im öffentlichen Raum auf die Kinder lauern, lässt sich nicht abschließend beurteilen. Hier kommt es lediglich auf die Deutung der Erwachsenen als Gefahrenraum an, welche die Realität der Kinder prägt.

Speziell von Seiten der Lehrkräfte wird das Phänomen des Draußenspielens der Kinder stark gemacht, besser gesagt: das Nichtstattfinden dessen bedauert. Die Lehrkräfte benennen die hohe Relevanz des Draußenspielens, aber nicht generell, sondern in ›pädagogisch wertvollen‹ Räumen. Es fallen Beispiele von Kindern, die noch nie oder selten im Wald waren oder nicht wissen würden, dass »quasi zweihundert Meter weiter ein Fluss fließt und kein See ist« (Transkript IL 3). Dabei wird eine starke normative Wertung deutlich, die dadurch noch verstärkt wird, dass im gleichen Kontext andere Beispiele genannt werden, die eher im Bereich der Vernachlässigung liegen, etwa wenn seitens der Eltern die Ernährung der Kinder vernachlässigt oder den Eltern unterstellt wird, ihre Kinder nicht zu lieben. Dies bewirkt eine Verstärkung des vorherigen negativen Urteils in Richtung unverhandelbar. Gleichzeitig werden innenstadtnahe Umgebungen in Übereinstimmung mit den Eltern als für Kinder nicht geeignet markiert, da hier Gefahren lauern. Explizit genannt werden der Autoverkehr und alkoholkonsumierende Erwachsene. Die Lehrkräfte formulieren zudem die deutliche Erwartung an die Eltern, dass diese das Spielen im Wald ermöglichen sollten, indem sie die Kinder dabei begleiten.

Eine dritte Erwachsenenperspektive lässt sich ausmachen, nämlich die der Forscher*innen, für die Draußenspielen mit einem eher romantisierenden Kindheitsverständnis verbunden ist. In dieser Sichtweise stellt Draußenspielen, einen relativ geschützten Rahmen vorausgesetzt, allenfalls eine Möglichkeit neben anderen dar, verschiedene Weltausschnitte ohne die Eltern oder anderer Wächter zu erschließen. Es birgt somit das Potenzial, Vertrauen, Optimismus und Selbstwirksamkeitserwartungen zu entwickeln und zu festigen. Dies geschieht etwa, indem die räumliche Umwelt erkundet wird oder aber auch im Zusammenschluss mit anderen Kindern soziale Aushandlungsprozesse geführt werden. Das Wohnumfeld wird in dieser Perspektive weniger repulsiv eingeschätzt, als es in den Eltern- und Lehrerinterviews der Fall ist.

Mit dem Thema Draußenspielen werden offenkundig Werte mitverhandelt, die sich provisorisch zwischen den Polen Kontrolle bzw. Misstrauen (gegenüber der repulsiven Umwelt, aber auch gegenüber den Fähigkeiten der Kinder, Gefahren einschätzen zu können) und Autonomie bzw. Vertrauen (zum Beispiel in die Fähigkeit der Kinder, Gefahren einschätzen zu können und ihnen aus dem Weg zu gehen) bewegen. Gemeinsam ist der Erwachsenenperspektive, dass Draußenspielen grundsätzlich sinnvoll ist, wenngleich auch andere Formen der Welterschließung an ihrer Stelle treten können.

Aus der Perspektive der Kinder fällt auf, dass das Thema insgesamt keine Rolle spielt. Es findet keine Bewertung dazu statt und es scheint kein Begehren zu geben, dies zu ändern. Manche Kinder wehren das Thema gar offensiv ab, andere scheinen in der Interviewsituation im Sinne sozialer Erwünschtheit gewisse Erwartungen des Interviewers bedienen zu können, die durch gezieltes Nachfragen zum Ausdruck kommen. Das spricht dafür, dass wir es nicht ausschließlich mit einem kognitiven weißen Fleck (das Konzept ist prinzipiell zugänglich) zu tun haben, sondern mit einem affektiven. Von einem Bedauern darüber, dass das Leben vor allem in den eigenen vier Wänden bzw. in einem institutionalisierten Rahmen stattfindet, kann aber nirgends die Rede sein. Auch die in den Interviews der Erwachsenen angesprochenen Gefahrenaspekte bleiben unthematisiert. Hierbei könnte es sich um einen kognitiven weißen Fleck handeln. Die Kinder haben dann noch nicht gelernt, ihr Quartier als Zone der Bedrohung zu erleben; ebenso wenig als Objektivation der niedrigen sozialen Position im Raum gesellschaftlicher Stratifikation.

Legt man die kognitiv-evaluativen Landkarten der Erwachsenen und der Kinder übereinander, so zeigen sich Differenzen zwischen den Generationen, aber auch intragenerationale Differenzen treten zu Tage. Die Landkarten unterscheiden sich darin, was es in der Welt gibt (die Welt draußen und drinnen; bedrohlich oder attraktiv) und worauf es ankommt (etwa Sicherheit und Autonomie).

Geht man von der Arbeitshypothese aus, dass die Kinder, mit denen wir gesprochen haben, dem Thema Draußenspielen indifferent gegenüberstehen, so wird dadurch auch das adressierte Defizit seitens der Lehrer*innen bzw. Forscher*innen auf Distanz gehalten und damit das Selbst geschützt. Wenn man zudem davon ausgeht, dass diese Zuschreibungen von Defiziten sich in einem von Macht geprägten Gefüge vollziehen, ist dieses auf Distanzhalten nicht wenig. Immerhin wird seitens der Lehrkräfte Draußenspielen in Zusammenhang mit Bildungserfolg gesetzt und seitens der Forscher*innen gar mit bedeutsamen Werten wie Autonomie in Verbindung gebracht. Auch die defizitäre Semantik des Nahraums, welcher in der Metapher vom ›sozialen Brennpunkt‹ zum Ausdruck kommt, bleibt dadurch bis auf weiteres auf Distanz, zumindest wird er nicht als Belastung bzw. Angstraum gedeutet. Somit werden Vertrauen, Optimismus, Selbstwirksamkeitserwartungen anhand dieses Weltausschnittes zwar nicht ausgebaut, aber sie nehmen auch keinen Schaden. Anders würde der Fall liegen, wenn sich die Kinder die defizitären Zuschreibungen zu eigen machen würden.

Weil die interviewten Kinder vom Phänomen Draußenspielen nicht affiziert werden, werden weder Angst und noch Begehren erkennbar. Anders verhält es sich bei Zukunftswünschen, zu denen wir die Kinder ebenfalls gefragt haben. Zum Teil werden akademische Berufe wie Ärztin oder Rechtsanwalt genannt. In Anbetracht der Startbedingungen – die Kinder stammen aus Familien mit recht wenig Bildungskapital – und dem Versagen des Bildungssystems, das meritokratische Versprechen einzulösen und Bildungschancen unabhängig vom sozialen Herkunftsmilieus zu ermöglichen, scheint auch hier ein weißer Fleck am Werk, der dafür sorgt, die Unwahrscheinlichkeit der Erfüllung dieser Wünsche zu realisieren. Es findet sich jedoch auch ein Positivbeispiel: Ein Mädchen, das ein körperliches Handicap aufweist, äußerte den Wunsch, Polizistin zu werden. Da die Mutter beim Interview anwesend war, erklärte diese ihrer Tochter, dass dies aufgrund ihres Handicaps nicht ginge. Wir wurden damit Zeugen davon, wie kognitiv-evaluative Landkarten ausgehandelt werden. Die Tochter erwiderte, dass sie es trotzdem versuchen wolle.

Literatur

Bodi-Fernandez, O. & Fernandez, K. (2020): Methodische Implikationen verschiedener theoretischer Resilienzmodelle. Österreichische Zeitschrift für Soziologie, 45 (3), 265–291.
Bohnsack, R. (1999): Rekonstruktive Sozialforschung. Wiesbaden: Verlag für Sozialwissenschaften. doi: 10.1007/978-3-663-01190-3
Bröckling, U. (2017): Resilienz: Über einen Schlüsselbegriff des 21. Jahrhunderts. Soziopolis. Online verfügbar unter: https://www.soziopolis.de/resilienz.html, Zugriff am: 13.03.2023.
Clarke, A. E., Friese, C. & Washburn, R. (2018): Situational analysis: grounded theory after the interpretive turn (Second edition.). Los Angeles: SAGE.
Fingerle, M. & Graf, F. (2017): »Ich bin einfach nur hart geblieben …« Ein Fall »erwartungswidriger positiver Entwicklung« bei einem Schüler einer Lernhilfeschule. In: R. G. Göppel & M. Zander (Hrsg.), Resilienz aus der Sicht der betroffenen Subjekte: die autobiografische Perspektive (S. 246–268). Weinheim und Basel: Beltz Juventa.
Gunderson, L. H. & Holling, C. S. (2001): Panarchy: Understanding Transformations in Human and Nature Systems. Washington, DC: Island Press.
Kessl, F., Reutlinger, C. & Deinet, U. (2010): Sozialraum: eine Einführung (Sozialraumforschung und Sozialraumarbeit) (2., durchges. Auflage.). Wiesbaden: Verl. für Sozialwiss.
Kohlscheen, J. (2022): Konstellationen der Resilienz von Kindern (ISA-Jahrbuch zur Sozialen Arbeit). In: Institut für soziale Arbeit e.V. (Hrsg.), Rechte auf soziale Teilhabe durchsetzen – Auftrag und Aufgabe von Politikberatung, Konzeptentwicklung und Praxisforschung (S. 58–66). Münster: Waxmann.
Latour, B. (2010): Eine neue Soziologie für eine neue Gesellschaft: Einführung in die Akteur-Netzwerk-Theorie (übers. v. G. Roßler). Berlin: Suhrkamp.
Luhmann, N. (1987): Soziale Systeme: Grundriß einer allgemeinen Theorie. Frankfurt/Main: Suhrkamp.
Rosa, H. (2016): Resonanz: eine Soziologie der Weltbeziehung. Berlin: Suhrkamp.

Schönwälder-Kuntze, T., Wille, K., Hölscher, T. & Spencer-Brown, G. (2009): George Spencer Brown: eine Einführung in die »Laws of Form« (2., überarb. Aufl./Lehrbuch). Wiesbaden: Verl. für Sozialwissenschaften.
Strauss, A. L. & Corbin, J. M. (1996): Grounded Theory: Grundlagen qualitativer Sozialforschung. Weinheim: Beltz.
Werner, E. E. (2011): Risiko und Resilienz im Leben von Kindern aus multiethnischen Familien. In: M. Zander (Hrsg.), Handbuch Resilienzförderung (S. 32–46). Wiesbaden: VS Verlag für Sozialwissenschaften. doi: 10.1007/978-3-531-92775-6_2

Resilienz im Spiegel ausgewählter Kinderbilderbücher

Ulrike Graf

Abstract

Kinderbilderbücher sind aus dem Elementarbereich und dem Grundschulunterricht der ersten Jahre als Gegenstand der Literacy-Bildung nicht wegzudenken. Die Bilderbuchdidaktik fokussiert u. a. entwicklungsbegleitende Impulse im Sinn von Identifikationsmöglichkeiten und dem Modellcharakter für Lebensgestaltung in sozialen Bezügen sowie im aktuellen gesellschaftlichen Umfeld.

Auch wenn Literatur als eigene Kunst für sich steht, kann Resilienzförderung im weiteren Sinn als ein Bestandteil der pädagogisch-didaktischen Arbeit mit Kinderbilderbüchern gelten. Entsprechend betonen aktuelle Kinderbilderbuch-Auszeichnungen resilienzrelevante Aspekte wie das soziale Miteinander oder die Stärkung von Kindern, so bei dem expliziten Kinderbilderbuchpreis »Huckepack. Mit Bilderbüchern Kinder stärken«[47], der in Kooperation zwischen der Phantastischen Bibliothek Wetzlar[48] und dem Bremer Institut Bilderbuchforschung (BIPF)[49] verliehen wird. Im Folgenden werden Longlist-Titel des genannten Preises der Jahre 2021 und 2022 bzw. ein Buch des Monats aus Januar 2023 unter den Fragen »gelesen«, (a) wie die (Kinder-)Figuren in der Story in ihren sozialen Bezügen und historisch-gesellschaftlichen Kontexten in ihren Problembewältigungswegen dargestellt und wie (b) Kinder als ›Leser/innen‹ im Hinblick auf Resilienz adressiert werden.

Schlüsselwörter: Resilienz, Kinderbilderbücher, Vulnerabilität, Transformation, Werte

---

[47] Link Huckepack-Preis: https://www.phantastik.eu/ausschreibungen-und-preise/bilderbuchpreis-huckepack.html (Zugriff am 16.08.2023).
[48] Link Phantastische Bibliothek Wetzlar: https://www.phantastik.eu/ (Zugriff am 16.08.2023).
[49] Link BIBF: https://www.uni-bremen.de/fb12/bibf (Zugriff am 16.08.2023). Weitere Informationen zu Kinder- und Jugendbuchpreisen auf: https://www.bildungsserver.de/kinder-und-jugendbuchpreise-5321-de.html (Zugriff am 16.08.2023).

1 Einleitung

Kinderbilderbücher stehen als Literaturgattung für sich. Sie können in professionellen pädagogisch-didaktischen Kontexten nicht ohne einen analytischen Blick auf Kindgemäßheit Einzug in die Gruppen- und Klassenräume finden. Denn aus professioneller Sicht sind Inhalt und Gestaltung der Werke auf ihre ›Botschaften‹ hin zu befragen. In diesem Beitrag wird mit der Brille der Resilienz und damit einigen bekannten Größen der Entwicklungspsychologie und Pädagogik auf den Plot geschaut und danach gefragt: Wie werden die Kinder(-figuren) dargestellt und adressiert: (a) in den Problembewältigungen (Fähigkeiten, Prozessen, Ressourcen) und Resilienzergebnissen der Story und (b) als ›Leser/innen‹ im Hinblick auf resilienzförderliche Aspekte (wobei klassischerweise im jüngeren Alter von einer Vorlesesituation und damit von Zuhörenden ausgegangen wird)? Um die Prozesse und Ressourcen der jeweiligen Problembewältigungen zu analysieren und die Ergebnisse des Resilienzprozesses einzuordnen, wird im Folgenden ein kurzer Überblick zu den Erkenntnissen der Resilienzforschung gegeben.

2 Resilienz – ein kurzer Überblick

Von Resilienz wird gesprochen, wenn ein Risiko bzw. eine Belastung erfolgreich bewältigt worden ist (Fingerle, Opp & Suess 2020, S. 7). Als Risiko gelten im engeren Sinn nicht-normative und daher nicht vorhersehbare Belastungen wie Krieg, Flucht oder frühe Tode von Bezugspersonen. Das *weite* Verständnis umfasst darüber hinaus auch normative, also in jedem Leben auftretende Phasen erhöhter Vulnerabilität wie bspw. die Pubertät und die damit verbundenen Herausforderungen (Fröhlich-Gildhoff & Rönnau-Böse 2019, S. 11 f.). Ob und inwiefern Kinder besonders in den frühen Jahren generell als vulnerabel gelten, wird mit Verweis auf deren entwicklungsbedingte Angewiesenheit auf gedeihliche Aufwachsbedingungen, vor allem sozial sicherer Bindungsangebote, diskutiert (Andresen, Koch & König 2015). Die Auffassung einer grundsätzlichen Vulnerabilität (in der Phase der Kindheit oder auch als conditio humana generell) muss sekundiert bleiben von der Vorstellung, dass Vulnerabilität nicht einfach nur als ›Schwäche‹ gesehen wird, sondern auch Aspekte von Offenheit und Berührbarkeit beinhaltet, die für existenzielle Lebensvollzüge wie Neugier und das Eingehen enger Bindungen Voraussetzung sind.

Resilienz wird im weiten wie engen Verständnis aufgefasst als Fähigkeit, Prozess und Ergebnis einer erfolgreichen Belastungsbewältigung. Ohne Risiko also keine Resilienz (Fröhlich-Gildhoff & Rönnau-Böse 2019, 11 f). Als Quelle von Risiken wie auch Bewältigungsressourcen gelten drei Ebenen: die individuelle, soziale und strukturell-politische (Masten 2016, 148). Dieser Beitrag folgt dem multisystemischen Ansatz (Masten 2016), dem gemäß Resilienz in Vernetzung individueller, sozialer und strukturell-institutioneller Ebenen gefördert werden muss und nicht einzig eine individuelle Aufgabe bleiben kann – besonders nicht bei Kindern, die in ihren jungen Jahren auf Entwicklungsmöglichkeiten angewiesen sind, in denen sie Fähigkeiten auszubilden vermögen, die bei auftretenden Problemen hilfreich sein und in diesen Fällen dann als Schutzfaktoren wirken können. Schutzfaktoren haben das Potenzial, Risikoauswirkungen abpuffern; zu ihnen zählen s. g. Resilienzfaktoren (Fröhlich-Gildhoff & Rönnau-Böse 2019, S. 30), mit deren Hilfe sich Bewältigungsprozesse moderieren lassen, etwa Selbstwirksamkeit und Selbststeuerung, letzterer ein Aspekt, der in der Selbstdeterminationstheorie (Deci & Ryan 1993) als eines von drei grundlegenden menschlichen Bedürfnissen gilt, die befriedigt sein müssen, um motiviert zu sein, z. B. Probleme anzugehen. Neben der Autonomie stehen in diesem Konzept der Kompetenzerwerb sowie das soziale Eingebundensein als Grundbedürfnisse.

Insgesamt lebt Resilienz basal von sozialen Dimensionen, elementar ist etwa eine verlässliche Bezugsperson innerhalb oder außerhalb der Familie (Luthar 2006). Als Selbstwirksamkeit(-serwartung) gilt eine generalisierte, über psycho-soziale Lernprozesse aufgebaute Auffassung eigener Wirkmächtigkeit (Bandura 2012).

Was ein erfolgreicher Resilienzprozess ist, wird nach Masten entweder mit dem Erreichen eines wiederhergestellten funktionellen Zustands beschrieben oder als Transformation hin zu einem neuen funktionellen Gleichgewicht (2016, S. 26). Denn die Rückkehr zu einem »identischen« Zustand vor einem Risiko, das eine Belastung verursacht hat, kann es weder bei entwicklungsbedingten Herausforderungen (Pubertät) noch bei unvorhersehbaren Ereignissen (Flucht) geben. Resilienz bedeutet in diesem Sinn auch immer Entwicklung. Zudem sind wiederhergestellte oder neue Entwicklungs»stände« auch wert- und normbezogene einzuordnen, denn sonst würde als Resilienz auch gelten, wenn Verbrecher nach einem Gefängnisaufenthalt erfolgreicher darin würden, sich der Justiz zu entziehen.[50]

3 Ausgewählte Kinderbilderbücher im Spiegel von Resilienzdynamiken

3.1 Auswahl prämierter Werke und Fragestellungen

Die hier ausgewählten Werke stammen aus den Longlists des Huckepack-Preises 2021 und 2022, dem einzigen expliziten Kinderbilderbuchpreis. Zusätzlich wurde das Bilderbuch des Monats Januar 2023 ausgewählt, welches das Bremer Institut für Bilderbuchforschung (BIPF) ausruft.

---

50 Zum Verständnis von Resilienz sei auch auf den Beitrag von Fröhlich-Gildhoff in diesem Band verwiesen.

Die Werke wurden nach Möglichkeiten der Kontrastierung von Resilienzaspekten ausgewählt[51] und werden hier nach Kategorien der oben skizzierten Belastungen gebündelt besprochen. Die Entscheidung, nur vier von insgesamt je zehn Werken vorzustellen, fiel zugunsten der Möglichkeit, die Stories ausführlicher darstellen zu können. Ausgewählt wurden: »Ein Ort für meine Traurigkeit« (Booth, A. & Litchfield 2021) und »Der große und der kleine Igel: Warte doch mal« (Teckentrup 2022), in denen entwicklungspsychologische Dynamiken bzw. existenzielle Themen aufgegriffen werden, die in jedem Leben vorkommen können, neben Werken, die aktuelle historisch-gesellschaftliche Themen im Spiegel einzelner Protagonist/innen fokussieren: »Der Koffer« (Naylor-Ballesteros 2021) und »Ich gehör' dazu« (Percival 2021). Die Themen des Lebens in Gruppe eins sind kindliche Neugier vs. Pflichten im Erziehungsalltag und Traurigkeit sowie in Gruppe zwei Migration/Flucht und soziale Unsichtbarkeit aufgrund von Armutsbetroffenheit.

3.2 Figuren und Handlungen im Fokus eine Resilienzperspektive

Die genannten Kinderbilderbücher werden inhaltlich entlang der Grunddynamik von Resilienz vorgestellt: Ausgehend vom jeweiligen Risiko bzw. der Herausforderung werden die Bewältigungsfähigkeiten, -ressourcen und -prozesse der Protagonist/innen mit Fokus auf die Selbstwirksamkeit(-sstärkung), Autonomie(-) und Kompetenz(-förderung) sowie einem sicheren Bindungsangebot bzw. dem sozialen Eingebundensein geschildert. Am Ende steht ein Resümee bezüglich des eingeschätzten erfolgreichen Bewältigungs- und damit Resilienzprozesses.

Zur ersten Gruppe: (nicht-)normative lebensweltliche Herausforderungen

In *Warte mal* erzählt Teckentrup (2022) von der widerstreitenden Dynamik elterlich verantworteter Zeitplanung versus Faszination und Gegenwartsorientierung junger Kinder. Der große Igel kann noch so oft einfordern, angesichts der Abendzeit doch jetzt nachhause zu gehen, der Kleine kann in seiner ungebremsten Neugier nicht von der Welt lassen und wirbt mit »Warte doch mal!« für die je nächste Gelegenheit zu staunen: Acht ›Stationen‹ werden es, von der untergehende Sonne bis zum Zählen der Sterne am Nachthimmel. Stets wird dem kleinen Igel Zeit eingeräumt, sprich: Er erhält Raum, seinen Anliegen nachzugehen. Der große Igel lässt sich wie ein verständnisvoller Erwachsene darauf ein, hilft zuweilen mit einem Wort für das gerade bewunderte Phänomen der Welt und sitzt ansonsten dabei. Eine Wendung nimmt der Handlungsverlauf, als der große Igel bei der siebten Station plötzlich »Warte doch mal, kleiner Igel!« ruft, weil dieser – von einem Glühwürmchen derart fasziniert, dass er ohne zu fragen ihm einfach hinterhergelaufen ist – zwischen den Gräsern verschwunden war. Hier gerät der große Igel dann selbst ins Staunen: »So

---

51 Die Gesamtheit der Longlist-Bücher finden sich auf den Seiten des Huckepackpreises mit Inhaltsbeschreibungen, Rezensionen und unter der Perspektive »KinderStärken« in Graf (2021) besprochen.

eine magisch beleuchtete Nachtwiese habe ich auch noch nie gesehen!« An dieser Stelle wird die Dimension, dass die erwachsene ›Person‹ Entwicklungsräume für das Entdecken ihr längst bekannter Phänomene gewährt, dadurch bereichert, dass auch sie etwas Neues erlebt.

Mit Blick auf Resilienzprozesse darf der kleine Igel seine entwicklungsgemäße (und -notwendige) Neugier ausleben, darf ‚schwach' werden angesichts der Schönheit, die ihn berührt, und erhält miteinander geteilte Zeit, sich verzaubern zu lassen. Er darf die Welt und das, was ihn gerade in den Bann zieht, auskosten. Die Story endet mit einer Sättigung: »[B]is ihnen (beim Zählen der Himmelskörper im Universum, U.G.) keine Zahlen mehr einfielen.«

Diese Geschichte birgt kein konkretes Risiko, sie siedelt eher im Bereich von genereller Prävention, die jedem pädagogischen Prozess vertraut ist und damit zu den generell förderlichen Bedingungen gehört (Fröhlich-Gilhoff & Rönnau-Böse 2019, S 28 f.), welche sich bei Bedarf als Schutzfaktoren gegen Risiken erweisen können: Kindern Zeiten und Räume achtsam begleiteter Welterkundungen zu erschließen bzw. sie diese in ihrer Eigeninitiative erschließen zu lassen. Dadurch können Kinder Selbstwirksamkeit (die erwachsene Person lässt sich auf die kindlichen Bedürfnisse ein, wenn das Kind deren Befriedigung aktiv einfordert) und Autonomie erleben sowie soziales Eingebundensein, wenn sie in ihren Erfahrungen begleitet werden, und auch, indem sie den Alltag variierend mitbestimmen. So vemögen sie potenziell einen Schutzfaktor zu entwickeln, der bei zukünftigen Belastungen aktiviert werden kann.

Booth und Litchfield (2021) sprechen im Gegensatz zu den »Igeln« ein existenzielles Thema an, das in jedem Leben vorkommt und das durch aktive Bewältigungsprozesse bearbeitet sein will: »Ein Ort für meine Traurigkeit« exemplifiziert solche Bewältigungsprozesse am Thema selbst. Denn eines Tages tritt die Traurigkeit in das Leben eines Jungen, der beschließt, »ihr ein Zuhause zu geben«. Sie ist als durchscheinende, künstliche Figur dargestellt, erinnert an Kopffüßler, denn Arme und Beine setzen direkt an einem Ei-förmigen Körper an, ein kleines rotes Herz ist an der Oberfläche sichtbar; auch ein Gesicht hat die Figur. Der Junge baut zunächst ein Haus, in dem die Traurigkeit wohnen und sich in ihren verschiedenen Facetten zeigen kann: mal ruhig sitzend, mal wütend. Dann legt er einen Garten an, in dem das Leben wächst und die Traurigkeit den Kontakt zur Welt suchen kann: den Vögeln lauschend, die Düfte einatmend. Nach und nach erweitert der Junge den Raum für die Ausdrucksmöglichkeiten, welche es der Traurigkeit erlauben, ihre Bedürfnisse zu befriedigen. Schließlich besucht er sie häufig, stellt aber auch klar, dass er manchmal dafür zu beschäftigt sei – auf einem Bild mit Fahrrad und einem anderen Jungen, beide mit Rucksack, sowie einer fürsorgenden erwachsenen Person. Er hat also auch ein Leben ohne direkten Kontakt zu seinem besonderen Gast. Im ganzen Buch bleibt *er* derjenige, der Regie führt (auch wenn er kleiner dargestellt ist als die Traurigkeit). Am Ende gehen beide Hand-in-Hand los, um die Welt und ihre Schönheit gemeinsam zu entdecken. Die Traurigkeit hat Einzug in das Leben gehalten, sie darf da sein.

Dieses Buch fordert möglicherweise Erwachsene heraus, je nachdem, wie sie dieses Thema in ihrem Leben bisher erlebt haben und es integrieren konnten. In jedem Fall kennen Kinder Traurigkeit – auch diesseits von Todeserfahrungen, die sie durchaus mindestens mit Tieren schon erlebt haben können: wenn sie sich beispielsweise am Abend mal wieder einmal früher von der täglichen Welt verabschieden müssen, als ihnen lieb ist. Insofern ist das Buch im Gespräch gut mit kindlichen Eigenerfahrungen zu beleben.[52]

Als Ergebnis dieses ›generellen‹, weil anlasslosen Kennenlernprozesses der Traurigkeit ist die Integration in das Leben zu werten, in dem die Traurigkeit einfach da ist und die Schönheit der Welt zugleich auch. Dass die beiden scheinbar dauerhaft verbunden in die Welt zu ziehen scheinen, kann man sicher kritisch sehen. Ebenso, dass das Kind im Buch alleine handelt (dass es ein soziales Umfeld hat, in dem für seine Sicherheit gesorgt wird, ist allerdings angedeutet).

Zur zweiten Gruppe: nicht-normative Belastungen und Prozesse des Otherings oder ›Offenheit auf Schlingerkurs‹

In Percivals (2021) »Ich gehör' dazu« wird das Risiko von Armutsbetroffenheit und eine daraus folgende soziale Unsichtbarkeit thematisiert. Das Mädchen Isabell lebt mit einem Hund und ihren Eltern in einem Haus. Vater und Mutter bieten ein verlässliches Bezugsumfeld für das Kind. Der gute Familienzusammenhalt wird angesichts der Problematik, wegen Geldnot und daraus folgendem Strommangel in dicken Pullovern Brot über dem Kaminfeuer zu grillen, geschildert. Diese Belastungen erfahren ein soziales und atmosphärisches Gegengewicht in der familiären Verbundenheit, die Eltern und Kind samt Hund bei gemeinsamen Aktivitäten erfahren, und der individuellen Fähigkeit von Isabell, trotz dickster Kleidung im Haus Freude an schönen Dingen wie etwa den Eisblumen an ihrem Fenster zu empfinden. Bis die Familie wegen zunehmender Armut aus dem Ein-/Mehrfamilienhaus in ein anderes Stadtviertel und damit eine Hochhaussiedlung umziehen muss. In Isabells gut ausgeprägter Selbstwahrnehmung, einem weiteren individuellen Resilienzfaktor, fühlt sie sich dort unsichtbar, weil sie keine Beachtung der anderen Menschen im Viertel erfährt. Bildlich ist dies wie eine leibliche Erfahrung, durchsichtige Hände und Füße zu bekommen, in Szene gesetzt – eindrücklich und, wie ich finde, nicht ganz ungefährlich, weil es um Bilder der eigenen Leiblichkeit geht. Aus Isabells Selbstmitgefühl für diese Situation wächst ihre Empathie mit anderen: Als sie sich ihres Gefühls des sozialen Übersehenwerdens bewusst geworden ist, geraten ihr andere Menschen im sozialen toten Winkeln in den Blick: ein Wohnungsloser, der Vögel füttert, ein Junge mit Fluchterfahrung, der Fahrräder reparierte … – und »alle wirkten so allein«. Sie ergreift die Initiative, indem sie sich an den Aktivitäten der anderen Übersehenen beteiligt und sich so ein neues soziales Umfeld erschließt.

Isabells Sichtbarkeit nimmt mit der wachsenden Gruppe, der sich immer mehr anschließen, zu, so wird die Solidaritätsdynamik beschrieben. Die Selbstwirksamkeit der Kinderfigur wird deutlich herausgestellt: »Sie hatte etwas verändert«, heißt es im Text. Isabells Eltern spielen in dieser Phase der Handlung keine Rolle. Am Ende ist

---

52 Vorsicht sollte walten, wenn ein Kind mit einem akuten, bedrohlichen Todesfall im Kreis der Familie betroffen wäre oder aufgrund von Flucht (gewaltsamen) Tod erlebt hat. Da müsste abgewogen werden, inwiefern das Kind zunächst einfach Trost braucht und auf welche Weise es sich bereits auf eine aktive Trauerbewältigung einlassen kann.

eine neue soziale Einbindung gewachsen. Allerdings: Bei genauerem Hinsehen auf die letzten beiden Seiten, die ein Straßenfest der neu Solidarisierten zeigt, fragt man sich, inwiefern sich hier ausschließlich Übersehene in neuer Verbindung zusammengefunden haben. Denn diejenigen Figuren, die nicht in der bisherigen Handlung vorkamen, deuten zumeist ›Merkmale‹ an, welche die Assoziation mit Menschen, die aufgrund dieser in Gesellschaften immer noch Ausgrenzung erfahren, nahelegen.

Sollte dies so beabsichtigt sein, ist eine soziale Homogenisierung als erfolgreiche Problembewältigung zu kritisieren. Denn eine solche Homogenisierung etwa von nach sozio-ökonomischen Kriterien segmentieren Stadtvierteln indiziert aktuell auch in Gesellschaften, die sich andere Werte des gesellschaftlichen Miteinanders in die Verfassungen geschrieben haben, ein Problem. Natürlich steht es Pädagog/innen in ihrer Arbeit mit dem Buch frei, diesen Aspekt von sich aus in der Bilderbuchbetrachtung mit den Kindern zu thematisieren. Aber es bleibt der Einwand, dass gesellschaftlich-strukturelle Probleme wie Armutsbetroffenheit und damit verbundene Ausschlussprozesse nicht alleine auf individueller Ebene gelöst werden können, sondern auf politischer Ebene angegangen werden müssen – dies auch im Sinn des Schutzes individueller Resilienzmöglichkeiten. Denn es gilt, Belastungen zu reduzieren, statt Belastbarkeiten zu erhöhen.

Auch in Naylor-Ballesteros' (2021) »Der Koffer« geht es um soziale Ex- und Inklusionsprozesse – in diesem Fall im Rahmen von Flucht. Das Buch verhandelt »Othering«[53]-Dynamiken mit einem Figurentableau, das differenziert agiert: Ein »seltsames Tier« (ein »Er«), das mit einem Koffer als einzigem Besitz in die Szene tritt und als »staubig, müde, traurig und ängstlich« eingeführt wird, trifft auf eine Dreiergruppe erkennbarer Tierfiguren: Fuchs, Hase und Vogel. Sie können wohl als ›Einheimische‹ verstanden werden und verkörpern in ihren Reaktionen auf den ›Fremden‹ unterschiedliche Adressierungsmuster: Ist der Fuchs von vorneherein misstrauisch und glaubt dem Fremden nicht, als er behauptet, in seinem Koffer befänden sich eine Tasse, ein Tisch und Stuhl sowie eine Holzhütte mit Küche, plädieren Hase und Vogel – wenn auch vorsichtig – dafür, für wahr zu halten, was er sagt, sie fragen zuweilen rückversichernd nach, wie so große Dinge in einen Koffer passen, und zeigen sich verständnisvoll, als der Fremde vor Müdigkeit einschläft. Die Belastungslage der Flucht wird für das »seltsame Tier« im Folgenden noch dadurch erhöht, dass der Fuchs sich mit seinem Misstrauen durchsetzt und den Koffer mit Gewalt aufbricht, um den Fremden der Lüge zu überführen. Jetzt haben sie ein Problem: Nicht nur dass die Tasse zerborsten ist, das Misstrauen des Gewalttätigen ist entlarvt.

Als das fremde Tier wieder aufwacht, findet es eine Hütte vor, welche die anderen Drei, dem Foto im Koffer nachempfunden, errichtet haben. Innerlich zitternd, so schwingt es zwischen den Zeilen, erwarten die Tiere die Reaktion des Fremden. Er hebt an, es gäbe jetzt »nur ein winziges« Problem: »Wir brauchen mehr Tassen.«

---

53 *Othering* bezeichnet das sozialkonstruktivistische Verständnis einer Abgrenzung von Gruppen oder Personen von sog. »Anderen«, indem diese als »anders« kategorisiert und adressiert werden – in Verbindung damit, dass deren Interessen in sozialen Aushandlungsprozessen keine Berücksichtigung finden (Gingrich 2011).

Das Ergebnis der Problembewältigung ist real: Eine neue Behausung ist errichtet. Erhalten bleiben wird wohl, dass sich die Vier weiter zu- und aufeinander ›hinarbeiten‹ (vgl. auch Graf 2021, o.S.).

Das moralische Niveau der Erzählung ist hoch angesiedelt: Nach seiner Flucht und Gewalterfahrung im Ankunftsland nimmt das fremdartige Tier die Entschuldigung der drei Einheimischen an und zeigt sich seinerseits gastfreundlich. Es wird zum Einladenden. Die soziale Ressource der Einheimischen würde ich eher als ›Offenheit auf Schlingerkurs‹ beschreiben. Immerhin: Das Buch wartet nicht mit einer geschlossenen Phalanx von Ablehnung im Ankunftsland auf, sondern lässt verschiedene Reaktionsmuster in Gestalt von Fuchs, Hase und Vogel zu. Ich sehe hier das Potenzial, dass Kinder in der Vorlesesituation die Möglichkeit haben, eine mehrdimensionale Identifikationsfolie vorzufinden. Sie können die Vielfalt an Reaktionen, wie sie ihnen in der gesellschaftlichen Wirklichkeit begegnen, wiederfinden, erproben, Stellung dazu beziehen.

3.3 Adressierung der Kinder als Leser/innen

Dieser Abschnitt widmet sich der zweiten Forschungsfrage: Wie werden die Kinder als ›Leser/innen‹ über den Inhalt hinaus adressiert, also auf der Ebene vor bzw. außerhalb der Handlung, etwa bezüglich von Prozessen der Buchgestaltung – und damit als potenzielle Autor/innen, als die sie ja erzählender- und schreibenderweise auch in Kindergarten und Schule angesprochen werden und gefragt sind.

Antworten auf Fragen der Entstehungsgeschichte von Büchern etc. finden sich im Informationsteil/in der Titelei (Seiten vor und nach dem Inhalt) vermerkt.

In »Ich gehör' dazu« ist dort zu erfahren, dass die Story im Leben des Autors autobiografisch verankert ist: Er lebte in Armut, in der Familie aber »gab es zwei Dinge, die wir reichlich hatten. Liebe und Bücher.« Wird ein solcher Aspekt in die Arbeit mit dem Buch einbezogen, lernen Kinder Modelle kennen, eigene risikobehaftete Erfahrungen auf einer Ebene allgemeingültiger Botschaften in – wie in diesem Fall – literarischen Produkten zu kondensieren. Und: Sie erhalten Einblick darin, dass armutsbetroffene Menschen nicht nur in einer fiktiven Geschichte in guter Familienatmosphäre leben können und Zugang zu Bildungsgütern nutzen, die etwa ein öffentliches Bibliothekswesen bietet.

Im »Ort für meine Traurigkeit« ist eine andere autobiografische Notiz zu finden. Sie bezieht sich auf die Inspiration der Autorin durch Literatur. Denn ihre Idee zum Buch verdankt sie literarischen Texten von Etty Hillesum, einer jüdischen und niederländischen Autorin, die im Holocaust ermordet wurde und sich in dem (ohne weitere Quelle zitierten) Auszug dafür einsetzt, »offen und ehrlich und somit mutig« zu trauern, um Hass und Rache und so weiteres Leid zu vermeiden. Dieser Notiz wird im jüngeren Kindesalter und den Jahren des Anfangsunterrichts kaum eine explizite Rolle spielen können[54], wiewohl das Grundanliegen von Hillesums Äußerung ein bedeutsames Plädoyer für Menschlichkeit ist.

---

54 Inwiefern dies dennoch aufgrund biografischer Hintergründe in den Familien der Kinder sinnvoll ist, wäre zu entscheiden. Es gibt nicht nur Nachfahren von im Holocaust Er-

3.4 Bewältigungsprozesse, Resilienzergebnisse und ihre Verknüpfung mit Wertefragen

Erfolgreiche Bewältigungsprozesse führen nach Masten zu wiederhergestellten oder transformierten funktionellen Gleichgewichten (2016, S. 26). Diese können nicht ohne Werte- und Normfragen bedacht werden. Denn Menschen leben in sozialen Umfeldern und Gesellschaften.

In »Warte doch mal« wird ein Beispiel des autoritativ-demokratischen Erziehungsstils, der mit seiner Balance aus Ansprüchen gegenüber dem Kind und responsivem Verhalten in verständnisvoller Atmosphäre sowie offener Kommunikation als förderlich gilt (Lohaus & Vierhaus 2019, S. 246), anschaulich.[55] Wie elterliche und kindliche Bedürfnisse miteinander Beachtung finden, das Koordinatenkreuz der Erziehungsstile, findet ein Gleichgewicht im Ernstnehmen der je anderen ‚Partei', ohne den eigenen Anspruch aufzugeben und zugleich ohne unverrückbar auf ihm zu beharren. Der kleine Igel wird in seinem Gestaltungswillen anerkannt – auch mit Hinweisen auf Aspekte der Theory-of-Mind, wenn an einer schon frühen Stelle die Bewusstheit des Verhandelns bei dem kleinen Igel deutlich wird: Als der Große lächelnd (!) fragt, »Und worauf warten wir jetzt?«, antwortet der Kleine »[...], dass der Mond aufgeht!« – und »grinste dabei«. Beide sind sich klar, was hier ‚abläuft', und lassen sich darauf ein. Ein psycho-soziales Lernfeld, in dem der Kleine ernst genommen wird, mitgestalten darf und das so ein Potenzial birgt, Selbstwirksamkeit aufzubauen.

Mit der »Traurigkeit« ist ein kontingenter Aspekt menschlicher Existenz thematisiert, der in unserer Gesellschaft im öffentlichen Raum weitgehend tabuisiert wird und entritualisiert ist: Wer z. B. trägt noch Trauer, um anzuzeigen, in welcher Situation er sich befindet, und damit auch anderen zu ermöglichen, dies in der Begegnung zu berücksichtigen? Wer nimmt im Arbeitsleben in Anspruch, Räume dafür geltend zu machen? Wo ist es möglich, außerhalb der Beerdigungsfeierlichkeiten zu weinen, ohne dass es allen anderen nur peinlich ist? Diese Umgangsformen, die Kinder erleben, treffen im Buch auf Gestaltungsideen. Ohne zu argumentieren, dass Erwachsene von Kindern in romantisch verklärender Weise etwas lernen, bietet dieses Buch sicher auch in der Vorbereitung der Thematisierung von Traurigkeit mit Kindern die Chance, sich des eigenen Umgangs mit ihr zu vergewissern, nicht zuletzt, um Kinder in ihren Zugängen zu hören. Sie trauern anders als Erwachsene, häufig ›aktiver‹.

In »Ich gehör' dazu« geht es um gesellschaftliches Miteinander auf der Grundlage verfasster Gleichwürdigkeit und Gleichheit vor dem Recht (GG Art. 1; 3)[56]. Im Buch wird zunächst ein Vorurteil im Bereich der Intersektionalität aufgebrochen: Menschen, die in Armut leben, sind deshalb nicht zugleich emotional arm oder in jedem

---

mordeten, es leben auch Kinder mit Fluchtgeschichte in unseren Schulen, die Erfahrung mit gewaltsamen Toden Angehöriger in Lagern haben können.
55 Allerdings ist hier die noch unbeachtete Kulturspezifik in der in weiten Teilen euroamerikanisch geprägten Erziehungsstilforschung limitierend zu beachten (Morgan 2022, o. S.).
56 Bundesamt für Justiz: https://www.gesetze-im-internet.de/gg/BJNR000010949.html, Zugriff 22.08.2023

Fall bildungsfern. Es bleibt aber im Buch im Zusammenhang des wertvollen Motivs der Empathie der Protagonistin für Menschen in ähnlichen Lebenslagen die Problematik sozialer Homogenisierung erhalten. ‚Unter sich zu bleiben' kann, gesellschaftlich gesehen, für Entfremdung sorgen. Hier ist vielleicht, auf der realen Ebene weitergedacht, auch eine massive Grenze eigener Resilienzprozesse im individuellen Handlungsbereich markiert. So könnte das Buch ein Anlass sein, mit Kindern darüber nachzudenken, was denn nötig sei, damit Menschen sich über sie unterscheidende Aspekte von Lebenslagen, die sich etwa auch in segmentierten Stadtvierteln zeigen, kennenlernen können. Das wäre im Grundschulalter sicher schon möglich. Kinder kennen dieses Thema, je nach Einzugsgebiet der Schule, mehr oder weniger.

»Der Koffer« greift ein sozialpsychologisches Thema auf, indem es Fragen von ›Anderssein‹ zum Gegenstand der Erzählung macht. Beschönigt wird nichts: Es kommt zur Gewalt. Wie ausgeführt entfaltet das Buch differenzierte Aspekte von Reaktionen einer aufnehmenden Gruppe, womit die Möglichkeit der Verständigung angedeutet wird – wie sie für demokratische Gesellschaften konstitutiv ist. Pädagogisch bieten die verschieden agierenden Figuren Projektionsmöglichkeiten für eigene Einstellungen und damit einen Zugang, sensible Themen in einer Gruppe so zu verhandeln, dass Kinder mit sozial weniger verträglichen bzw. im Rahmen des demokratischen Auftrags noch nicht sozial verträglichen Einstellungen sich auf Gespräche dazu wahrscheinlich eher einlassen können.

Zudem zeigt das Werk einen Weg, dass und wie Unrecht eingeräumt werden und Wiedergutmachung aussehen kann. An dem Punkt, an dem der Fuchs die Verantwortung für sein Unrecht eingesteht und sich entschuldigt, werden er und seine ›Mittäter‹ zu denen, die sich der wohlwollenden Adressierung des Geflüchteten nicht mehr sicher sein können. *Sie* könnten jetzt abgelehnt werden. Es bleibt, das ist das Recht fiktiver Geschichten, ein sehr hohes moralisches Niveau, wenn der Beschädigte nach der Widergutmachung zum Einladenden wird. Chance auf Versöhnung, so könnte der Schlusspunkt heißen, Wege dahin zu öffnen, sind immer beide Seiten gefragt.

4 Fazit

Kinderbilderbücher können nicht einfach über den ›Leisten‹ der Resilienz gezogen werden. Dennoch ist es, ganz im pädagogischen Impetus der Gattung, angebracht, sie immer wieder nach all dem zu befragen – nach den Inhalten und Botschaften, den Ideen und Identifikationsangeboten –, was Kinder in bestimmten Lebenslagen potenziell stärken, inspirieren und schützen kann. Nichts anderes fokussieren die verschiedenen Kinder(-bilder)- und Jugendbuchpreise. Nichts anderes rückt das Bremer Institut für Bilderbuchforschung in den Blick. Erst recht gehört diese Perspektive zum Alltag professionalisierter Fachkräfte in pädagogischen Bereichen, wenn es um den Einsatz von Medien geht. In Bezug auf Resilienz scheint es wichtig, sich angesichts der breiten Popularisierung des Konzepts und den damit teilweise einhergehenden Verwerfungen zu vergewissern, inwiefern in Kinderbilderbüchern ausschließlich auf individuelle Bewältigungsressourcen beschränktes Verständnis gesetzt wird.[57] Die Aufmerksamkeit sollte einer Differenzierung dienen, welche Aspekte eines Problems persönlich angegangen werden können und welche politisch gelöst werden müssen – zum Schutz der potenziell Belasteten – und inwiefern dies thematisiert wird. Hier greift auch der Auftrag, Kritik an ›Gedrucktem‹ üben zu lernen. Nicht zuletzt kann gefragt werden, welche Wertvorstellungen in Handlungsprozessen und Lösungen mitschwingen, um rechtzeitig zu erkennen, inwiefern der Kern dessen, worauf die Bildungs- und Erziehungsaufträge verpflichten, eingelöst wird: menschenrechtsbasierte und entwicklungspsychologisch angemessene Formen der Hilfe und Unterstützung für die Persönlichkeitsentwicklung zu bieten – diesseits und angesichts von Risiken.

Literatur

Andresen, S., Koch, K. & König, J. (2015): Kinder in vulnerablen Konstellationen. Zur Einleitung. In: Dies. (Hrsg.), Vulnerable Kinder. Interdisziplinäre Annäherungen. Reihe Kinder, Kindheiten und Kindheitsforschung, Bd. 10, hg. von S. Andresen S., I. Diehm I. & C. Hunner-Keisel (S. 8–20). Wiesbaden: Springer.
Bandura, A. (2012). Self-efficacy: The Exercise of Control (12. printing). New York, NY: Freeman
Bandura, A. (1977): Self-Efficacy: Toward a Unifying Theory of Behavioral Change. Psychological Review 84: 191–215
Deci, E. L. & Ryan, R. M. (1993): Die Selbstbestimmungstheorie der Motivation und ihre Bedeutung für die Pädagogik. In: Zeitschrift für Pädagogik 39 (1993) 2, S. 223–238, DOI: 10.25656/01:11173.
Fingerle, M., Opp, G. & Suess, G. (2020): Einleitung. In: G. Opp, M. Fingerle & G Suess (Hrsg.), Was Kinder stärkt. Erziehung zwischen Risiko und Resilienz (4. Aufl.). (S. 7–8). München: Ernst Reinhard.
Fröhlich-Gildhoff, K. & Rönnau- Böse, M. (2019): Resilienz. 5., aktual. Auflage. München: Ernst Reinhardt
Gingrich, Andre. »Othering«. Lexikon der Globalisierung, edited by Fernand Kreff, Eva-Maria Knoll and Andre Gingrich, Bielefeld: transcript Verlag, 2011, pp. 323–324. https://doi.org/10.1515/transcript.9783839418222.323, Zugriff 18.08.2023.
Graf, Ulrike (2021): KinderStärken. Beitrag zum Bilderbuchpreis »Huckepack. Mit Bilderbüchern Kinder stärken«, o. S.; https://www.uni-bremen.de/fileadmin/user_upload/fachbereiche/fb12/fb12/BIBF/pdf/Huckepack/HUCKEPACK-Preis_2021.pdf; s. auch: https://huckepack-bilderbuchpreis.de/wp-content/uploads/2022/01/STARKE-KINDER-GRAF-.pdf, Zugriff 22.08.2023.
Lohaus, A. & Vierhaus (2019): Entwicklungspsychologie des Kindes- und Jugendalters für Bachelor (4., vollst. überarb. Aufl.). Berlin: Springer.
Luthar, S. S., Cicchetti, D. & Becker, B. (2000): The construct of resilience. A critical evaluation and guidelines for future word. Child Development 71, 543–562).

---

57 Ein positives Gegenbeispiel zur Frage der Bewältigungsressourcen beim Thema Missbrauch findet sich in *Für das Geheimnis bin ich zu klein* (2018) von I. Lammertink & N. Talsma bei ellermann, Hamburg.

Masten, A. S. (2016): Resilienz: Modelle, Fakten und Neurobiologie. Das ganz normale Wunder entschlüsselt. Paderborn: Junfermann.
Morgan, Miriam, 2022: *Erziehungsstil* [online]. *socialnet Lexikon*. Bonn: socialnet, 14.11.2022. https://www.socialnet.de/lexikon/Erziehungsstil,Zugriff am 18.08.2023.

Kinderbilderbücher

Booth, A. & Litchfield, D. (2021): Ein Ort für meine Traurigkeit (M. Schroeter-Rupieper, Übersetz.). Stuttgart: Gabriel.
Naylor-Ballesteros, C. (2021): Der Koffer (U. Glutzschhahn, Übersetz.). Frankfurt a. M.: Fischer Sauerländer.
Percival, T. (2021): Ich gehör' dazu (S. Naoura, Übersetz.). München: arsEdition.
Teckentrup, B. (2/2022): Der große und der kleine Igel: Warte doch mal! Berlin: Jacoby & Stuart.

4 Rückblicke und Bilanzierungen im Hinblick auf die Bewältigung risikobehafteter Kindheiten

Müssen uns die Dichter sagen, was Resilienz ist? Drei verschiedene »Risikokindheiten« und drei verschiedene Bewältigungsstrategien in autobiografischer Perspektive

Rolf Göppel

Abstract

Über »Resilienz«, also über eine »ausgeprägte seelische Widerstandskraft«, lässt sich ebenso wie über »Vulnerabilität«, also eine besondere seelische Verletzbarkeit, nur in biografischen Zusammenhängen sinnvoll sprechen. Man muss auf Lebensgeschichten schauen, auf die Lebensumstände, die Erziehungsverhältnisse, die Milieubedingungen, in denen Menschen aufgewachsen sind, auf das, was Personen dort erlebt und erlitten haben, und auf das, was diese Erfahrungen mit ihnen bzw., was sie aus diesen Erfahrungen gemacht haben, um solche Einschätzungen treffen zu können. In dem Beitrag sollen drei literarische Autobiografien vergleichend präsentiert und analysiert werden, in denen SchriftstellerInnen zurückblicken auf die Irrungen und Wirrungen, die Sorgen und Sehnsüchte, die Ängste und Ärgernisse ihrer Kindheit und Jugend, in denen sie aber auch über die subjektiven Strategien reflektieren, mittels derer sie damals versucht haben, sich zu behaupten, den Härten und Zumutungen ihrer familiären Situation etwas entgegenzusetzen.

Schlüsselwörter: Resilienz, Vulnerabilität, Risikokindheit, Biografie, Bewältigung

1 Einleitung

»Müssen uns die Dichter sagen, was ›Erziehung‹ ist?« – Mit dieser Frage hat Jürgen Oelkers 1981 seine höchst lesenswerten »pädagogischen Anmerkungen zu Peter Handkes ›Kindergeschichte‹« überschrieben. Er liest jene autobiografische Erzählung Handkes, der die Erfahrungen des Dichters bei der Erziehung und Sorge für seine kleine Tochter zugrunde liegen, vor allem als eine »Kritik derjenigen ›Erziehungswissenschaft‹, die soziologische und psychologische Determinationstheorien an die Stelle des erzieherischen Umgangs gesetzt« hat und sich »technisch-analytisch« versteht. Solche sensiblen literarischen Schilderungen, wie sie in Handkes »Kindergeschichte« vorliegen, seien ein unerlässliches Korrektiv gegenüber den gängigen erziehungswissenschaftlichen Machbarkeitsphantasien (Oelkers 1981 S. 273 f.).

2 Resilienz als »Erziehungsinkompetenzkompensationskompetenz«?

Es scheint, dass sich derzeit die zeitgenössischen erziehungswissenschaftlichen Machbarkeitsphantasien mit besonderer Vorliebe auf die pädagogische Hervorbringung von »Resilienz« fokussieren. Dieser Anspruch ist aber letztlich noch verwegener als die geläufige Idee, durch Optimierung der Erziehung gezielt bestimmte wünschenswerte Tugenden und Persönlichkeitsstrukturen formen zu wollen. Denn der Begriff der »Resilienz« setzt ja immer schon voraus, dass die Entwicklungsbedingungen, die Erziehungsverhältnisse, in denen ein Mensch aufwächst, in irgendeiner Hinsicht problematisch, krisenhaft, also »suboptimal« waren oder immer noch sind. Damit Erziehung trotz alledem gelingt und zum gewünschten Entwicklungsergebnis führt, soll nun kompensatorisch Resilienz als »psychische Widerstandskraft« oder als »Bewältigungskompetenz« gezielt gefördert und trainiert werden. Gewissermaßen – und in Anlehnung an Odo Marquard (1973) – als die »Erziehungsinkompetenzkompensationskompetenz« des Kindes, um das wie auch immer geartete und wie auch immer bedingte Unvermögen der Eltern, ihrem Kind gute, förderliche Entwicklungsbedingungen zu bieten, auszugleichen.

Kinder wachsen in allen möglichen Lebensumständen auf. Alle Kinder leiden, wenn ihre Lebensverhältnisse lieblos, chaotisch, gleichgültig, unberechenbar, ausbeuterisch oder gewalttätig sind. Manche still und leise, andere trotzig und laut. Manche haben ihr ganzes Leben lang an jenen frühen unguten Erfahrungen zu knabbern. Nicht alle Betroffenen entwickeln als Kinder oder Jugendliche massive Auffälligkeiten. Nicht alle stehen auch noch im Erwachsenenalter unter dem Bann jener belastenden Kindheit. Viele leben ihr Leben unauffällig. Manche bauen sich einen speziellen Bezirk von Könnerschaft, Erfolg und Anerkennung auf und machen Karriere. Manche machen Therapie und arbeiten dort bestimmte Probleme auf. Manche haben das Glück, in späteren Partnerbeziehungen Nähe, Verlässlichkeit und Respekt zu erfahren, welche ihr Leben stabilisieren …. Und natürlich gibt es auch die Kehrseite, Menschen, die überwiegend frustriert und unglücklich sind, mit ihrem Leben heftig hadern, in ihren Ambitionen und ihren Beziehungen grandios scheitern, die als Erwachsene schwere Sinnkrisen durchleiden und psychische Krankheiten entwickeln, obwohl ihre Kindheit weitgehend harmonisch und unauffällig war und sie auch sonst nicht in besonderer Weise vom Schicksal gebeutelt wurden.

Über »Resilienz«, so die These, die diesem Beitrag zugrunde liegt, also über eine »ausgeprägte seelische Widerstandskraft«, lässt sich ebenso wie über »Vulnerabilität«, also eine besondere seelische Verletzbarkeit, nur in biografischen Zusammenhängen sinnvoll sprechen. Man muss auf Lebensgeschichten schauen, auf die Lebensumstände, die Erziehungsverhältnisse, in denen Menschen aufgewachsen sind, auf das, was Personen dort erlebt und erlitten haben und auf das, was diese Erfahrungen mit ihnen bzw., was sie aus diesen Erfahrungen gemacht haben, um solche Einschätzungen treffen zu können. Wenn von »Resilienz« die Rede ist, schwingt immer das Überraschungsmoment des »trotz alledem« mit, also die Vorstellung, dass eine Person, die im Laufe ihrer Entwicklung so viele Härten, Entbehrungen, Widrigkeiten zu bewältigen hatte, irgendwie »gebrochen«, innerlich deformiert, seelisch verletzt sein müsste. Und somit schwingen im Hintergrund weiterhin stets auch allgemeine normative Vorstellungen davon mit, was grundsätzlich an förderlicher Umwelt gegeben sein muss, damit eine gesunde seelische Entwicklung möglich ist.

3 Exemplarisches Verstehen von Entwicklungs- und Erziehungsprozessen. Zum Erkenntnispotential autobiografischer Texte für die Erziehungswissenschaft (und die Resilienzforschung)

Im Folgenden sollen drei literarische Autobiografien vergleichend präsentiert und analysiert werden, in denen SchriftstellerInnen zurückblicken auf die Irrungen und Wirrungen, die Sorgen und Sehnsüchte, die Ängste und Beklemmungen, die Ärgernisse und Empörungen ihrer Kindheit und Jugend, in denen sie aber auch über die subjektiven Strategien reflektieren, mittels derer sie dort und damals versucht haben, sich zu behaupten und den Härten und Zumutungen ihrer familiären Situation etwas entgegenzusetzen.

Der Zugang über autobiografische und literarische Texte steht quer zu generalisierbaren Wirkungsannahmen und sozialtechnologischen Optimierungsideen. Hier geht es weder um die Auffindung allgemeiner Gesetzmäßigkeiten noch um deren technologische Umsetzung in eine erzieherische Optimierungspraxis, sondern einzig darum, Erziehungs- und Entwicklungsprozesse *exemplarisch zu verstehen*. Und das heißt zunächst, sich die Situation des Kindes, sein Erleben bestimmter Familienkonstellationen, bestimmter Autoritätsverhältnisse, bestimmter Erziehungsmaßnahmen, bestimmter Überforderungssituationen anschaulich bewusst zu machen und sich seine subjektiven Reaktionen, seine Ängste und seine Sorgen, seine Situationsdeutungen und seine individuellen Strategien, mit der Lage irgendwie umzugehen, möglichst authentisch zu vergegenwärtigen.

Ich habe im Folgenden Autobiografien ausgewählt, in denen von hoch problembeladenen und konflikthaften Kindheiten erzählt wird und in denen extreme Varianten des autoritären und des »laissez-faire Erziehungstils« eine besondere Rolle spielen. Die zugeordneten (Resilienz-) Strategien der Selbstbehauptung der »Edukanden« können als »Resilienz durch Renitenz« und »Resilienz durch Rückzug und Reflexion« bezeichnet werden. Als paradoxer Kontrapunkt soll dann zum Schluss auch noch kurz eine Biografie erwähnt werden, bei der im Rückblick eher das forcierte Harmoniestreben, die Überbehütung und der Mangel an Herausforderungen und Problemen als Gründe für das eigene Scheitern gesehen werden. Man könnte im Sinne des Autors hier auch von »Nicht-Resilienz durch einen Mangel an Herausforderungen und Problemen« sprechen.

4 »Resilienz durch Renitenz«: Andreas Altmann und seine Abrechnung mit dem autoritären Vater in dem Buch »Das Scheißleben meines Vaters, das Scheißleben meiner Mutter und meine eigene Scheißjugend« (2012)

Altmanns Bericht über seine Kindheit und Jugend war als Buch recht erfolgreich und hat es auf die Bestsellerlisten geschafft. Selten wurden wohl in einer autobiographischen Kindheits- und Jugendgeschichte so detailliert, schonungslos und unversöhnlich die Wut und der Hass auf den eigenen Vater ausgebreitet. Und dieser Vater, Franz-Xaver Altmann, steht dabei zugleich für die Schattenseite einer ganzen Vätergeneration: der Kriegsheimkehrergeneration, der Männer, die von den Gräueln des Krieges seelisch verwüstet zurück kamen und sich dann hinter der Fassade bürgerlicher Wohlanständigkeit und beruflichen Erfolgs in ihrem privaten, familiären Bereich erneut in Kriegszustände verstrickten, in denen es unter »erzieherischer« Bemäntelung letztlich mehr um Wiederholungszwänge, Machtdemonstrationen, Gehorsamsforderungen, Strafrituale, Demütigungen und Unterwerfungsgesten ging.

Zunächst steht die Beziehung zur Mutter im Zentrum der Darstellung. Erst relativ spät, ab dem Alter von neun Jahren, tauchen in Altmanns Entwicklungsbericht auch Erinnerungen an den Vater auf. Dann aber gleich mit ziemlicher Vehemenz: Der bisher unsichtbare Vater wird sogleich als »Kriegsherr« erinnert und der Autor stellt gleich bei dieser ersten Erwähnung klar:

> »Ich bin bereit, alles Schlechte über meinen Vater zu bezeugen. Ich werde auf den nächsten hundert Seiten, sollte das reichen, seine Schandtaten ausbreiten und vor keiner Missetat haltmachen. ... Klar, urteilen werde ich auch, selbstverständlich. Ich wurde immerhin Vaters bevorzugtester Prügelknabe, ich habe ein Recht auf meinen Hass« (ebd., S. 16f.).

Dieser Hass auf den Vater zieht sich tatsächlich das ganze Buch hindurch und die Gründe für diesen Hass werden in der sehr detaillierten Schilderung von zahllosen konkreten Episoden der genüsslichen Beschämung, der gnadenlosen Erniedrigung, der moralischen Verdammung, der systematischen Ausbeutung von Frau und Kindern durch diesen Vater deutlich gemacht.

Immer wieder kommt es zu spontanen aberwitzigen Konflikteskalationen, in denen die Situation von einem Moment auf den anderen kippt und plötzlich beleidigendes Gebrüll und körperliche Gewalt die Szene beherrschen.

Wie der Vater von seinem Sohn im Rückblick gesehen wird, wird in einer verdichteten Passage, in der in der bloßen Aufzählung von Attributen ein interessantes Charakterbild gezeichnet wird, besonders deutlich:

> »…eine in den Himmel schreiende Jämmerlichkeit, das war mein Vater. Der besoffen seine Frau schwängerte. Der Ex-Playboy. Der Kinderschläger. Der SA-Mann. Der Ehebrecher. Der SS-Uniformträger. Der Kirchenchor-Tenor. Der Playboy- und Praline-Onanist. Der getreue Katholik. Der Kinderarbeit-Arbeitgeber. Der tadellose Kirchensteuer-Zahler. Der Russland-Frevler. Der Polen-Frevler. Der Bruder-Hasser. Der Jeden-Bruder-Hasser. Der Nachbar-Hasser. Der CSU-Wähler. Der Frauen-Hasser. Der Männer-Hasser. Der Alle-Hasser. Der Kinder-Erniedriger. Der respektable Bürger. Der Ohne-Liebe. Der Ohne-Freunde. Der Ohne-Freude. Der Prozesshansel. Der Vertreiber. Der Speisekammer-Verschließer. Der Tischgebet-Aufsager. … Der Niederbrüller, morgens. Der Niederbrüller, mittags. Der Niederbrüller, abends« (ebd., S. 20f.).

An einer anderen Stelle gibt der Autor in ähnlicher Verdichtung in »Hauptwörter meines bisherigen Lebens« einen plastischen Eindruck davon, was die zentralen Zuschreibungen und Zumutungen waren, mit denen sich Andreas Altmann als Kind und Jugendlicher im Bannkreis dieses Vaters konfrontiert sah:

> »Vergeltung. Exemplarisch. Lüge. Versager. Bettnässer. Durchfaller. Brillenschlange. Sohn einer kranken Mutter. Dieb. Notorischer Lügner. Versager. Schlechtes Gewissen. Schlechte Noten. Schlechter Schüler. Spüldienst. Arbeitsdienst. Schlüsseldienst. Sofortiger verschärfter Arbeitsdienst. Versager. Paketdienst. Drakonisch. Dumm. Talentlos. Eine Enttäuschung. Tückisch. Raufbold. Bahnhofs-Paketdienst. Bohnenstange. Vom Satan besessen. Böse. Mutwillig böse. Unteroffizier vom Dienst. Versager. Antreten. Meldung machen. Klapprig. Durchschnittlich. Rachitische Hühnerbrust. Verklemmt. Widerspenstig. Hoffnungslos. Angsthase. Versager« (ebd., S. 161).

Entsprechend schwierig ist der weitere Entwicklungsweg des durch die unglücklichen frühkindlichen Beziehungskonstellationen vorbelasteten und verunsicherten Kindes unter der Dominanz dieser Vaterfigur:

> »Fest stand: In seiner Nähe konnte ich nicht wachsen, im Gegenteil, ich lief ein, ich schnurrte zusammen. Wie eine Panzertür lag er auf mir. Sein Vorhandensein war mein Käfig. Solange er existierte, war ich nicht. Nicht wirklich. An manchen Tagen dachte ich, ich würde aufhören zu versagen, wenn es ihn nicht mehr gäbe. Und an manchen Tagen überwältigte mich die Vorstellung, dass ich bereits auf ›lebenslänglicher Versager‹ programmiert war« (ebd., S. 145).

Aber auch wenn er sich einerseits als »seelisch vergewaltigt« empfindet und sein Kinderherz »in Stücke gehauen« sieht, so regt sich doch mit der Pubertät zunehmend eine Widerstandskraft in ihm. Es kommt zu heimlichen Rachefeldzügen, bei denen er etwa dem Vater Briefmarken aus dessen Sammlung klaut und verhökert. Solche Widerstandsleistungen lösen bisweilen ein erstaunliches Hochgefühl in ihm aus:

> »Denn ich hatte mich nicht geduckt. Und mir fiel auf, dass ich das noch nie getan hatte. Nur rohe Gewalt machte mich fügsam, sonst hielt ich stand. Ich nahm mir vor, dass das so bleiben sollte. Würde war nicht verhandelbar. Gäbe ich sie her, ich besäße nichts mehr, auf das ich hätte zählen können« (ebd., S. 164).

Er hatte für sich zunächst unbewusst, dann aber durchaus auch bewusst und explizit, folgende Strategie zurechtgelegt: »... ich hatte mir in den letzten Jahren die sieben Todsünden aufgeschrieben, die ich nie wieder begehen wollte. Eine, die schlimmste, rangierte ganz oben: Gehorchen! Ein gehorsames Leben kam nicht in Frage« (ebd., S. 209). Was ihn zu dieser Maxime befähigte, war auch wieder eine Hoffnung, aber eine, die durch immer wieder aufblitzende konkrete Erfahrungen zur Gewissheit geworden war. Diese magischen »Krafterfahrungen« beschreibt er folgendermaßen:

> »Und ich fühlte wieder, für Momente nur, diese Kraft in mir, noch immer diffus, noch immer nicht zielgerichtet, aber vorhanden und tatsächlich unzerstörbar. Am Kampf mit meinem Vater würde mein Lebenswillen nicht zugrunde gehen, so versicherte ich mir. Im Gegenteil, unser Krieg sollte der Amboss sein, auf dem ich diesen Willen schmiedete« (ebd., S. 171).

Auch nach der Loslösung von dem Elternhaus, die er nach einer heftigen Konflikteskalation im Alter von 18 Jahren schließlich durchsetzt, hatte Andreas Altmann noch nicht den Weg entdeckt, der zu »ihm selbst«, zu seiner »Bestimmung« führen sollte. Die folgenden Jahre waren keineswegs eine besonders glückliche und unbeschwerte Zeit. Zwar war er dem Bannkreis des Vaters endlich entkommen, aber er war zugleich sehr orientierungslos und von tiefen Selbstzweifeln und Minderwertigkeitsgefühlen geplagt. Es folgten noch einmal fast zwei Jahrzehnte mit viele Um- und Irrwegen, abgebrochenen Studiengängen und Berufsausbildungen, Arbeitslosigkeit und Aushilfsjobs, Beziehungshoffnungen und Beziehungsabbrüchen, Zukunftsängsten und Versagensgefühlen, Therapieversuchen und Selbstfindungsreisen ... Aber dann findet er als Reiseschriftsteller doch schließlich »sein Ding«, die zu ihm passende Lebens- und Arbeitsform: Und insofern gibt es dann doch noch diese späte Wendung in seinem Leben, die Erkenntnis seiner »wahren Berufung« und das Gelingen der Realisierung jenes Traumes, das Reisen und das Schreiben über die Beobachtungen und Erfahrungen, die er dabei macht, zum Beruf zu machen. In diesem Sinne bezeichnet er sich selbst als einen »latebloomer«, einen »Spätblüher, der länger braucht als andere, um seine Begabung und sein Ziel zu entdecken« (Altmann, 2013, S. 136). Und er bringt seinen Erfahrungshunger und Welterkundungsdrang direkt mit seinen Kindheits- und Jugenderfahrungen in Zusammenhang:

> »Meine Lebenswut hat Wurzeln. Wie Trotz, wie Aufmüpfigkeit, wie den unwiderruflichen Schwur, alles anders zu machen, als es mir eingebläut wurde. Meine Geschichten, meine Sprache erzählen ganz nebenbei auch davon, wie Verwundungen und Schmähungen – erfahren an Leib und Seele – zu einem umtriebigen Leben anstacheln können« (Altmann 2013, S. 11 f.).

5 »Resilienz durch Rückzug und Reflexion«: Julia Franck und ihr Versuch, in dem Buch »*Welten auseinander*« (2021), die Erziehungsverweigerung ihrer Mutter zu verstehen

Julia Franck wurde durch ihr Buch »Die Mittagsfrau«, für das sie 2007 den Deutschen Buchpreis erhielt, bekannt. Dort erzählte sie die tragische Geschichte des Mutterverlusts ihres Vaters. In ihrem aktuellen Buch »Welten auseinander« (2021) geht sie der Geschichte ihrer eigenen Kindheit und Jugend nach. Auch dort spielt die Mutter und deren Unwilligkeit bzw. Unfähigkeit, sich auf eine mütterlich-fürsorgliche Beziehung zu ihren Kindern einzulassen, eine zentrale Rolle.

Es ist eine Geschichte von Unordnung und frühem Leid. Erzählt wird eine unbehauste und unbehütete Kindheit und Jugend voller Brüche und Irritationen und mit einer nahezu permanenten Sehnsucht nach Nähe, Zuwendung, Gesehenwerden, Beachtetwerden. Julia Francks Mutter Anna war eine Schauspielerin mit mehr Karriereambitionen als wirklichen Bühnenerfolgen, eine attraktive Frau mit mehr Talent für leidenschaftliche Affären als für dauerhafte Partnerbeziehungen und eine Mutter mit mehr individuellem Selbstverwirklichungsdrang als mit Neigung und Fähigkeit zur Gestaltung eines harmonischen Familienlebens.

Julia Franck kam 1970 gemeinsam mit ihrer Zwillingsschwester Cornelia als 2. bzw. 3. Kind von insgesamt vier Kindern dieser Mutter in Ostberlin zur Welt. Vom Vater ihrer Zwillinge hat sich die Mutter schon kurz nach der Geburt der Kinder getrennt. »Sie scheuchte ihn binnen weniger Monate davon« (ebd., S. 117). Erst mit 15 Jahren lernt die Heranwachsende deshalb ihren leiblichen Vater kennen. Auch die Väter der anderen beiden Schwestern lebten nie dauerhaft bei der Familie.

Die Mutter war zunächst durchaus gut vernetzt in den Künstler- und Schauspielerkreisen der Ostberliner Bohème. Die Kinder wurden häufig bei Freunden untergebracht und bisweilen fungierte Nina Hagen als Babysitterin. Dennoch aber waren die Kinder abends und nachts viel allein und wurden immer wieder in Wochenheime und Pflegestellen abgeschoben.

Als Julia acht Jahre alt ist, wird der Ausreiseantrag, den die Mutter gestellt hatte, überraschend genehmigt, und so wird die Achtjährige über Nacht aus ihrer bisherigen Lebenssphäre herausgerissen und landet zusammen mit ihren Geschwistern und ihrer Mutter zunächst in einem Notaufnahmelager im Westen, wo sie für einige Monate zu fünft in einem zwölf Quadratmeter großen Zimmer leben. Schließlich finden sie eine neue Bleibe auf dem Land in Schleswig-Holstein in einem alten baufälligen Bauernhof. Julia Franck bleibt aber in dem zunehmenden Chaos, das sich dort durch die Gleichgültigkeit der Mutter ausbreitet, seelisch unbehaust und spricht von einer »Nomadenkindheit«. Ihr Wunsch, irgendwie von jenem Ort wegzukommen, der ihr keine Heimat bietet, wird mit den Jahren zunehmend dringlicher. Mit 13 setzt sie schließlich durch, dass sie zu einem befreundeten Paar nach Berlin ziehen kann. Aber auch dort zerbricht bald die Familienstruktur und so schlägt sie sich schließlich alleine durch, jobbt, geht zur Schule, macht ihr Abitur und lernt einen Jungen kennen, zu dem sich eine in jeder Hinsicht intensive und innige Beziehung entwickelt. Doch diese Beziehung, die endlich ein Gefühl von Nähe, Geborgenheit und Heimat ermöglicht, endet nach kurzer Zeit durch einen tragischen Unfall.

Soweit der äußere Rahmen. Doch wie erlebt das Kind die konkreten Situationen des »Laissez-faire«, der »Nichterziehung« durch ihre Mutter Anna, die mehr eine »Nichtbeachtung« und »Nichtfürsorge« ist? Wie geht sie mit jenen vermeintlichen »Freiheiten« um, die ihr »gewährt« werden?

Die familiäre Grundkonstellation ihrer Kindheit und die Haltung ihrer Mutter beschreibt Julia Franck folgendermaßen:

> »Wir Zwillinge wurden weggegeben und waren später für die Betreuung unserer jüngsten Schwester verantwortlich. Das Bedürfnis mit einer von uns eine Beziehung zu entwickeln, hatte sie anscheinend nicht. Vielleicht fehlte einfach die Gelegenheit, die Ruhe. Sie fühlte sich nicht zuständig und schnell überfordert. Wie sie uns eine Fremde geblieben ist, sind auch wir ihr Fremde geblieben. Absichtslos, es war kein böser Wille« (ebd., S. 117).

Die Beziehungslosigkeit ist gekoppelt mit einer mehr oder weniger kompletten Erziehungsverweigerung:

> »In meiner Erinnerung gibt es kein Ereignis, auf das Anna erziehend, streng oder verärgert reagiert hätte. Grenze war ein Wort, das sich ausschließlich auf die deutsch-deutsche Spaltung bezog. Das Maß, vor dem Kinder zitterten, Ehrfurcht und Respekt vor ihren Eltern entwickelten, etwa wenn sie in der Schule schlechte Zensuren hatten oder frech gegenüber Lehrern gewesen waren, sie gelogen oder sich schmutzig gemacht hatten, ein Loch in der guten Hose war, oder sie unpünktlich nach Hause kamen, gab es bei uns kaum, so wenig wie elterliche Sorge oder Stolz. Wo niemand Erwartungen an uns hatte, konnten wir nicht enttäuschen« (ebd., S. 174f.).

Die generationale Differenz und damit die Ideen der erzieherischen Verantwortlichkeit, der Fürsorgepflicht, der Vorbildfunktion, der Autorität, all dies wird von Anna mehr oder weniger umfassend ignoriert. Die einzige Erwartung, mit der die Mutter die Kinder konfrontiert, ist die, im Haushalt mitzuhelfen. Ansonsten geht es primär darum, in Ruhe gelassen zu werden, keine Ansprüche zu stellen, nicht zu nerven. Wenn diese Erwartung verletzt wurde, konnte die wechselseitige Fremdheit durchaus in eine gespannte, gereizte, vorwurfsvolle und handgreifliche umschlagen. So schildert Julia Franck etwa folgende häusliche Szene:

> »Als wir einmal froren und darum baten, die Heizung anstellen zu dürfen, bekam Anna einen Tobsuchtsanfall. ... Wir mit unseren Ansprüchen und Wünschen waren ihr einfach zu viel. Warum hast Du uns überhaupt bekommen, wenn wir dir so zu viel sind, wollte ich in einer heftigen Auseinandersetzung ... von ihr wissen. Ich weinte dazu. Wir hätten uns sie als Mutter ausgesucht. Kinder suchten sich ihre Eltern aus. Sie schien es wirklich zu glauben. Es war unsere Verantwortung, nicht ihre. ... Allein unsere Gegenwart und unsere Blicke, mit denen wir sie und ihr Leben betrachteten, machten sie rasend. Vielleicht fürchtete und hasste sie uns (ebd., S. 149ff.).

Was in den Blicken der Kinder mitschwang, war die Scham für die Verhältnisse, in denen sie lebten und für die sie ihre Mutter verantwortlich machten. Denn sie realisierten durchaus, dass sie für die anderen im Dorf verwahrloste Exoten darstellten. »Auf das Dorf wirkte unser Gelände mitten in der Ortschaft weniger wie eine Arche oder eine Villa Kunterbunt, es war ein Tollhaus, ein Schauhaus, ein

Irrenhaus« (*ebd., S. 100*). Und dabei wollten sie doch nur dazugehören und möglichst nicht auffallen.

Der Mutter ist es jedoch völlig gleichgültig, was die anderen über sie oder ihre Familie denken. Sie selbst gebärdet sich bisweilen mehr wie ein egozentrisches, jähzorniges, trotziges Kind als wie eine reife, erwachsene, erzieherisch verantwortliche Person:

> »Aus heiterem Himmel konnten Annas Jähzornanfälle ausbrechen. Manchmal warf sie ... sich selbst auf den Boden und brüllte und schrie aus Verzweiflung. Wenn sie es in der Öffentlichkeit tat, ... schämten wir uns für sie. ... Meist aber schämte ich mich für mich selbst. Schwäche spürte ich, ich konnte die Verhältnisse und die Gewalt darin nicht ändern. Je länger ich zwischen diesen Welten lebte und die eigene Fremdheit und Verwahrlosung spürte, desto schlimmer wurden meine Albträume, meine Schlaflosigkeit und das Bewusstsein dafür, dass ich keinen Platz in diesem Hier hätte« (*ebd.*, S. 164f.).

Neben den Albträumen und den Schlafproblemen entwickelt das Mädchen auch noch Symptome einer Zwangsstörung, die sicherlich mit den häufigen Empfindungen von Ekel und Abscheu angesichts der verwahrlosten häuslichen Umgebung zu tun haben. »Wenn ich Türklinken oder sonstige Dinge in unserem Haushalt berührt hatte, immerzu verspürte ich das dringende Bedürfnis, meine Hände zu waschen. Unstillbar« (*ebd.*, S 183).

Der Ort des Rückzugs für das Kind, das in der eigenen Familie keinen Platz, keine Aufmerksamkeit, keine Zuwendung, keine Anerkennung findet, ist zunächst das Schreiben. Die Mutter hatte den Kindern leere Hefte geschenkt und mit diesen zieht sie sich immer häufiger in ihr Zimmer zurück: »Ich führte Tagebuch und dachte mir Geschichten aus. Schreiben wurde zu einer Art Überlebensmittel.« Und an anderer Stelle kommt die Autorin zu dem Fazit: »Die einzige verlässliche Beziehung, die ich in meiner Kindheit entwickelte, war die zu meinem Tagebuch« (*ebd.*, S. 251).

Im Rahmen der Arbeit an ihrem Buch »Welten auseinander« hat sich die Verfasserin offensichtlich wieder mit den erhaltenen Tagebüchern ihrer Kinder- und Jugendjahre auseinandergesetzt. Bisweilen werden Passagen aus jenen Tagebüchern wörtlich zitiert. Bisweilen wird in der dritten Person von »dem Mädchen« gesprochen, das sie selbst damals war, und es werden mit Bezug auf die Tagebücher die damaligen Sorgen, Enttäuschungen und Sehnsüchte des Mädchens wiedergegeben:

> »Lese ich heute meine Tagebücher aus der Zeit, staune ich, wie häufig das Mädchen den Tod erwähnt, vor dem es schon als Zwölfjährige offenbar keinerlei Angst hat. Das Mädchen wird Zeugin seiner Welt, es gewinnt Abstand mit dem Schreiben. Es lernt genauer hinzusehen. ... Als es im Verlauf eines großen Streits aller, aus dem es sich nicht rechtzeitig hat in Sicherheit bringen können, einmal weint und seine Mutter brüllt und wissen will, warum es jetzt auch noch weint, sagt ihr das Mädchen, dass es sich absolut fehl am Platz und fremd fühlt, unnütz und überflüssig. .... Das Mädchen spürt und sagt, dass es nichts könne, nichts wolle und niemand sei. Im selben Augenblick schämt es sich für seine Offenheit. Es weint, dass es sich nicht mehr erinnern könne, wann es zum letzten Mal in den Arm oder auf den Schoß genommen worden sei. ... Es kann sich nicht erinnern, wann ihm jemand zum letzten Mal Gute Nacht oder Guten Morgen gesagt hatte« (*ebd.*, S. 156f.).

So wird der Drang, irgendwie aus jenen beklemmenden familiären Verhältnissen zu entfliehen, immer stärker. »Wohin mit mir?« (*ebd.*, S. 195), wird zur großen, existentiellen Frage für das Mädchen. »Ich wollt weg. Unbedingt. Egal, wohin. Bloß weg. Davonkommen. Über Monate Rückzug und Weinen, Bitten und Flehen,

Schreiben« (ebd., S. 198). Sogar ein Kinderheim wird als Option erwogen, obwohl doch noch immer »das Kinderheim von einst ... als Grauen im Gedächtnis« (ebd.) ist. Schließlich kommt der »erlösende Anruf«. Julia kann bei einem befreundeten Paar der Familie in Ostberlin unterkommen. Die letzten Sätze zu ihrer Rendsburger Zeit lauten: »Ich war heilfroh und konnte mein Glück kaum fassen. Entkommen. Es sollte kein einziger Augenblick in meinem Leben vergehen, in dem ich meine Mutter oder meine große Schwester vermisst und zurück in das Chaos gewollt hätte« (ebd., S. 210).

Auch in der neuen Umgebung setzt das Mädchen Julia das intensive Tagebuchschreiben fort, »sitzt ... stundenlang in seinem Zimmer und schreibt. Die einzelnen Tagebücher und Seiten werden nummeriert, 13, 14. Allein in diesem Jahr 1983 füllt es zehn Bücher. Mit jedem Buch fühlt es sich größer« (ebd., S. 213). Sich selbst bezeichnet sie als »das manisch schreibende und lesende Mädchen« (ebd., S. 253), das sich unter dem Dach von Freunden verkrochen hat.

Als die Beziehung der Gasteltern in die Brüche geht, wohnt sie schließlich erst in WGs und dann allein in Berlin. Sie wird zunehmend selbständiger und selbstbewusster, taucht in bestimmte Berliner Szenewelten ein, lernt unterschiedliche Leute kennen, u. a. ihren leiblichen Vater, macht unterschiedliche Jobs und bringt ihre Schullaufbahn erfolgreich voran. Als sie 18 ist entwickelt sich eine Liebesbeziehung zu ihrem Mitschüler Stefan und die beiden werden »engste Vertraute«. Ihr Leben hat sich komplett gewandelt, sie selbst ist von einem einsamen, verlorenen, unglücklichen Mädchen, das sich fremd, unnütz und überflüssig fühlt, zu einer selbstbewussten, vielseitig interessierten, experimentierfreudigen, zukunftsorientierten jungen Frau mit beachtlichem literarischem Talent herangereift, die Lust auf die Welt und das Leben und die Liebe hat. ... Und der das Leben dann aber kurz darauf einen nächsten großen Schlag zumutet.

In jener Zeit mit Stefan notiert sie, dass sie sich »von dem dreizehnjährigen Mädchen ... eine Ewigkeit entfernt« sieht. Und in Bezug auf ihr Tagebuchschreiben, jene Praxis, die so lange die zentrale haltgebende Tätigkeit für sie darstellte, hält sie fest:

> »Mein Blick ist auf Gegenwart und Zukunft gerichtet, was ich studieren, welche Sprachen ich lernen, in welchen Ländern ich einmal leben möchte. Selten schaue ich zurück. Not und Scham der Kindheit sind in den weit über zwanzig Tagebüchern abgelegt, zum besseren Vergessen. Seit ich Stefan kenne, schreibe ich nur noch selten Tagebuch« (ebd., S. 190).

6 Eine verzweifelte Mischung aus Rebellion und Resignation statt Resilienz: Fritz Zorn und sein Versuch, sich in dem Buch »*Mars*« (1977) sein persönliches Scheitern trotz des Aufwachsens in der vermeintlich »*besten aller Welten*« zu erklären

Das Buch »Mars«, das der Autor im Angesicht einer lebensbedrohlichen Krebserkrankung, deren tieferen psychischen Ursachen er auf die Spur kommen will, und im verzweifelten Gefühl eines verpfuschten Lebens geschrieben hat, beginnt mit der Feststellung:

> »Ich bin jung und reich und gebildet; und ich bin unglücklich, neurotisch und allein. Ich stamme aus einer der allerbesten Familien des rechten Zürichseeufers, das man allgemein die Goldküste nennt. Ich bin bürgerlich erzogen worden und mein Leben lang brav gewesen« (Zorn 1979, S. 25), und es endet mit dem Satz: »Ich erkläre mich als im Zustand des totalen Krieges« (ebd., S. 225).

Gleich an den Beginn wird hier also auf den krassen Gegensatz verwiesen, der zwischen der äußeren bürgerlichen »Normalität«, ja der materiellen und sozialen Privilegiertheit, und dem inneren seelischen Elend des Autors besteht.

Zorn selbst vermerkt, dass die populäre psychologische Kummerkastenonkelweisheit den retrospektiven Kausalschluss nach dem Schema nahelegt, je unglücklicher das Leben, desto schlimmer muss die Kindheit gewesen sein. Er betont aber ausdrücklich, dass er nicht mit Erinnerungen an schreckliche Ereignisse dienen kann. Die Dinge liegen offensichtlich komplizierter, und die Zusammenhänge sind subtiler:

> »Wenn ich aber nun bedenke, wie ich bis heute mein Leben bewältigt oder vielmehr nicht bewältigt habe, so kann ich nur vermuten, daß auch meine Kindheit nicht glücklich gewesen sein kann. Ich kann mich freilich kaum an besonders unglückliche Einzelheiten aus meiner Kindheit erinnern; alles was mir von meinen Kinderjahren geblieben ist, sieht im Gegenteil meist ganz glückhaft aus, und ich hielte es für übertrieben, aus einzelnen Fällen kindlichen Kummers jetzt ein Aufheben zu machen, das ihnen nicht zukommt.
>
> Nein, es ging eigentlich immer alles gut und sogar zu gut. Ich glaube, das war gerade das Schlimme: daß immer alles allzu gut ging. Ich bin in meiner Jugend von fast allen Unglücken verschont geblieben, und vor allem von allen Problemen. Ich muß das noch genauer ausdrücken: ich hatte nie Probleme, ich hatte überhaupt keine Probleme. Was mir in meiner Jugend erspart wurde, war nicht das Leid oder das Unglück, sondern es waren die Probleme und somit auch die Fähigkeit, sich mit Problemen auseinanderzusetzen. Man könnte es paradoxerweise so sagen: Eben daß ich mich innerhalb der besten aller Welten befand, das war das Schlechte; eben daß in dieser besten aller Welten immer alles eitel Wonne und Harmonie und Glück war, das war das Unglück.
>
> Eine ausschließlich glückliche und harmonische Welt kann es doch gar nicht geben; und wenn meine Jugendwelt eine solche nur glückliche und harmonische Welt gewesen sein will, so muß sie in ihren Grundfesten falsch und verlogen gewesen sein. Ich will es also einmal so zu formulieren versuchen: nicht in einer unglücklichen Welt bin ich aufgewachsen, sondern in einer verlogenen« (Zorn 1979, S. 26 f.).

Die perfekte, die rundum harmonische und also verlogene heile Welt erscheint somit als das eigentliche Unglück seiner Kindheit. Denn dieses unbedingte Harmoniestreben führte dazu, dass Konflikte nicht ausgetragen werden konnten, stattdessen schon im Ansatz erstickt und vermieden werden mussten. In diesem Elternhaus, dessen Hamletfrage gelautet habe, »Harmonie oder Nichtsein« (ebd., S. 28), meint Zorn, sei er der »perfekt erzogene Jasager« (ebd., S. 29) geworden und habe ganz generell gelernt, darauf zu verzichten, eine eigene Meinung, eigene Interessen, eigene Pläne zu haben.

7 Was kann man aus diesen autobiografischen Texten lernen – über Erziehung? Über menschliche Entwicklungsprozesse? Über Resilienz?

Zunächst wird deutlich, dass menschliche Entwicklung nicht einfach ein deterministischer Prozess, nicht einfach nur ein »Resultat« von bestimmten »Sozialisationsverhältnissen« oder gar von »Erziehungsmaßnahmen« ist, sondern immer das Ergebnis der »Interaktion« und somit der mehr oder weniger energischen oder kraftlosen, hartnäckigen oder resignativen, kreativen oder sturen, offensiven oder subversiven, lustvollen oder leidvollen, erfolgreichen oder scheiternden Auseinandersetzung des Subjekts mit den gegebenen Verhältnissen und den darin eingeschlossenen Möglichkeiten und Spielräumen darstellt. Selbst aus einem noch so detailliert gegebenen Profil von bestimmten Risiko- und Schutzfaktoren lässt sich nicht zuverlässig ein bestimmtes Entwicklungsergebnis, eine bestimmte Persönlichkeitsstruktur, ein bestimmter Lebensverlauf extrapolieren.

Denn es kommt eben immer auch wesentlich darauf an, wie das Subjekt selbst die Situation, in der es lebt, wahrnimmt und deutet und wie es seine eigenen Möglichkeiten einschätzt, welche Ambitionen es für sein Leben entwickelt und welche Ziele es mit welcher Energie verfolgt. Gerade mit Blick auf den Lebensrückblick von Fritz Zorn stellt sich auch die Frage, welches Maß an (bewältigbaren) Herausforderungen, Konflikten und Problemen für Heranwachsende entwicklungsbekömmlich und resilienzförderlich ist und ob »good enough« in erzieherischen Hinsichten bisweilen besser ist als »perfect«.

Sowohl beim Blick auf die eigene aktuelle Lebenssituation als auch beim Rückblick auf die gesamte bisherige Lebensgeschichte kommt es ja bei der Bewertung, ob man diese nun als »erfolgreich«, »gelungen«, »annehmbar«, »versöhnlich« oder aber als »bejammernswert«, »erbärmlich«, »gescheitert« einordnet, immer auch auf die Maßstäbe an, die man anlegt. Wie eine Lebensgeschichte rekonstruiert wird, ob primär als Opfergeschichte, als zufällige Abfolge von widrigen Umständen und unverständlichen Gemeinheiten, mit welchen einen das Schicksal geschlagen hat, oder als Geschichte der Bewusstwerdung und der allmählichen Emanzipation aus beengten Verhältnissen und als Geschichte der aktiven und hartnäckigen Verfolgung von bestimmten Plänen und Zielen, die mit mehr oder weniger großem Erfolg realisiert wurden, macht einen großen Unterschied.

Die Auseinandersetzung mit den autobiografischen Texten macht weiterhin deutlich, dass sich auch im Falle einer – angesichts der widrigen Umstände – insgesamt eher günstigen späteren Entwicklung, nicht alle früheren Verletzungen, Enttäuschungen und Entbehrungen einfach in Wohlgefallen und Harmonie auflösen lassen. Es bleiben Erinnerungen an kindliche Leiden und Nöte, an jugendliche Wut und Empörung. Es bleiben Narben, Ängste, Verwundbarkeiten. Gerade autobiografische Texte zeigen, dass Verletzlichkeit, Sorge, Ärger, Enttäuschung und Kummer zum menschlichen Leben gehören und dass es ebenso unrealistisch wie vermessen wäre, sie durch gezielte systematische »Resilienzförderung« gänzlich aus der Welt schaffen zu wollen.

Resilienz hat viel mit der Fähigkeit zu tun, trotz aller widriger Umstände und Erfahrungen zu einem bejahenden, sinnerfüllten, stimmigen Narrativ über das eigene Leben zu gelangen und bei einem zuversichtlichen Entwurf für die eigene Zukunft anzukommen. Ob und inwiefern die aktuelle Popularisierung des Resilienzkonzepts dazu beiträgt, dass Menschen in diesem Sinne eher zu selbstwirksamkeitsbezogenen, lösungsorientierten, zuversichtlichen, versöhnlichen Narrativen über ihre Lebensgeschichte kommen oder aber zu eher opferorientierten, anklagenden, verzagten, schambesetzten und verbitterten, steht noch dahin. Menschen, die heute in Risikokonstellationen leben, müssen sich nicht nur mit der Frage auseinandersetzen: »Warum habe ich es so schwer im Leben?«, sondern obendrein auch noch mit der Frage und dem potentiellen Selbstvorwurf: »Warum bin ich nicht resilienter?«.

Von daher besteht die Verantwortung einer seriösen Resilienzforschung auch darin, sich gegen die Simplifizierungen und Übertreibungen, die Individualisierungen und Heroisierungen und die marktschreierischen Versprechungen, die mit der Popularisierung des Konzepts so häufig einhergehen, zur Wehr zu setzen.

Literatur

Altmann, A. (2012): Das Scheißleben meines Vaters, das Scheißleben meiner Mutter und meine eigene Scheißjugend. München: Piper
Altmann, A. (2013): Dies beschissen schöne Leben. Geschichten eines Davongekommenen. München: Piper
Franck, J. (2007): Die Mittagsfrau, Frankfurt/M.: Fischer
Franck, J. (2021): Welten auseinander, Frankfurt/M.: Fischer
Franck, J. (2022): Schreiben zum Überleben. ZEIT-Interview mit Susanne Geu am 16. Januar 2012 https://www.zeit.de/online/2007/40/interview-julia-franck
Koller, H.-Chr. (2014): Bildung als Textgeschehen. Zum Erkenntnispotenzial literarischer Texte für die Erziehungswissenschaft. In: Zeitschrift für Pädagogik, 60. Jahrgang, Heft 3, S. 333–349

Marquard, O. (1973): Inkompetenzkompensationskompetenz? Über Kompetenz und Inkompetenz der Philosophie. In: ders.: Abschied vom Prinzipiellen. Stuttgart (2000): Reclam, S. 23–38

Oelkers, J. (1981): Müssen uns die Dichter sagen, was »Erziehung« ist? Pädagogische Anmerkungen zu Peter Handkes »Kindergeschichte«. In: Neue Sammlung 21, S. 273–284.

Zorn, F. (1979): Mars. Frankfurt/M.: Fischer

Festschreiben, Umschreiben, Sich-Freischreiben: Resiliente Kindheitsbewältigung durch autobiografische Selbstreflexion

Margherita Zander

> *Abstract*
>
> Kann das Schreiben von autobiografischen Texten bei der Bewältigung von Kindheitstraumata hilfreich sein? Namhafte Schriftstellerinnen und Schriftsteller haben ihre risikobehafteten Kindheitserlebnisse in ihrem späteren Schreiben auch in Form von Autobiografien oder autobiografischen Texten verarbeitet. Besonders interessant für die gewählte Fragestellung erweisen sich dabei die Selbstzeugnissem von Autorinnen und Autoren, die sich zu verschiedenen Zeitpunkten mit ihrer Kindheitsgeschichte öffentlich auseinandergesetzt haben. In solchen Fällen lässt sich etappenweise nachvollziehen, wie nachhaltig sich schwierige Kindheitserlebnisse ausgewirkt haben und wie ihre Bewältigung im Laufe des Lebens über verschiedene Stufen hinweg verlaufen ist.
>
> *Schlüsselwörter:* Kindheitstraumata, Bewältigung, Schutzfaktoren, Risiken, autobiografisches Schreiben

1 Einleitung

Im Mittelpunkt dieses Beitrags steht die Frage, inwiefern autobiografisches Schreiben bei der Bewältigung von Kindheitstraumata hilfreich sein kann und ob dieser Prozess auch von den Autorinnen und Autoren so wahrgenommen wird. Daher werde ich im Folgenden die Auswertung autobiografischer Texte zweier Schriftsteller, Frank McCourt (1930–2009) und Peter Härtling (1933–2017), und einer Schriftstellerin, Natascha Wodin (1945), vorstellen. Darin erfahren wir viel über lebenslange Resilienzprozesse und über die Rolle des Schreibens bei der Bewältigung schwerer Schicksale, insbesondere einer hochgradig belasteten oder sogar traumatischen Kindheit. Ich betrachte dabei den Resilienzprozess der genannten Personen nicht nur für einen spezifischen Zeitpunkt in ihrem Leben (z. B. die Kindheit), sondern über die gesamte Lebensspanne.

Das Ausgangsmaterial bilden also Autobiografien oder autobiografische Texte, in denen sich jemand explizit mit der eigenen Lebensgeschichte auseinandersetzt und den Leserinnen und Lesern die Schritte der individuellen Bewältigung anvertraut. Schmerzhafte oder gar traumatische Kindheitserfahrungen, die im ganzen späteren Leben nachgewirkt haben, machen die Autorinnen und Autoren darin öffentlich. Warum? Sollen wir sie begutachten? Erwarten sie Zuspruch? Sollen wir von ihren Erfahrungen profitieren? Kommunikation als Heilungsprozess? Also durch Schreiben zur Resilienz?

Resilienzprozesse aus der Innenperspektive der erzählenden Subjekte zu rekonstruieren, bedeutet, auf Selbstdeutungen einzugehen. Dabei müssen wir zwischen dem sich erinnernden Ich und dem erinnerten Ich unterscheiden (Göppel & Zander 2017, S. 31). Das erinnernde Ich interpretiert Vergangenes immer im Lichte des gegenwärtigen Ichs (um). Wiedererlebtes verändert sich durch den Wiederaufruf und dies umso mehr, wenn der Prozess mehrfach wiederholt wird. Das kann auf lebensgeschichtliche Verarbeitungsprozesse hindeuten, bei denen aus immer neuen Perspektiven alte Erinnerungen umgeschrieben und neu gedeutet werden. Nicht außer Acht lassen dürfen wir dabei die Zensur des Gedächtnisses, die sogenannten Verstecke der Verdrängung. Peter Härtling spricht sogar von dem Gedächtnis als einem Gefängnis, das bestimmte Erinnerungen nur nach und nach freigebe (ebd.).

Beim Umgang mit Autobiografien taucht unweigerlich die Frage auf, inwiefern uns die Autorinnen und Autoren tatsächlich die wahre Lebensgeschichte mitteilen. Wird die Erinnerung nicht allein schon durch den Akt des Schreibens, des Versprachlichens und des literarischen Gestaltens verfälscht? Sicher, allein schon das Erzählen verändert die Wahrheit, das Erzählte weicht häufig von der faktischen Wahrheit ab: Erinnertes wird in eine feste Form gebracht und dabei zugleich einem bewussten oder unbewussten Kontrollprozess unterworfen. Wollen wir uns nicht darin verlieren, allen untergründigen Spielchen nachzuforschen, welche die Funktionsweise des autobiografischen Gedächtnisses mit uns treibt – letztendlich ein Regressus ad infinitum –, dann müssen wir uns notgedrungen auf den ausdrücklichen Willen zur Wahrhaftigkeit des Autors oder der Autorin verlassen. Und nur das zählt.

Interpretierend setze ich auf den Dreischritt: erinnern, bearbeiten, mitteilen – sich schreibend der eigenen Lebensgeschichte vergewissern. Kann die Niederschrift, erst recht die Veröffentlichung von autobiografischen Erinnerungen an eine schwere Kindheit nicht Teil oder gar Zeichen von Resilienz sein? Wird dem Erlebten dabei heilsam vor den Augen der Welt eine neue Ordnung gegeben?

Meine drei Beispiele, in denen der Wirkung des autobiografischen Schreibprozesses nachgegangen werden soll, stehen für individuelle Wege der Bewältigung, der Ressourcen-Suche, der Selbstheilung – sagen wir: der resilienten Selbstfindung.

Es handelt sich dabei um überarbeitete Auszüge aus einem längeren Buchmanuskript, das nächstes Jahr bei Springer International in der Reihe Resilienzforschung erscheinen wird.

2 Bewältigung einer Kindheit in bitterster Armut – Frank McCourt (1930–2009)

2.1 Kurzbiografie

Frank McCourt wird 1930 als ältester Sohn irischer Einwanderer in Brooklyn/New York geboren und kehrt im Alter von vier Jahren mit seiner Familie nach Irland zurück. Dort landen die McCourts in den Slums von Limerick, der Heimatstadt der Mutter: Der Vater bekommt als Nordire nur schwer Arbeit, und die Familie lebt in bitterster Armut.

Um der häuslichen Misere zu entkommen, arbeitet der eigentlich talentierte Schulabgänger als Telegrammjunge, übernimmt aber auch Nebenjobs, um für ein Ticket nach New York zu sparen. Am Ziel seiner Träume angelangt, schlägt er sich dort – 19-jährig – zunächst als Hotelboy durch, bis er zur Army geht. Anschließend nimmt er nach seiner Stationierung in Bayern in New York ein Lehrer-Studium auf und finanziert nebenher seinen Lebensunterhalt mit Jobs in Lagerhäusern und auf den Docks. Nach Abschluss der Ausbildung ist er 30 Jahre lang an mehreren Schulen als Lehrer tätig, zuletzt an einer renommierten New Yorker High School in den Fächern Englisch und Kreatives Schreiben.

2.2 Aus seiner Autobiografie

Erst im Ruhestand – beginnend mit 66 Jahren – verarbeitet McCourt seine Kindheit, Jugend und spätere Lehrertätigkeit in drei autobiografischen Bänden, mit denen er viel Aufsehen erregt hat (McCourt 1998, 2008a, 2008b). Vor allem der erste Band über seine Kindheit mit dem Titel »Die Asche meiner Mutter« (dt. 1998) wurde mit einer Auflage von sechs Millionen Exemplaren zu einem internationalen Bestseller und später auch verfilmt. Auf etwa 500 Seiten schildert McCourt mit erstaunlich großer Wortgewalt und einer gehörigen Portion Humor und Ironie die Not und das Elend seiner Kindheit. Es fehlt der Familie am Nötigsten: Sie leben in den ärmlichen Behausungen des Slums, es mangelt ihnen an Essen, Trinken und an Kleidung. Sie hungern sich mehr oder weniger durch. Frank schreibt, es sei ein Wunder, dass er überlebt habe. In der Tat: Drei von sieben Geschwistern sterben im Kleinkindalter an ärztlicher Unterversorgung und Unterernährung.

Der Vater ist Alkoholiker und vertrinkt das Geld sofort, wenn er zwischendurch welches verdient. Die Mutter zeigt sich zwar bemüht, durch den Gang zur Wohlfahrtsgesellschaft oder zur Armenapotheke für das Allernötigste zu sorgen, doch ab und zu verlassen sie die physischen und seelischen Kräfte. Dann wird sie von Depressionen und Verzweiflung gelähmt, verkriecht sich ins Bett und vernachlässigt Kinder und Haushalt. Diese Rückzugstendenzen nehmen zu, nachdem der Vater nach England gegangen ist, um dort in der Rüstungsindustrie zu arbeiten, aber der Familie keinen Penny schickt.

Der Fortgang des Vaters ist für Frank ein herber Verlust. Er vermisst die Situationen, in denen ihm sein Vater, wenn er nüchtern war, morgens aus der Zeitung vorgelesen, ihm die Welt erklärt und ihn dazu ermahnt hat, in der Schule gut zu sein, damit er eines Tages nach Amerika auswandern und dort sein Glück machen könne. Daneben erinnert er seinen Vater als großartigen Geschichtenerzähler.

Hinzufügen muss man, dass neben den denkbar schwierigen Familienverhältnissen auch die äußerst autoritär geführte Schule für die Kinder aus den Slums belastend wirkt. Die katholische Kirche erschwert ihnen zusätzlich das Leben mit dem ständigen Einflüstern eines schlechten Gewissens und der Androhung von Höllenqualen.

2.3 Frank McCourt – ein resilientes Kind

Chronische Armut – und genau sie hat unser Autor in seiner Kindheit und frühen Jugend erlebt – zählt heute im Resilienzdiskurs zu den herausragendsten Risiken für die Entwicklung von Kindern (Zander 2008). Frank McCourt beschreibt den täglichen Kampf gegen den Hunger als eine Normalität, die es für ihn als Kind hinzunehmen gilt. Mit zunehmendem Alter entwickelt der Junge seine eigenen Strategien, dagegen anzukämpfen: Er wird zum Überlebenskünstler, indem er sich in allen möglichen Varianten des Mundraubs übt.

Frank ist der Älteste und zum Zeitpunkt des väterlichen Weggangs zehn Jahre alt. Er muss öfter für die Mutter einspringen und für seine drei kleineren Brüder sorgen. Mit Gelegenheitsjobs bessert er die Haushaltskasse auf, ruiniert sich jedoch beim Kohleausfahren für lange Zeit die Augen.

Frank zeigt sich ohne Zweifel als ein sehr widerstandsfähiges Kind, sicherlich auch als ein guter Schüler. Das kollektive Elend im Viertel hilft ihm, die bittere Armut nicht als individuelles Schicksal zu begreifen. Individuelle Fähigkeiten und Charaktermerkmale, so seine Findigkeit und sein Durchhaltevermögen, aber auch seine Fantasie und Leselust sowie sein Schreibtalent nützen ihm beim Bewältigen des bedrückenden Alltags. Eine wichtige Rolle spielt auch der Zusammenhalt in der Restfamilie, und der ihm schon früh von seinem Vater eingeimpfte Traum von Amerika gibt ein klares Ziel vor. Über Hunger und erbärmliche Lebensumstände kommt McCourt als Kind und Heranwachsender erstaunlich gut hinweg, nicht aber über die Scham: Er schämt sich wegen seiner zerlumpten Kleidung, er schämt sich, wenn seine Mitschüler ihn sehen, wie er von der Straße Kohlenstücke aufsammelt; er schämt sich bitter, als er seine Mutter betteln gehen sieht.

Die Armut als solche tut ihm weniger weh als der Umstand, dass sie ihn zum Gegenstand der Häme und des Spottes der Leute und insbesondere seiner Mitschüler werden lässt. Die Scham ist das eine, aber man fragt sich auch, wie der Junge die Alkoholabhängigkeit des Vaters wegsteckt und schließlich den Umstand, seit dem zehnten Lebensjahr vaterlos aufzuwachsen. Er muss schon in diesem Alter in gewisser Weise den Vater ersetzen, indem er Jobs übernimmt und für seine Brüder mitverantwortlich ist. Den Weggang nach England kann er seinem Dad nie verzeihen.

2.4 Gelungener Abschluss der Bewältigung – Kindheits-Autobiografie im Rentenalter

»Das Einzige, was ich will, ist Schreiben«, so hat Matthias Eckholdt in seinem Nachruf auf Frank McCourt den Dichter im Deutschlandfunk zitiert (Eckholdt, 2009); im Rahmen von Interviews hat McCourt in der Tat durchblicken lassen, dass Schriftsteller zu sein ein alter Lebenstraum von ihm gewesen sei (Tagesspiegel 1999). Dennoch hat es beinahe ein ganzes Leben gedauert, ehe er sich mit seiner schweren Kindheit aussöhnen und darüber schreiben konnte. Vor allem sind es die erlittene Scham und das gekränkte Ehrempfinden, die auch dann noch nachwirken, als er längst in Amerika Fuß gefasst hat. Ein nicht zu überwindender Minderwertigkeitskomplex und fehlendes Selbstbewusstsein begleiten ihn Zeit seines Lebens, auch als er nach außen hin schon ein gemachter Mann ist. Darin zeigen sich unverkennbar die späten Folgen seiner Armutskindheit, von denen er sich nicht lösen kann. Als er schließlich seine Kindheitserinnerungen im hohen Alter zu Papier bringt, muss er im Geiste all die Demütigungen, die er als Kind erfahren hat, noch einmal durchleben. Wen wundert es da, dass er seine Kindheitsautobiografie unter Tränen geschrieben hat? (so seine Ehefrau in: The Irish News, 2017). Man darf also annehmen, dass das Aufschreiben seiner Kindheitserlebnisse letztlich als gelungener und vor allem heilsamer Abschluss eines lebenslangen Bewältigungsprozesses zu werten ist: »Mit seiner unglücklichen Kindheit [...] hat Frank McCourt seinen Frieden gemacht, indem er sie niederschrieb«, heißt es im Nachruf von Matthias Eckholdt (2009). Das Niederschreiben, darf man schlussfolgern, erweist sich also als letzter Akt seiner Kindheitsbewältigung: McCourt hat seine Geschichte öffentlich gemacht und damit festgeschrieben, sich mit einem Weltbestseller von Scham- und Minderwertigkeitsgefühlen befreit. In seinen späten Interviews, die man auf YouTube findet, spricht ein stolzer und sichtlich gelöster Mann.

3 Lebenslange autobiografische Auseinandersetzung mit den Kindheitstraumata – Peter Härtling (1933–2017)

3.1 Kurzbiografie

Peter Härtling wird 1933 in Chemnitz als Sohn eines Rechtsanwalts und einer verarmten Fabrikantentochter aus Dresden geboren. Er verbringt seine frühe Kindheit in Hartmannsdorf bei Chemnitz; 1941 übersiedelt seine Familie nach Olmütz, damals Teil des nationalsozialistischen Protektorats Böhmen und Mähren, der Herkunftsregion seines Vaters. Die Mutter gilt als »Halbjüdin« und ist daher vom Nationalsozialismus bedroht. Der Vater wird Anfang 1943 als Schreiber zur Wehrmacht eingezogen; im Frühjahr 1945 flieht die Familie nach Zwettl in Niederösterreich. Der Vater gerät dort bald in russische Gefangenschaft, die er nur wenige Monate überlebt. Die Mutter begibt sich mit ihren Kindern Peter und Lore ein weiteres Mal auf die Flucht. Sie erreichen über mehrere Etappen das schwäbische Nürtingen, wo die Mutter, völlig verzweifelt, sich wenige Monate nach der Ankunft im November 1946 das Leben nimmt. Ausgerechnet ihre Kinder finden sie.

Härtling besucht in Nürtingen das Gymnasium, das er aber 1951 vorzeitig abbricht, weil er mit einigen reaktionär gesonnenen Lehrkräften nicht zurechtkommt. Zunächst Journalist macht er eine steile Karriere im Verlagswesen, bis er sich 1973 dazu entscheidet, freier Schriftsteller zu werden.

3.2 Aus seinen autobiografischen Texten

Peter Härtling hat sich im Laufe seines Lebens immer wieder mit seinen Kindheitstraumata auseinandergesetzt: der schwierigen Beziehung zum Vater und dessen frühem Tod in russischer Gefangenschaft sowie der Liebe zu seiner Mutter und ihrem verzweifelten Selbstmord.

Sein Vater ist ein sehr verschlossener, unnahbarer Mensch gewesen, vor allem sein schweigendes Strafen hat den Sohn, der sehr darunter gelitten hat, zutiefst getroffen. Dass der Vater seine politische Haltung nicht wirklich zu erkennen gab – er war gegen das Hitlerregime –, hat den Sohn wohl schon als Grundschüler in die Hände des Jungvolks getrieben. Im Gegensatz zum rätselhaften, schweigsamen Vater findet er hier klare Ansagen.

Härtlings erster Versuch, sich mit der Gestalt des Vaters auseinanderzusetzen, erfolgt im Alter von 40 Jahren in der autobiografischen Schrift »Zwettl« (1998). Diese Erzählung umfasst Ereignisse, die sich ungefähr innerhalb eines Jahres abgespielt haben, und zwar von April/Mai 1945 bis April 1946. Der junge Härtling, damals 12 Jahre alt, verbringt diese Zeit nach der Gefangennahme des Vaters mit seiner Mutter, Schwester, Tante und Großmutter in Zwettl. Das Schicksal des Vaters scheint den Jungen während des damaligen Aufenthalts in Zwettl nicht sonderlich tief berührt zu haben, wobei er von dessen Tod auch erst ein Jahr später erfährt. Es ist vielmehr der außergewöhnliche Alltag, der den Knaben beschäftigt; ohnehin nimmt er insgesamt möglichst wenig am Leben der Erwachsenen teil.

Anders baut Härtling seine Schrift »Nachgetragene Liebe« auf (Härtling 1980). Hier wird die fortlaufende Erzählung der Kindheitserlebnisse durch eingeschobene fiktive Dialoge unterbrochen, die der mittlerweile 47-jährige Autor mit seinem verstorbenen Vater führt. In diesen nachholenden Zwiegesprächen herrscht zu Beginn das immer noch anhaltende Unverständnis des Sohnes vor, der dem Vater strafendes Schweigen und Unnahbarkeit vorwirft, sie gehen dann aber allmählich in zunehmendes Verständnis und eine persönliche Annäherung, ja liebevolle Zuwendung des erwachsenen Autors zur Vatergestalt über: So realisiert sich der Buchtitel.

Das Thema »Selbstmord der Mutter« hat Härtling in seinen Schriften ebenfalls wiederholte Male bearbeitet. In einem seiner ersten Romane »Janek« (1987) beschreibt der Autor ausführlich und detailgenau den für das Kind so schrecklichen Hergang des Sterbeprozesses der Mutter, der sich über drei Tage und Nächte hinzieht. Diese furchtbaren Bilder müssen sich in das Gedächtnis des 13-Jährigen tief eingegraben haben. Offensichtlich hat sich Härtling an dieses nie verwundene Kindheitstrauma zunächst nur herangewagt, indem er es eine Romanfigur an seiner Stelle erleben lässt. Als Fiktion getarnt lässt sich das Ungeheuerliche aussprechen.

Die äußeren Umstände des Sterbens im Roman »Janek« sind vergleichbar damit, wie Härtling später die Einzelheiten des Selbstmordes seiner Mutter in »Herzwand« (1990) beschreibt: Die Mutter hat Schlaftabletten genommen, der Sohn findet sie am nächsten Morgen im Koma liegend, in einem Zustand, in dem sie drei Tage lang verweilen wird, bevor sie stirbt. Nun muss er aber nicht mehr den Sterbeprozess in seinen einzelnen Phasen beschreiben, sondern bleibt bei sich selbst. Er sieht sich, wie er verzweifelt rennt, um einen Doktor zu holen. Er versucht sich die Tat der Mutter irgendwie zu erklären: ihren nach der Flucht zunächst – gemessen an der damaligen Zeit – lockeren Lebenswandel, der jedoch purer Verzweiflung entspringt. Dann folgt für sie ein doppelter Keulenschlag – die Nachricht vom Tod des Ehemanns und das mehr oder weniger gleichzeitigen Verlassenwerdens vom Liebhaber.

In »Leben lernen« (Härtling 2003), seiner bilanzierenden Autobiografie, greift Härtling mit siebzig Jahren diesen traumatischen Moment noch einmal auf. Jetzt geht es ihm vor allem um die Beweggründe der Mutter, indem er sie als eine Frau schildert, die, lebenslustig und zugleich zart besaitet, das für sie unerträgliche Leben nicht mehr auszuhalten vermag. Die Tat der Mutter lässt sich für ihn durch den Nachvollzug der Beweggründe leichter bewältigen. Das kann aber nur der erwachsene, in psychologischen Kategorien geschulte Autor leisten.

3.3 Mit 13 Jahren Vollwaise und resilient?

Ob Härtling in seiner Kindheit resilient war, lässt sich nicht wirklich sagen. Darüber gibt der Autor in seinen autobiografischen Texten zu wenig Auskunft. Sicherlich kann man sein renitentes Verhalten und vor allem seine frühe Mitgliedschaft beim Jungvolk als latenten Protest gegen das Elternhaus als Zeichen früher Selbständigkeit interpretieren. Es ist ein vorgezogenes pubertäres Verhalten, das während seines Aufenthalts in Zwettl in ein allgemeines Sich-Abkapseln von der Welt der Erwachsenen mündet. Der Junge ist zu diesem Zeitpunkt zutiefst enttäuscht, weil er miterleben muss, wie zuvor noch stramme Nazis sich nach dem Zusammenbruch des Systems in scheinbare Demokraten verwandeln.

Nach dem Tod der Mutter, als er in der – wie er es nennt – ›Weiberwirtschaft‹ von Großmutter, Tanten und Schwester landet, erweist er sich allerdings insoweit als resilient, als er es schafft, sich erwachsene männliche Leitbilder zu suchen, die ihm freundschaftlich verbunden sind: Sein Deutschlehrer, ein Pfarrer und ein Maler zählen dazu – das sogenannte Dreigestirn. In der Resilienzperspektive betrachtet hat er in ihnen seine Schutzfaktoren gefunden. Auch die Familie seines besten Freundes und seiner späteren Ehefrau bietet ihm Halt. Dem Jungen helfen ebenfalls seine Zähigkeit und sein Durchhaltevermögen, seine frühe Begeisterung für die Literatur und seine geradezu manische Lektüre. Und auch sein sprachliches Talent, das dazu führt, dass er schon mit zwölf Jahren eigene Texte zu schreiben beginnt. Diese Interpretation ergibt sich aus dem ganzen Duktus von Härtlings Lebensbeschreibung.

3.4 Wiederholtes Umschreiben – Resilienz im Spiegel des Schreibprozesses?

Härtling hat seine traumatischen Kindheitserlebnisse immer wieder neu bearbeitet. Er nähert sich ihnen jedes Mal aus einer anderen Perspektive und lässt seine Leserschaft nachvollziehen, welche Bewältigungsschritte er dabei vollzieht. Bei ihm ist jedoch ein langwieriger Prozess des Immer-wieder-Aufgreifens, des ständigen Umschreibens und Neuformulierens erforderlich gewesen, um mit den schweren Kindheitstraumata zurecht zu kommen. Er ist mit sich erst dann im Reinen, als er sich mit seinem Vater aussöhnen kann, indem er zur Wahrheitsfindung einen schriftlichen Dialog mit ihm führt. Den Tod seiner Mutter hat er in einzelnen Schritten zu bewältigen vermocht, die er schreibend dokumentiert: Zuerst geht es ihm darum, sich von den schrecklichen Bildern des tagelangen Sterbens zu befreien; in einem zweiten Schritt muss er sich die Beweggründe der Mutter in Erinnerung rufen, bis ihn zu guter Letzt die Frage umtreibt, warum der behandelnde Arzt die Mutter nicht ins Krankenhaus eingewiesen hat und ob man sie dort nicht hätte retten könne. Die frühere Version wird umgeschrieben, bis die Wahrheit auf dem Papier steht.

Vermutlich drückt die ständige Neuformulieren dieser erlebten Kindheitstraumata ein tiefsitzendes Bedürfnis aus: Er hofft, sich durch das Wiederholen des Erlebten in seinen Texten davon freizuschreiben. Seiner Kriegskindheit, der Fluchtgeschichte und dem traumatischen frühen Verlust der Eltern hat er sich schreibend konsequent gestellt. Er selbst bietet uns den Schlüssel: Für Härtling ist Erzählen Erinnern und Schreiben »Wundbehandlung« (Interview mit Gansel & Hernik-Młodzianowska 2008, S. 317) – er hat schreibend den Prozess der Wundbehandlung an sich selbst vollzogen.

4 Eine traumatische Kindheit mit schweren Langzeitfolgen – Natascha Wodin (*1945)

4.1 Kurzbiografie

Natascha Wodin wird am 8. Dezember 1945 in Fürth als Kind osteuropäischer Zwangsarbeiter in Deutschland geboren. Ihre Eltern – der Vater Russe, die Mutter Ukrainerin – heiraten 1943 in Mariupol, werden im April 1944 gemeinsam ins Deutsche Reich verbracht und in Leipzig in einer Rüstungsfabrik des Flick-Konzerns zur Zwangsarbeit gezwungen. Mit Kriegsende und Befreiung aus dem Arbeitslager flüchtet das Ehepaar weiter nach Westen. Der Vater findet zunächst verschiedene Gelegenheitsarbeiten, bekommt später eine Anstellung in einem Kosakenchor und ist immer auf Reisen; danach arbeitet er als Fabrikarbeiter.

Natascha Wodin besucht in Forchheim die reguläre Schule; im Alter von zehn Jahren kommt sie nach dem Selbstmord der Mutter, die sich ertränkt, zusammen mit ihrer vierjährigen Schwester in ein katholisches Mädchenheim. Mit etwa 15 Jahren nimmt sie der Vater zu sich; sie landet jedoch auf der Straße, weil sie es bei ihrem trunksüchtigen und gewalttätigen Vater nicht aushält.

Natascha Wodin ist zunächst Dolmetscherin sowie Übersetzerin und beginnt 1983 ihre Laufbahn als Schriftstellerin mit ihrem ersten Roman »Die gläserne Stadt«.

4.2   Aus ihren autobiografischen Schriften und Romanen

»Die gläserne Stadt« (1994), eigentlich eine Liebesgeschichte, erzählt nebenbei, wie Wodin in den ersten fünf Jahren in einem Schuppen auf einem Fabrikhof aufgewachsen und wie die Familie in ein Lager für Displaced Persons eingewiesen worden ist, um schlussendlich in einer Wohnsiedlung für heimatlose Ausländer zu landen. Vor allem beschreibt Wodin das Leben mit ihrer Mutter, die nach und nach depressiver wird, mit Wahnvorstellungen kämpft, zunehmend verstummt und dann Selbstmord begeht. Nach dem Suizid der vor Kummer, ständigem Heimweh und wegen einer lieblosen Ehe verzweifelten Mutter steckt ihr Vater das zehnjährige Mädchen in ein katholisches Mädchenheim, wo sie wegen ihrer orthodoxen Religion zur Außenseiterin abgestempelt wird. In fünf eingeschobenen Kapiteln schildert Natascha Wodin das ganze Elend einer Kindheit, das seinesgleichen sucht.

Im nächsten Buch »Einmal lebt ich« (1992) geht die Ich-Erzählerin dazu über, den ganzen Roman zu einer Erinnerungsgeschichte an die eigene Jugend zu machen. Hier spricht sie nun schonungslos über die Hölle einer Pubertät und Jugend unter väterlicher ›Obhut‹: Eingerahmt in Briefe an ihr ungeborenes, weil abgetriebenes Kind erzählt die Autorin von dieser unglaublich schwierigen Zeit, die sie als Teenager bei ihrem alkoholsüchtigen, gewalttätigen und tendenziell sexuell übergriffigen Vater verbracht hat. Zu guter Letzt landet sie als Obdachlose auf der Straße, wird vergewaltigt und entscheidet sich dazu, dieses Kind abzutreiben, weil sie keinen anderen Ausweg sieht.

Auch in den darauffolgenden Publikationen kommt Natascha Wodin immer wieder auf Aspekte ihrer fatalen Kindheit und Jugend zu sprechen. Explizit kehrt sie jedoch mit über 70 Jahren in zwei autobiografischen Romanen dazu zurück.

»Sie kam aus Mariupol« (2018a) ist eine detaillierte Auseinandersetzung mit der Herkunft und Familie ihrer Mutter. Es ist Wodins tief verwurzeltes Bedürfnis, die Geschichte dieser Frau näher kennen und verstehen zu lernen. Sie erzählt hier, wie sie schon sehr früh durch ihre Mutter in eine Parentifizierung hineingezogen wird, wie sie die depressiven Zustände und Wahnvorstellungen ihrer Mutter, für die sie sich verantwortlich fühlt, ertragen muss und wie sie sich im Alter von zehn Jahren nach dem Freitod der Mutter, den diese ihren Kindern immer wieder angekündigt hat, ins Leichenhaus schleicht, um sich zu verabschieden.

Ein Jahr später, 2018, lässt Natascha Wodin dann mit »Irgendwo in diesem Dunkel« (2018b) ein Buch folgen, in dem sie sich mit der Figur und dem Schicksal ihres Vaters auseinandersetzt. Sie schildert ihn als jemanden, der selbst in seinem

Leben nur Lieblosigkeit und Gewalt erlebt hat. Der späte Tod des Vaters in einem Altenheim, in dem ihn die Autorin regelmäßig besucht, bildet den Ausgangspunkt, um das komplexe Verhältnis zu diesem ihr so fremd gebliebenen Mann zu ergründen. Der erste Mann in Wodins Leben ist eine zutiefst furchterregende Gestalt. Im Grunde nimmt sie hier noch einmal den Erzählstrang aus »Einmal lebt ich« (1989) auf und bestätigt dadurch dessen Gültigkeit für ihre Person vor der Leserschaft und sich selbst, denn die Darstellung bleibt gleich.

4.3 Das tapfere kleine Mädchen und die tapfere Jugendliche

Natascha Wodin ist in ihrer Kindheit und Jugend sehr einsam und außerordentlich durchhaltefähig gewesen, sicher kann man in gewisser Weise von Resilienz sprechen, aber allenfalls von einer frühen Widerstandsfähigkeit um den Preis verheerender späterer Langzeitfolgen. Auf meine Nachfrage hin behauptet sie von sich, dass sie sich nur mittels eigener Kraft durch all die Widrigkeiten durchgekämpft habe: durch die unglücklichen familiären Verhältnisse und das quälende Außenseitertum in Schule und Internat. Und in der Tat scheinen in dieser Kindheit und Jugend weit und breit keine äußeren Schutzfaktoren in Sicht gewesen zu sein, weder innerhalb noch außerhalb der Familie. Ganz auf sich allein gestellt, hat sie als Mädchen und später junge Frau alle Unbilden des Lebens durchgestanden. In diesem Sinne sagt sie von sich, sie durfte nie Kind sein, und das sei eine schmerzhafte Lücke, die sie nie überwunden habe (Wodin, 2020a). Hier zeigen sich im späteren Leben Erschöpfungstendenzen einer Widerstandkraft, die in der Kindheit allein von personalen Ressourcen zehren muss, ohne dass ihr dabei jemand von außen zu Hilfe kommt.

4.4 Befreiung durch das Verstehen der Lebensgeschichte der Eltern – autobiografisches Sich-Freischreiben

Natascha Wodin hat nach eigenen Angaben, als sie am Anfang ihrer Schriftstellerkarriere stand, unter einer fast 30 Jahre anhaltenden Agoraphobie gelitten, das heißt, sie konnte jahrzehntelang kaum das Haus verlassen, ohne in schreckliche Angstattacken zu verfallen (Wodin 2020a). Die meisten ihrer Romane hat sie in diesem Zustand verfasst. Im Lauf der Jahre macht sie verschiedene Therapien, wobei ihr letztlich nur eine Therapeutin weiterhilft, welche die Rolle einer verständnisvollen Mutter einnimmt (ebd.). Bei ihr kann sie weinen und darf Kind sein. Erst nachdem sie den Roman »Sie kam aus Mariupol« (2018a) geschrieben hat, vermag sie ihre Agoraphobie mit mittlerweile über 70 Jahren allmählich zu überwinden. Man kann wohl sagen: Sie hat sich damit endlich freigeschrieben. Sie muss sich in fortgeschrittenem Alter noch einmal gründlich mit der Lebensgeschichte ihrer Eltern auseinandersetzen, sie verstehen, um ihre schwere Kindheit einzuordnen. Nach den beiden Romanen über ihre Eltern schreibt sie dann mit »Nastjas Tränen« (2022) ihre erste Geschichte, in der sie selbst nicht offen oder verdeckt die Hauptfigur spielt, bezeichnenderweise über eine Ukrainerin, die selber ihr Leben in den Griff zu bekommen versucht.

Obwohl sie ihre Kindheitstraumata auch schon in früheren Texten niedergeschrieben hat, verschafft ihr das offensichtlich lange Zeit keine wirkliche Erleichterung. Sie muss erst die jahrelange leidvolle Phase von Panikattacken und Angstzuständen sowie eine auf sie abgestimmte Therapie hinter sich bringen, bis sie endlich ihre Kindheitstraumata schreibend überwinden kann – so die Autorin in einem schriftlichen Interview mit mir (Wodin 2020b). Ihre psychische Erkrankung in späteren Lebensjahren zeigt aber auch, dass eine traumatische Kindheit ohne soziale oder institutionelle Schutzfaktoren ihren Preis hat. Natascha Wodin hat ihren Ausweg darin gefunden, sich selbst zum Thema ihrer Bücher zu machen.

5 Festschreiben, Umschreiben, Sich-Freischreiben

Drei völlig verschiedene Beispiele, wie sich Kindheitstraumata schreibend bewältigen lassen. Form, Stil, Zeitpunkt und zeitliche Dauer der Bearbeitung differieren, alle drei weisen voneinander abweichende Bewältigungsmuster auf. McCourt schreibt seine Erinnerungen erst nach der Pensionierung, dafür quasi in einem Zug und in einer einzigen Version nieder. Härtling braucht immer wieder neue Anläufe, um sich zu einer Endfassung durchzuringen. Wodin wird sich selbst als Schriftstellerin zum lebenslangen Hauptthema, bis sie ihren Ausweg aus dem repetitiven Sich-Umkreisen darin findet, die Lebensgeschichte ihrer Eltern zu thematisieren und für sich aufzuschlüsseln. Der Auseinandersetzungsprozess mit jenen Kindheitslasten benötigt bei allen, wie definitiv er auch immer abgeschlossen sein mag, auf jeden Fall viel Lebens- bzw. Schreibzeit. Dabei gelingt es erst in fortgeschrittenem Alter, loszulassen und sich mit der Vergangenheit auszusöhnen. Gemeinsam ist allen drei Lebensgeschichten, dass ein enormes schriftstellerisches Talent erfolgreich eingesetzt worden ist, um sich von den äußerst schmerzhaften Kindheitserfahrungen zu befreien. Das Schreibvermögen hat sich sogar dann als zentraler personaler Schutzfaktor erwiesen, wenn, wie bei Natascha Wodin, diese Kindheit völlig allein bewältigt werden musste. Schreibtalent und Schreibprozess haben somit entscheidend zur Ausprägung von Resilienz beigetragen. Und so können am Beispiel dieser drei Autor/innen drei individuelle Wege zur Resilienz nachvollzogen werden: seine Kindheit festschreiben, sie umschreiben oder sich davon freischreiben.

Literatur

Eckholdt, M. (2009): »Das Einzige, was ich will, ist schreiben.« Köln: Deutschlandfunk, 20.07. 2009 Online verfügbar unter: https://www.deutschlandfunkkultur.de/das-einzige-was-ich-will-ist-schreiben-100.html, Zugriff am: 12.09.2023.

Gansel, C. & Hernik-Młodzianowska, M. (2008): »Arbeitsteilung in der Erinnerung« oder »Ohne Erinnerung an die Anfänge kann ich nicht auskommen – Carsten Gansel und Monika Hernik–Młodzianowska im Gespräch mit Peter Härtling. In: M. Hernik-Mlodzianowska (Hrsg.), Zur Inszenierung von Erinnerung im Werk von Peter Härtling (S. 308–330). Gießen: Justus-Liebig-Universität.

Göppel, R & Zander, M. (Hrsg.) (2017): Resilienz aus der Sicht der betroffenen Subjekte. Die autobiografische Perspektive. Weinheim Basel: Beltz Juventa.

Härtling, P. (1980): Nachgetragene Liebe. Darmstadt und Neuwied: Luchterhand.

Härtling, P. (1987): Janek. Porträt einer Erinnerung. Hamburg, Zürich: Sammlung Luchterhand.

Härtling, P. (1990): Herzwand. Mein Roman (2. Auflage). Frankfurt a.M.: Luchterhand Literaturverlag.

Härtling, P. (1998): Zwettl. Nachprüfung einer Erinnerung (ungekürzte Ausgabe). München: Deutscher Taschenbuch Verlag.

Härtling, P. (2003): Leben lernen. Erinnerungen. Köln: Kiepenheuer & Witsch.

McCourt, F. (1998): Die Asche meiner Mutter. Irische Erinnerungen (26. Auflage). München: btb Verlag.

McCourt, F. (2008 a): Ein rundherum tolles Land. Erinnerungen. München: btb Verlag.

McCourt, F. (2008 b): Tag und Nacht und auch im Sommer. Erinnerungen. (2. Auflage). München: btb Verlag.

McCourt, F. (1999): Der irische Autor Frank McCourt über die plötzlichen Folgen des Ruhms. Berlin: Tagesspiegel, 12.10.1999. Online verfügbar unter:https://www.tagesspiegel.de/kultur/der-irische-autor-frank-mccourt-uber-die-folgen-des-plotzlichen-ruhms-623839.html,Zugriff am 12.09.2023.

The Irish News (2017): The woman who persuaded Frank McCourt to write Angela's Ashes, 05.06.2017. Online verfügbar unter: https://www.irishnews.com/arts/2017/06/05/news/the-woman-who-persuaded-frank-mccourt-to-write-angela-s-ashes-1043450/#:~:text=It%20was%20Ellen%20who%20persuaded,things%20he%20wanted%20to%20do, Zugriff am 12.09.2023.

Wodin, N. (1992): Einmal lebt ich. Roman (ungekürzte Ausgabe). München: Deutscher Taschenbuch Verlag.

Wodin, N. (1994): Die gläserne Stadt. Roman. Leipzig: Reclam Verlag.

Wodin, N. (2018 a): Sie kam aus Mariupol. Reinbek bei Hamburg: Rowohlt Taschenbuch Verlag.

Wodin, N. (2018 b): Irgendwo in diesem Dunkel. Reinbek: Rowohlt Verlag.

Wodin,N. (2020a): Interview mit M. Zander (20.10.2020, unveröffentlicht)

Wodin, N. (2020b): Schriftliches Interview mit M. Zander (22.11.2020, unveröffentlicht)

Wodin, N. (2022): Nastjas Tränen. Roman. Reinbek: Taschenbuchverlag.

Zander, M. (2008): Armes Kind – starkes Kind? Die Chance der Resilienz. Wiesbaden: VS Verlag für Sozialwissenschaften.

ns mit Sehbeeinträchtigung
im Spannungsfeld von Resilienz und
Verwundbarkeit

Anne Bödicker

Abstract

Resilienzförderstrategien scheinen allgegenwärtig und suggerieren, dass wir alle uns selbst stärken und widerstandsfähiger machen können, wenn wir die jeweiligen Programme umsetzen. Auch im schulischen Kontext stellt sich die Frage, wie Pädagoginnen und Pädagogen erfolgreich Resilienz bei Kindern und Jugendlichen fördern können. Inwiefern verschiedene Faktoren für Resilienz bei Jugendlichen mit Sehbeeinträchtigung verhandelt werden, soll in dem Artikel exemplarisch durch Interviewauszüge nachgezeichnet werden. Die Analysen zeigen einerseits positiv wahrgenommene individuelle Faktoren für Resilienz auf, andererseits außerpersonale Faktoren, die unterschiedlich verhandelt und nicht immer als stärkend empfunden werden. Im Gegenteil kommt es sogar zu einem »sich Verwehren« gegen Zuspruch durch Erwachsene, da dieser im Kontext der Beeinträchtigung anders bearbeitet wird.

Schlüsselwörter: Jugendliche mit Beeinträchtigung, narrative Interviews, Disability Studies, Ableismus, Wahrnehmung von Resilienzfaktoren

---

1 Einleitung

Egal wohin wir schauen, überall beggnen uns Konzepte, die auf Selbststärkung und Selbstoptimierung angelegt sind und die bei erfolgreicher Umsetzung bspw. Widerstandskraft und Gesundheit versprechen. Dies kann als weiterer Schritt in der langen Geschichte der Disziplinierung und Normalisierung des Körpers im Abendland verstanden werden, auf die Brinkmann (2018, S. 192f.) verweist. Die Vernunft als Teil des Geistes und die Psyche werden als den Körper dominierende Komponenten aufgefasst (ebd.). Dieses Verständnis schließt direkt an ein auch hierzulande immer populärer werdendes Modell der sieben Säulen der Resilienz an (Reivich & Shatté 2002). Die einzelnen Säulen Optimismus, Akzeptanz, Lösungsorientierung, das Verlassen der Opferrolle, ein Erfolgsnetzwerk, positive Zukunftsplanung und Selbstreflexion im Zusammenspiel propagieren Widerstandsfähigkeit.

In unserer schnelllebigen Gesellschaft zu funktionieren, mitzuhalten und resilient zu sein, erscheint mittlerweile als eine gesellschaftliche Norm(alitäts)vorstellung (Karačić & Waldschmidt 2018, S. 420).

Doch das Konzept der Resilienz ist gleichzeitig verwoben mit einem Konzept von Vulnerabilität, die alle Menschen in unterschiedlicher Weise in sich tragen. So sprechen Hirschberg und Valentin (2020, S. 91 f.) von der Verletzbarkeit als conditio humana, da jeder Körper potentiell verletzbar sei. Dies als Erkenntnis zu akzeptieren, scheint gerade in unserer leistungs- und performanzorientierten Gesellschaft herausfordernd, so Klein (2022, S. 479). Im Gegenteil zeige sich häufig eine Ablehnung, Vermeidung und Tabuisierung der Tatsache, dass Vulnerabilität und Abhängigkeit unabdingbar zur menschlichen Existenz gehörten (ebd.).

Was kann dies für Menschen bedeuten, die aus gesellschaftlicher oder (bildungs-) politischer Perspektive einer sogenannten vulnerablen Gruppe zugeordnet werden? Dieser Frage möchte der Beitrag biografieorientiert nachgehen, indem Auszüge aus zwei Interviews mit Jugendlichen analysiert werden, die eine Sehbeeinträchtigung haben. Die im Call zur Tagung aufgeworfene Frage nach den psychischen Abwehrkräften, die den Menschen helfen, mit all den Veränderungen, Einschränkungen, Bedrohungen und Belastungen zurechtzukommen, gelassen und zuversichtlich zu bleiben, stellt sich bei Jugendlichen mit Beeinträchtigung möglicherweise verschärft, da sie neben pubertätstypischen Aufgaben eben noch zusätzlich eine Auseinandersetzung um die Integration ihrer Beeinträchtigung führen (müssen).

Ausgehend davon, wie unterschiedliche Verarbeitungsweisen von Belastungen aufscheinen, soll gezeigt werden, inwiefern personale und außerpersonale bzw. Umweltfaktoren, die generell als jemanden stärkend beschrieben werden (Fröhlich-Gildhoff & Rönnau-Böse 2022; Tacke 2019), von den Betroffenen tatsächlich auch so wahrgenommen werden. Dazu wird im Folgenden zunächst ein kurzer Einblick in das Forschungsprojekt gegeben, ehe die Analyse der Interviewauszüge folgt. In einem abschließenden Schritt sollen die beschriebenen Formen der (pädagogischen) Unterstützung kritisch eingeordnet werden.

2 Sample, Theorie und Methode

Im Rahmen des Dissertationsprojekts (»Jugend – Schule – Dis/ability: Rekonstruktion institutioneller, Peer- und familiärer Erfahrungen von Förderschülerinnen und Förderschülern mit Sehbeeinträchtigung«) wurden acht leitfadengestützte Interviews mit Schülerinnen und Schülern einer Förderschule geführt. Alleinstellungsmerkmal dieser Schule war, dass dort alle gängigen deutschen Schulabschlüsse bis hin zum Abitur absolviert werden konnten. Aus der Perspektive regelschulischer Verläufe ist festzuhalten, dass alle Jugendlichen mindestens ein Schuljahr wiederholt haben und häufiger die Schulen (und Schulformen) gewechselt haben (Bödicker &

Akbaba 2020), sodass diverse Schulerfahrungen durch alle Schulformen hinweg vorliegen.

Theoretisch gerahmt wird die Arbeit von den Disability Studies, welche durch einen Perspektivwechsel aus Sicht von Menschen forschen, die von Behinderung betroffen sind. Diese Herangehensweise bezeichnet Dederich (2010, S. 180) als »Grundlage von Forschung und Theoriebildung«. Im Kontext von Resilienz und Vulnerabilität lässt sich als Schnittstelle zu den Disability Studies markieren, dass diese den Körper schon seit etwa drei Jahrzehnten als verletzbar konzipieren. Menschen sind in diesem Verständnis nur phasenweise nicht behindert, womit Vulnerabilität als Regel und nicht als Ausnahme angesehen wird (Hirschberg & Valentin 2020, S. 89).

Zudem wird im Rahmen der Auswertung innerhalb der Disability Studies eine ableismuskritische Perspektive eingenommen, d. h. Zuschreibungen von Fähigkeiten werden kritisch eingeordnet. Dies geschieht in Anlehnung an Campbells (2009) Verständnis von Ableismus als einem Netzwerk von Überzeugungen, Prozessen und Praktiken, womit eine eigentümliche Art von Selbst und Körper als perfekt erzeugt wird. Aus diesem Verständnis heraus wird Behinderung als ein minderwertiger Zustand des Menschseins angesehen. Zinsmeister (2017, S. 594) konkretisiert: »Als normal bzw. natürlich gilt im Sinne der ableistischen Norm, dass Menschen uneingeschränkt sehen, hören und mündlich und schriftlich kommunizieren können, dass sie uneingeschränkt mobil und möglichst produktiv sind.« Daran angeknüpft sind Erwartungen an ein bestimmtes Sozialverhalten, ein äußerliches Erscheinungsbild (ebd.) und allgemein an eine Funktionstüchtigkeit der Menschen.

Um diese gesellschaftlichen Prägungen und damit die Rahmenbedingungen für jede und jeden von uns aufzuspüren, bietet sich die Auswertung aus ableismuskritischer Perspektive an. So können Repräsentationsweisen von Behinderung und beispielsweise ableistische Sprachbilder, gesellschaftliche und institutionelle Normen, ›Normalitäten‹, Werte und (il-)legitime Fähigkeitszuschreibungen herausgearbeitet und hinterfragt werden.

Die Datenauswertung erfolgt narrationsanalytisch mit einem Modell, das die »Rekonstruktion narrativer Identität« (Lucius-Hoene & Deppermann 2004, S. 9) mit den »Leib-Körper-bezogenen Identitätskonstruktionen« (Gugutzer 2002, S. 127) verbindet. Lucius-Hoene und Deppermann arbeiten in Anlehnung an Fritz Schützes Narrationsanalyse (1977), erweitern diese aber bspw., indem sie das Interview als Interaktion verstehen und Selbst- und Fremdpositionierungen von am Interview beteiligten Personen als Metaperspektive stark machen. Eine Ergänzung des narrationsanalytischen Modells um leibliche Komponenten erscheint gerade im Kontext von Behinderung bedeutsam, da so bspw. Emotionen und Affizierungen der Forschenden ebenfalls methodisch rückgekoppelt in der Auswertung berücksichtigt werden können (Dederich 2015).

Wie zwei Jugendliche, Kai und Felix, über positiv empfundene Situationen sprechen oder Situationen, die von außen betrachtet als stärkend wahrgenommen werden könnten, aber so nicht empfunden wurden, soll im Folgenden aufgezeigt werden. Zudem wird herausgearbeitet, welche Facetten psychischen Widerstands in den Erzählungen aufscheinen und inwiefern Faktoren für Resilienz greifen bzw. als kontraproduktiv einzuschätzen sind.

3 Kai Schuhmann

Zum Zeitpunkt des Interviews ist Kai 15 Jahre alt und erst seit etwa drei Monaten Schülerin der Förderschule. Nach dem Besuch einer internationalen Grundschule wechselte sie auf ein Regelgymnasium, das sie bis Ende des ersten Halbjahres der neunten Klasse besuchte.

Auf die Frage der Interviewerin, wie es Kai in der Grundschule mit ihren Mitschülerinnen und Mitschülern ergangen sei, reagiert sie wie folgt:

> Kai: //Also Sozial-//Anbindung/ (I: Mhm.) ja, gut, also, ich meine, in dem Alter hat man ja nun eh noch nicht so drauf geachtet, und klar, ehm mit mir/ also mit, was heißt mit mir, aber allgemein, ehm ich bin immer öfter gegen Mülltonnen gelaufen, als eh schon, so gesehen. (I lacht.) Aber ich habe mit denen draußen Fußball gespielt, und ich/äh also, ich hatte eigentlich schon viele Freunde. Ich weiß nicht, das klingt voll komisch, aber/ #00:06:30#
> I: Ist doch schön. #00:06:32#
> Kai: Vielleicht ist es anderen Blinden oder so anders ergangen, und die hatten keine Freunde oder so, aber bei mir hat das gut geklappt eigentlich. #00:06:41#

Kai beginnt mit einer klärenden Rückfrage in elaborierter Weise und fachsprachlich, was die Interviewerin »wohl hören möchte«. Mehrmals setzt sie anschließend an, um über Freundschaften im Kontext ihrer Beeinträchtigung zu sprechen. Kai fühlt sich integriert, da sie mit »denen« Fußball gespielt hat und viele Freunde hatte. Zwar hinterfragt sie selbst ihre damalige Situation, indem sie einschränkend ergänzt, dass es »voll komisch« klingt, und dass es anderen Kindern mit Sehbeeinträchtigung möglicherweise anders ergangen ist. Mit dieser Aussage bewegt sie sich einerseits in ableistisch geprägten Überlegungen, andererseits macht sie auf eine Herausforderung schulischer Inklusion jenseits des Klassenraums aufmerksam. Kai endet jedoch dann für sich mit einem positiven Fazit.

Im Sinne eines verstärkenden Faktors für Resilienz kann für diesen Interviewauszug Kais positives Selbstwirksamkeitserleben angeführt werden (Fröhlich-Gildhoff & Rönnau-Böse 2021, S. 178). Durch diese sie stärkenden personalen Fähigkeiten schafft sie es hier auch, Folgen ihrer Beeinträchtigung positiv konnotiert in die Erzählung zu integrieren.

Etwas anders verhält es sich im nächsten Auszug, in dem Kai auf ihre Mutter zu sprechen kommt:

> Kai: Also, meine Mutter erzählt immer davon, dass ich alleine nach Amerika geflogen bin, oder dass ich alleine (.) ehm (.) mein Anschlussflug ausgefallen ist zwei Mal und so, also das sind so Geschichten, die sie immer erzählt, wo ich mir denke, »hm, was machst Du?«, also das kann jeder. So gesehen. #00:30:49#
> I: Das traut sich aber nicht jeder in Deinem Alter, würde ich da erwidern. #00:30:53#
> Kai: Ja, aber das ist immer so eine Sache. Kann jeder machen. #00:30:59# [...] //Also ich hole//mir keine Begleitung. (I: Ja.) Nie. Keine Kinderbegleitung und auch keine Blindenbegleitung. (I: Mhm.) Ehm/ #00:31:19#

Sehr anschaulich gibt Kai Einblick in Situationen, die sie mit ihrer Mutter erlebt hat. Die Mutter ebenso wie die Interviewerin sehen es – unabhängig von der Beeinträchtigung – als mutig an, dass eine Jugendliche alleine fliegt. Aber Kai kann diese bewundernde Rückmeldung nicht annehmen und spielt sie herunter, indem sie sowohl ihrer Mutter indirekt als auch der Interviewerin direkt entgegnet, dass das jeder machen könne. Neben dem Herunterspielen dieser Tat verstärkt Kai am Ende der Passage ihre Aussage, indem sie, einer Klimax ähnelnd, konkretisiert, welche Unterstützungsangebote sie alle nicht in Anspruch nimmt.

Trotz der positiven Bestärkung ihrer Mutter bzw. der Interviewerin im Sinne außerpersonaler Faktoren zur Stärkung der Resilienz durch Anerkennung kann Kai aus solch einer Situation keine Widerstandskraft ziehen. Im Gegenteil muss Kai in der Auseinandersetzung mit außerpersonalen Zuschreibungen dafür eintreten, dass sie als, rechtlich formuliert, »Blinde« keine Hilfe benötigt und somit als ›normal‹ anerkannt wird. In Erweiterung dessen, was Pfahl (2011, S. 250) für Schülerinnen und Schüler im Förderschwerpunkt Lernen als Kompensationsstrategie herausgearbeitet und »Anpassung an Normalität« genannt hat, kann in Kais Fall von einer ›Überanpassung an Normalität‹ gesprochen werden, die als konträr zu einer Stärkung von Resilienz durch soziale Faktoren verstanden werden kann.

4 Felix Brandenburg

Der 16-jährige Felix sticht in besonderer Weise aufgrund seiner häufigen Schulwechsel aus dem Sample hervor. Zunächst auf einer Förderschule eingeschult, verließ er diese nach einem Jahr wieder, um auf eine freie Schule zu wechseln. Zum fünften Schuljahr wechselte er für eineinhalb Jahre auf eine inklusiv arbeitende Regelschule, um anschließend auf eine andere freie Schule zu wechseln. Diese verließ er nach zweieinhalb Jahren wieder, um eine andere inklusiv arbeitende Regelschule zu besuchen. Letztlich musste er diese aufgrund einer akuten Sehverschlechterung verlassen und war zum Zeitpunkt des Interviews seit etwa neun Monaten an der Förderschule.

Gegen Ende des Interviews fragt die Interviewerin, warum Felix manchmal nicht gerne in die Schule gegangen sei, und er antwortet, dass ihm in seiner dritten besuchten Schule das Wasser bis zum Halse gestanden hätte, weil immer jemand etwas von ihm gewollt hätte. Dieser Aussage folgt eine Erzählung zu einer exemplarischen Situation:

> Felix: ... ich der Einzige war, der vernünftig mit der 6. Klasse reden konnte [...] Oh, da gibt es so ein schönes Beispiel. [...] Ähm naja, auf jeden Fall haben die Jungs aus meiner Klasse sich dann irgendwie eine Mutprobe daraus gemacht, wer die Tür der anderen Kabine aufmacht. Und (...) ähm und ja, dann äh sind die Mädchen da drüben natürlich ausgeflippt [...]. Und ich kannte die auch alle. Ähm dann bin ich halt irgendwann mal zu denen rüber. Habe gesagt »Hier, ich sorge dafür, dass die jetzt aufhören. Bitte lasst das jetzt einfach ruhen, okay?« Und dann haben die auch gesagt »Ja Felix, gut. Dann/Wir vertrauen dir. Das kriegst du schon hin.« Es klingt übertrieben. Aber so war es tatsächlich. Es war/es war fast genau dieser Wortlaut. Und (...) ich ich/Einmal ist es halt so ein, so ein schönes Beispiel dafür, was ich für einen Einfluss hatte damals. #57:54–59:13#

Felix beschreibt sich hier als selbstbewusst und vernünftig, als jemand, der nicht wie die anderen Jungs Mutproben macht, sondern vermittelnd zwischen den Gruppen agiert und von den Mädchen als Mediator vertrauensvoll anerkannt wird. Zwar ordnet auch er seine Erzählung – ähnlich wie Kai – als übertrieben ein, relativiert aber ebenfalls sofort, indem er seinen großen Einfluss thematisiert.

Anhand dieser Passage zeigen sich, neben außerpersonalen Faktoren durch die Anerkennung der anderen, Felix' personale Fähigkeiten in Form seiner hohen wahrgenommenen Sozialkompetenz. Diese kann als ein Stützpfeiler seiner Selbstwirksamkeitsfähigkeiten und damit als Resilienzfaktor markiert werden (Fröhlich-Gildhoff & Rönnau-Böse 2021, S. 178).

Einen weiteren, außerpersonal ihn bestärkende Faktor beschreibt Felix in einer anderen Situation, als er auf seine schulischen Leistungen an einer der inklusiv arbeitenden Regelschulen zu sprechen kommt:

> Felix: […] Und ich bin halt so anfangs in den E-Kurs in Mathe gekommen. Und mein Mathematiklehrer hat mich, auch als meine Noten dann nachgelassen haben, weiterhin auf Biegen und Brechen in diesem Kurs behalten, weil er gesagt hat »Felix, du bist so/du bist so fit in Mathe. Du bleibst jetzt mal hier. Auch wenn du keine guten Noten in ähm in den Tests schreibst.« #29:21–30:41#

Sehr anschaulich versprachlicht Felix in dieser Passage das Verhalten seines Lehrers, der ihn »auf Biegen und Brechen« im Kurs behalten wollte, was Felix als positive Erfahrung erlebt hat. Im Sinne einer Praxisorientierung zeigt sich hier, wie es einer Lehrperson gelungen ist, Resilienz zu fördern, indem sie Felix signalisiert hat, dass sie an ihn glaubt, und ihn dadurch gestärkt hat. Felix erfährt Anerkennung und Verständnis von einem professionellen Erwachsenen.

Trotz seiner häufigen Schulwechsel, die mit vielen negativen Fähigkeitszuschreibungen – vor allem an den besuchten Förderschulen – verbunden sind, wie das Interview insgesamt zeigt, scheinen die positiven Rückmeldungen Felix mehr geprägt zu haben als die institutionellen, ableistischen Zuschreibungen mit Blick auf seine Leistungs- und Sehfähigkeit.

5 Mögliche Schlussfolgerungen und offene Fragen

Betrachtet man nun zusammenfassend die vorgestellten Ergebnisse unter Bezug auf soziale sowie individuelle Faktoren, die als resilienzstärkend zu verstehen sind, lässt sich für die jeweils zuerst vorgestellten Passagen Folgendes festhalten: Beide, Kai und Felix, haben Freunde und durch diese sozialen Beziehungen fühlen sie sich anerkannt und eingebunden in Gemeinschaften, was letztlich ihre Resilienz stärkt.

Bei Kai zeigt sich aber insgesamt im Interview eine viel weniger ausgeprägte Resilienz als bei Felix. Die Interpretation insgesamt legt nahe, Kai als eine unsichere (und verletzliche) Person zu deuten, was sich u. a. in den häufigen Rückfragen im gesamten Interviewverlauf spiegelt. Exemplarisch sei auf meine Frage verwiesen, wie

Kai sich an der neuen Schule eingefunden habe, woraufhin sie fragt: »Jetzt auch wieder sozial oder was?« Andere erlebte Dinge im Sinne von ableistischen Fähigkeitszuschreibungen, wie ihr Aussortiertwerden aufgrund ihrer Sehbeeinträchtigung bei einem Auswahltraining (vgl. dazu auch Bödicker 2020), scheinen nachhaltig auf sie einzuwirken, sodass Verunsicherung und Kampf ihre ständigen Begleiter sind, welche ihre positiven Erfahrungen tendenziell überlagern und überschreiben, wie sich in der Rekonstruktion des gesamten Interviews zeigt.

Im Kontrast zu gängigen individuellen Gelingensfaktoren für Resilienz, wie das Verlassen der Opferrolle, kann für Kai allerdings aus dem gesamten Interview eine andere Strategie herausgearbeitet werden, die sie zumindest phasenweise stärkt und schützt. An einigen Stellen zeigt sich, dass Kai eine ausgeprägte Verdrängungs-, Vermeidungs- bzw. Ausgrenzungsstrategie entwickelt hat. So grenzt sie ihre Augen in den Erzählungen mehrfach von ihrem Körper – quasi als eigene Entität – ab, indem sie bspw. sagt, dass sie und ihre Mutter eine Schule gesucht haben, die sie nimmt, »also nicht mich, sondern meine Augen«. Für Forschung zu Resilienz stellt sich damit die Frage, ob nicht eine zeitweise Verdrängung oder ein partielles Verweilen in der Opferrolle, wie es für Kai an anderer Stelle in ihrem Erzählen über das Aussortieren beim Auswahltraining herausgearbeitet wurde (Bödicker 2020), auch im Sinne der Resilienz zum Selbstschutz dienen kann.

Die individuellen Faktoren bei Felix sind anders ausgeprägt. Bei Felix überwiegen im Interview insgesamt Erzählungen zu seinem proaktiven Handeln, zu Selbstidealisierung und Selbstwertmaximierung. Jessup et al. (2018, S. 96f.) sprechen auch von einem »having a place to shine«, was bspw. neben »having control« als wichtiger Bestandteil für ein Gefühl sozialer Inklusion und ein positives Identitätsempfinden und Selbstwertgefühl bei Jugendlichen mit Sehbeeinträchtigung herausgearbeitet wurde. Im Interview finden sich zudem weitere Erzählungen zu ähnlichen Situationen (beim Theaterspiel in einer Gruppe aus Regelschülerinnen und -schülern und Schülerinnen und Schülern mit Förderbedarf oder in seiner Anime-Gruppe), die ihn insgesamt stark und souverän wirken lassen.

Mit Blick auf außerpersonale Faktoren bzw. Umweltfaktoren für Resilienzförderung muss für Kai und Felix als Menschen mit einer Sehbeeinträchtigung über die hier vorgestellten Passagen hinaus festgehalten werden, dass sie in der jugendlichen Identitätsarbeit behindert werden. Beide wollen sich ausprobieren, um herauszufinden, wer sie sind, aber die Antwort von außen lautet sozusagen stetig »sehbeeinträchtigt« und somit wird eine eigene Identitätsfindung erschwert bis verunmöglicht. Resilienz mit Vulnerabilität vernetzt als conditio humana zu verstehen, scheint nicht nur sinnvoll, sondern auch zwingend erforderlich. Aus diesem Verständnis heraus und auch aus einer ableismuskritischen Perspektive müsste sich innerhalb der Forschung wie auch im Rahmen pädagogischer Institutionen eine nötige Blickerweiterung im Umgang mit Resilienzförderungsstrategien ergeben.

Literatur

Bödicker, A. & Akbaba, Y. (2020): In the Shadow of Threatening Norms: How Students with Visual Impairment Contest and Reproduce Institutional Positions [SPECIAL ISSUE]. British Journal of Visual Impairment, 39 (1), 76–83.

Bödicker, A. (2020): »Man sagt ja immer: Ja, hmmm, geht das überhaupt mit deinen Augen?« Umgang mit und Wahrnehmung von verkörperter Differenz einer jugendlichen Sehbehinderten im Kontext von Schule und Sport. Vierteljahreszeitschrift für Heilpädagogik und ihre Nachbargebiete, 89 (1), 7–20.

Brinkmann, M. (2018): Verkörperung zwischen Normalisierung und Subjektivierung. Zur Anthropologie und Sozialtheorie pädagogischer Praxis der Körperbildung und -erziehung. Vierteljahresschrift für Heilpädagogik und ihre Nachbargebiete, 87 (3), 191–204.

Campbell, F. K. (2009): Contours of Ableism: The Production of Disability and Abledness. Wiesbaden: Springer.

Dederich, M. (2010): Behinderung, Norm, Differenz – Die Perspektive der Disability Studies. In: F. Kessel & M. Plößer (Hrsg.), Differenzierung, Normalisierung, Andersheit. Soziale Arbeit als Arbeit mit den Anderen (S. 170–184). Wiesbaden: Springer VS.

Dederich, M. (2015): »Nature Loves Variety – Unfortunately Society Hates it«. Emotionale Resonanzen auf Behinderung und ihre Bedeutung für die Inklusion. In: S. Kluge, A. Liesner & E. Weiß (Hrsg.), Jahrbuch für Pädagogik (S. 121–132). Bern: Peter Lang Verlagsgruppe.

Fröhlich-Gildhoff, K. & Rönnau-Böse, M. (Hrsg.) (2021): Menschen stärken. Resilienzförderung in verschiedenen Lebensbereichen. Resilienz und Resilienzförderung im Jugendalter (Adoleszenz) (S. 175–184). Wiesbaden: Springer.

Fröhlich-Gildhoff, K. & Rönnau-Böse, M. (2022): Resilienz (6. Aufl.). Stuttgart: utb.

Gugutzer, R. (2002): Leib, Körper und Identität. eine phänomenologisch-soziologische Untersuchung zur personalen Identität. Wiesbaden: Springer VS.

Gugutzer, R. (2017): Leib und Körper als Erkenntnissubjekte. In: R. Gugutzer, G. Klein & M. Meuser (Hrsg.), Handbuch Körpersoziologie. Forschungsfelder und Methodische Zugänge (2. Bd.) (S. 381–394). Wiesbaden: Springer VS.

Hirschberg, M. & Valentin, G. (2020): Verletzbarkeit als menschliches Charakteristikum. In: D. Brehme, P. Fuchs, S. Köbsell & C. Wesselmann (Hrsg.), Disability Studies im deutschsprachigen Raum (S. 89–95). Weinheim, Basel: Beltz Juventa.

Jessup, G., Bundy, A., Hancock, N. & Broom, A. (2018): Being Noticed for the Way You Are: Social Inclusion and High School Students with Visual Impairment. British Journal of Visual Impairment 2018, 36 (1), 90–103.

Karačić, A. & Waldschmidt, A. (2018): Biographie und Behinderung. In: H. Lutz, M. Schiebel & E. Tuider (Hrsg.), Handbuch Biographieforschung (S. 415–426). Wiesbaden: Springer VS.

Klein, A. (2022): Gesellschaftskritik: Wie kritisch können, sollen oder müssen die Disability Studies sein? In: A. Waldschmidt (Hrsg.), Handbuch Disability Studies (S. 471–484). Wiesbaden: Springer VS.

Lucius-Hoene, G. & Deppermann, A. (2004): Rekonstruktion narrativer Identität. Ein Arbeitsbuch zur Rekonstruktion narrativer Interviews. Wiesbaden: Springer VS.

Pfahl, L. (2011): Techniken der Behinderung: Der deutsche Lernbehindertendiskurs, die Sonderschule und ihre Auswirkungen auf Bildungsbiographien. Bielefeld: transcript.

Reivich, K. & Shatté, A. (2002): The Resilience Factor: 7 Essential Skills for Overcoming Life's Inevitable Obstacles. New York: Broadway Books.

Schütze, F. (1977): Die Technik des narrativen Interviews in Interaktionsfeldstudien. Arbeitsberichte und Forschungsmaterialien Nr. 1 der Universität Bielefeld: Fakultät für Soziologie.

Tacke, M. (2019): Entwicklung eines Resilienzmodells. Betrachtung gesellschaftlich-kultureller, sozialer und individueller Faktoren. Leibniz-Universität Hannover: Institut für Soziologie.

Zinsmeister, J. (2017): Diskriminierung von körperlich und geistig Beeinträchtigten. In: A. Scherr, A. El-Mafaalani & G. Yüksel, (Hrsg.), Handbuch Diskriminierung (S. 593–612). Wiesbaden: Springer VS.

Verzeichnisse

Die Autorinnen und Autoren

Andresen, Sabine, Prof. Dr., Goethe-Universität Frankfurt am Main, Fachbereich Erziehungswissenschaften, Institut für Sozialpädagogik und Erwachsenenbildung. Arbeits- und Forschungsschwerpunkte: Kindheits- und Familienforschung, Well-Being und Vulnerabilität, Aufarbeitung sexualisierter Gewalt, Armutsforschung.

Bartz, Janieta, Prof. Dr., Hochschule Düsseldorf, Behindertenpädagogik/Disability Studies, Arbeits- und Forschungsschwerpunkte: (Digitale) Partizipation im Spannungsfeld von Ableismus und Allyship, Intersektionalität aus der Perspektive der Disability Studies, Resilienz und Vulnerabilität im Kontext von Behinderung, inklusive/barrierearme (Hochschul-)Didaktik, Religion, Werteorientierung und weltanschauliche Vielfalt.

Behrisch, Birgit, Prof. Dr., Katholische Hochschule für Sozialwesen Berlin, Arbeits- und Forschungsschwerpunkte: Disability Studies, Inklusive Pädagogik, Familienforschung, Partizipative Forschung.

Bliemetsrieder, Sandro, Prof. Dr., Hochschule Esslingen, Fakultät Soziale Arbeit, Bildung und Pflege. Arbeits- und Forschungsschwerpunkte: Erziehung und Bildung als Aufgaben der Sozialpädagogik, Professionalisierung, Hochschulbildung, Menschenrechtsorientierung in der Sozialen Arbeit, Rekonstruktive Forschung.

Bödicker, Anne, Philipps-Universität Marburg, Arbeits- und Forschungsschwerpunkte: Lehrerinnen- und Lehrerbildung, Forschung im Kontext von Jugend mit Beeinträchtigung, Biographie, Schulerfahrungen, Disability Studies und Ableismus.

Fingerle, Michael, Prof. Dr., Goethe Universität Frankfurt, Fachbereich Erziehungswissenschaften, Institut für Sonderpädagogik. Arbeitsbereich: Förderdiagnostik und Evaluation.

Fröhlich-Gildhoff, Klaus, Prof. Dr., Dipl. Psych., Psychologischer Psychotherapeut und Kinder- und Jugendlichenpsychotherapeut. Em. Professor für Klinische Psychologie und Entwicklungspsychologie an der Evangelischen Hochschule (EH) Freiburg; Co-Leiter des Zentrums für Kinder- und Jugendforschung an der EH Freiburg.

Göppel, Rolf, Prof. Dr., Pädagogische Hochschule Heidelberg, Erziehungswissenschaft/Allgemeine Pädagogik. Arbeits- und Forschungsschwerpunkte: Psychoanalytische Pädagogik, Kinder und Jugendkunde, Biografieforschung, Resilienz und Vulnerabilität in der menschlichen Entwicklung.

Götsch, Monika, Prof. Dr., Hochschule Esslingen, Fakultät Soziale Arbeit, Bildung und Pflege. Arbeits- und Forschungsschwerpunkte: Soziologie, heteronormative Geschlechter- und Familienverhältnisse, Erwerbsarbeit, Wissenschaftssoziologie, qualitative Sozialforschung.

Graf, Ulrike, Prof. Dr., Pädagogische Hochschule Heidelberg, Erziehungswissenschaft/Grundschulpädagogik. Arbeits- und Forschungsschwerpunkte: Resilienz, Persönlichkeitsbildung, Humanistische Pädagogik, Inklusion.

Helmreich, Isabella, Dr., Leibniz-Institut für Resilienzforschung (LIR) gGmbH, Arbeits- und Forschungsschwerpunkte: Resilienz, Gesundheitsprävention, Entwicklung und Evaluation von evidenzbasierten Interventionen zur Resilienzförderung in spezifischen Risikogruppen (z. B. Gesundheitspersonal, onkologische Patienten), Wissenstransfer in die Gesellschaft.

Iwers, Telse, Prof. Dr. MHEd., Universität Hamburg, Erziehungswissenschaft unter besonderer Berücksichtigung der Pädagogischen Psychologie, Arbeits- und Forschungsschwerpunkte: Achtsamkeit und Introvision, Inter- und Transkulturalität, Reflexion.

Kirschner, Anne, Jun.-Prof. Dr., Pädagogische Hochschule Heidelberg, Erziehungswissenschaft/Allgemeine Pädagogik. Arbeits- und Forschungsschwerpunkte: politische, gesellschaftliche und historische Aspekte von Bildung und Erziehung, Pädagogische Anthropologie, Ethik und Pädagogik.

Klopsch, Britta, Prof. Dr., Karlsruher Institut für Technologie (KIT), Arbeits- und Forschungsschwerpunkte: (kulturelle) Schulentwicklung, Kooperative Professionalität von Lehrkräften, Unterrichtsentwicklung.

Kohlscheen, Jörg, Dr., Institut für soziale Arbeit e.V. Münster, Arbeits- und Forschungsschwerpunkte: Resilienz, soziale Teilhabe, Commons, Partizipation.

Müller, Thomas, apl. Prof. Dr. phil. habil., Universität Würzburg, Pädagogik bei Verhaltensstörungen, Arbeits- und Forschungsschwerpunkte: Erziehung, Bildung und Unterricht im Kontext der Pädagogik bei Verhaltensstörungen.

Puhr, Kirsten, Prof.in Dr., Martin-Luther-Universität Halle-Wittenberg, Erziehungswissenschaft/Allgemeine Inklusionspädagogik und Körperpädagogik. Arbeits- und Forschungsschwerpunkte: kulturelle Praktiken und materielle Kulturen als Akteure von (Nicht)Behinderungen, Inklusion und Exklusion; (nicht)behinderte Körperbilder als Vor- und Darstellungen von Behinderungen; erzähltheoretische Methodologie und Methoden erziehungswissenschaftlicher Forschungen.

Rohde, Angela, Prof. Dr., IU Internationale Hochschule Erfurt/Hamburg, Arbeits- und Forschungsschwerpunkte: Corporate Communications/PR, Kommunikationspsychologie, Konfliktforschung, Introvision.

Rohlfs, Carsten, Prof. Dr., Pädagogische Hochschule Heidelberg. Arbeits- und Forschungsschwerpunkte: empirische Bildungsforschung und Schulpädagogik (Bildungseinstellungen und Schulerfolg, Kompetenzentwicklung, Umgang mit Heterogenität, Lehrerprofessionalisierung im internationalen Kontext, Forschungsmethoden).

Schneider-Reisinger, Robert, Prof. Dr. habil., Universität Wien, Institut für Bildungswissenschaft, Arbeits- und Forschungsschwerpunkte: Allgemeinpädagogische – insbesondere anthropologische und ethische Grundlagen inklusiver Bildung und gemeinsamer Erziehung; materialistische (Behinderten-)Pädagogik; Inklusion und Dekolonisierung: Inklusive als Pädagogik der Befreiung.

Schramm, Jennis, Master of Arts Pädagogik, Kinder- und Jugendlichenpsychotherapeut, bis Januar 2023 wissenschaftlicher Mitarbeit an der Christian-Albrechts-Universität zu Kiel, Lehrstuhl für allgemeine Pädagogik, seit Februar 2023 Psychotherapeut am Zentrum für integrative Psychiatrie Kiel, Arbeits- und Forschungsschwerpunkte: Resilienz, Erziehung, Bindung, psychische Erkrankungen.

Struck, Ronja, Technische Hochschule Köln, Arbeits- und Forschungsschwerpunkte: Wirkungsforschung, soziale Ungleichheit, Resilienz, Seniorenarbeit.

Thümmler, Ramona, Dr., Technische Universität Dortmund, Fakultät Rehabilitationswissenschaften, Fachgebiet soziale und emotionale Entwicklung in Rehabilitation und Pädagogik, Arbeits- und Forschungsschwerpunkte: Professionalisierung von Lehrkräften, Kinder und Jugendliche mit Fluchterfahrung, soziale und emotionale Entwicklung von Kindern und Jugendlichen, Erziehungs- und Bildungspartnerschaft.

Zander Margherita, Prof. Dr. MA, Fachhochschule Münster, em., Fachbereich Sozialwesen, Arbeits- und Forschungsschwerpunkte: Kinderarmut, Resilienz und Autobiografien.